정의가
희망인
이 유

지금도 여전히 유효한 미래에 대한 구상

정의가
희망인
이유

김인회 지음

굿스
플러북

과거의 생각,
미래의 구상

1.

이 책은 제가 한국미래발전연구원 원장, 부원장으로서 쓴 칼럼과 시론을 모은 것입니다. 주로 한국미래발전연구원 홈페이지에 게재되었습니다. 여기에 더해 신문에 실린 칼럼이 포함되어 있습니다. 제가 첫 칼럼을 쓴 것이 2013년 11월 5일이니 약 4년 동안 칼럼을 썼습니다. 그동안 100회 이상을 썼으니 제법 부지런히 글을 쓴 편입니다.

칼럼의 내용은 저와 한국미래발전연구원의 관심사를 반영하고 있습니다. 민주주의와 인권에 대한 내용들이 주를 이룹니다. 학생운동과 노동운동, 변호사, 민주사회를 위한 변호사모임의 사법위원장과 통일위원장, 사법개혁위원회의 전문위원, 사법제도개혁추진위원회의 기획추진단 간사, 청와대 시민사회비서관, 사람사는 세상 노무현재단 상임운영위원, 법학전문대학원 교수, 한국미래발전연구원 부원장과 원장을 거치면서 제가 느끼고 주장하고 싶었던 내용들입니다.

머리말

저의 경력을 반영해서 주된 내용은 민주주의, 인권, 법치주의, 법조윤리, 과거사 정리, 정치 등입니다.

2.

이미 발표된 글을 다시 묶어서 책으로 내는 것은 약간 염치없는 일입니다. 발표한 글이 좋은 글이라면 이미 많은 사람들이 읽었을 것이므로 다시 발표할 필요가 없습니다. 발표한 글이 좋은 글이 아니라면 다시 책으로 내도 사람들이 읽지 않을 것이므로 역시 다시 발표할 필요가 없겠지요. 발표된 글을 다시 책으로 내는 것은 이런 논리적 모순이 있습니다. 결국 책을 내지 않는 것이 가장 훌륭한 선택이라고 할 수 있을 것입니다.

그래도 미련이 남아 이전에 발표한 글을 모아 책을 내기로 결정했습니다. 상당히 과감한 결정이지요. 원래 염치없는 일을 강행하려면 그럴듯한 이유가 있어야 합니다. 제가 저를 설득시킨 이유는 세 가지입니다.

첫째, 이 글은 거의 대부분 한국미래발전연구원 홈페이지에만 발표되었습니다. 그리고 일부는 신생 신문인 〈뉴스토마토〉에 시론으로 실렸습니다. 그래서 많은 독자들과 만날 기회 자체가 적었습니다. 좋은 글로 평가를 받든 아니면 좋은 글이 아니라고 평가를 받든 평가는 받아보아야 하는데 강호의 여러 선생님들로부터 평가를 받을 기회 자체가 없었다고 생각됩니다. 이것은 글의 성격과 내용과 관계없는 한계입니다. 다시 한번 기회를 줘도 되지 않을까 싶은 생각이 들었습니다.

둘째, 이 글은 한국미래발전연구원의 4년 정도의 성과이기도 합니다. 한국미래발전연구원은 노무현대통령 기념 심포지움, 10.4 남북정상선언 기념 심포지움, 국가균형정책발표 기념식 등의 공식활동과 함께 주로 연구작업을 많이 해 왔습니다. 한국사회를 더 민주적이고 더 인권친화적이고 더 풍요로우면서도 더 사람이 살기 좋은 사회로 만들기 위한 활동이었습니다. 외부 활동도 제법 있었고 외부활동을 보완하는 의미의 칼럼도 많이 실었습니다. 저는 한국미래발전연구원의 부원장으로 칼럼을 싣기 시작하여 원장을 역임하면서 계속 칼럼을 썼습니다. 한국미래발전연구원은 많은 분들의 칼럼을 실었지만 4년 동안 꾸준히 칼럼을 쓴 경우는 없습니다. 이처럼 이 글은 한국미래발전연구원의 성과이면서 원장, 부원장이었던 저의 성과이기도 합니다. 이 책의 발간은 한국미래발전연구원 4년의 성과, 저의 원장과 부원장 시절을 정리한다는 의미도 있지 않을까 생각됩니다.

셋째, 이것이 가장 중요한데요, 이 글은 과거의 이야기이지만 지금도 여전히 유효한 미래에 대한 구상들입니다. 이것은 이 글이 발표된 이후 우리 사회가 그리 크게 변하지 않았다는 것을 말합니다. 그리고 새로운 민주정부가 들어선 지금 이 글들에서 밝힌 내용들, 구상과 철학을 실천할 수 있다는 것을 의미합니다. 그래서 이 글들은 과거의 사건을 이야기하지만 미래를 말하는 것이기도 합니다. 박근혜 정부 동안 우리가 겪었던 문제를 정리한 것으로서 새로운 민주정부가 반드시 해결해야 할 문제들을 정리한 것이라고 할 수도 있습니다. 지금 다시 읽으면 과거의 문제점도 생생하게 기억할 수 있고 그에 따라 미래의 모습을 더욱 선명하게 상상할 수 있다고 생각됩니다. 개혁이 필요한 지금 개혁에 필요한 내용들이 상당수 담겨있습니다. 과거의 글이 필요없어지는 시대가 빨리 오기를 바랍니다.

염치없는 일을 하기에는 완전한 이유는 아니지만 그래도 이 정도 이유라면 책을 내는 이유로는 충분하지 않을까 싶기는 합니다.

3.

칼럼을 쓰는 동안 제법 부지런했습니다. 처음에는 일주일에 한편의 글을 썼습니다. 할 말이 많았습니다. 민주주의와 인권, 법치주의와 법조윤리가 위기였기 때문입니다. 이후 글쓰는 주기가 길어지기는 했지만 상당히 열심히 글을 썼습니다. 칼럼만 쓴 것은 아닙니다. 칼럼을 쓰는 동안 책도 몇 권 썼습니다. 〈형사소송법〉2015, 〈시민의 광장으로 내려온 법정〉2016, 〈문제는 검찰이다〉2017를 썼습니다. 특히 형사소송법은 법학전문대학원의 교재이므로 두툼한 책입니다. 책을 쓰는데 상당히 많은 정성도 들였습니다. 여기에 더해 〈전략자백〉2015을 서주연 변호사와 함께 번역했습니다. 책을 쓰고 한국미래발전연구원의 심포지움 등을 하면서 바빴습니다만 그래도 꾸준하게 글을 썼습니다. 글을 꾸준하게 쓴 가장 큰 이유는 우리 사회의 문제가 많았기 때문입니다. 문제가 많다보니 걱정을 안 할 수 없었고 걱정을 하다보니 말이 많아진 것이지요.

걱정이 많은 것은 서생의 특징입니다. 좋은 말로 하면 지식인의 특징이지요. 국가와 사회, 공동체의 문제를 누구보다 먼저 발견하고 먼저 고민하고 먼저 답을 내야하는 지식인들의 특징입니다. 그렇다고 모든 문제에 관심을 가지고 해결책을 만드는 만물박사, 모든 것의 전문가는 될 수 없습니다. 현대 사회에서 만물박사, 모든 것의 전문가는 있을 수 없습니다. 저도 제가 관심을 가지고 있는 분야에 한정해서 고민을 하고 해결책을 모색할 따름입니다. 다만 고민을 일반 시민들보다는 좀 더 많이 하는 것이지요.

사건이 많아 고민도 많았고 고민이 많다보니 칼럼도 많이 쓰게 되었습니다. 남들보다는 생각을 쉽게 표현하는 편이라 글 쓰는 게 죽을 정도로 고통스럽지는 않았습니다. 그래도 글 쓰는 것은 여전히 힘든 일이지요. 민주주의와 인권, 법치

머리말

주의와 법조윤리를 꾸준히 고민해 온 흔적을 확인하고 이를 강호의 여러 선생님들과 공유하게 되어 뿌듯한 감정도 있습니다.

4.

이 칼럼들은 저 혼자의 작품이 아닙니다. 한국미래발전연구원의 노력이 함께한 작품입니다. 무엇보다도 이 칼럼들을 함께 기획하고 홈페이지에 올린 한국미래발전연구원 실장 이하 연구원분들께 감사드립니다. 김성재, 조문환 실장이 특히 고생 많았습니다. 이 자리를 빌려 감사의 말씀을 전합니다. 칼럼 정리를 도와준 노무현재단의 김상철 국장께도 감사를 표해야 합니다. 미래연의 김은미, 박정은, 정미정 씨에게도 도와준 점 감사드립니다.

제가 원장으로 근무할 당시에 한국미래발전연구원의 이사장은 이정우 교수님이었습니다. 이정우 교수님은 이사장으로 근무하시면서 정년도 맞이했습니다. 한국 지식인의 또 다른 모범이었던 이정우 교수님의 격려도 이 칼럼을 쓰는데 큰 도움이 되었습니다. 칼럼을 모아 책을 내도록 허락해주신 허성관 이사장님께도 감사드립니다. 미래연 이사님들의 격려도 컸습니다. 특히 강기석 이사님의 격려와 칭찬은 매우 큰 힘이 되었습니다. 노무현 재단은 한국미래발전연구원의 든든한 자매기관으로 많은 도움을 주고 있습니다. 이 자리를 빌어 이해찬 이사장님

과 전임 이사장님들께 감사의 말씀을 드리고 양정철, 안영배, 오상호 사무총장
께도 고마움을 표하고 싶습니다.

  칼럼만 모았을 때는 이렇게 좋은 책이 될 줄 몰랐습니다. 여러 주제의 칼럼을
모아 깔끔하고 예쁜 책을 만들어 주신 굿플러스커뮤니케이션즈 대표님과 편집
부에게도 감사드립니다.

  그래도 마지막 감사의 말씀은 우리 한국미래발전연구원을 사랑해주시는 회원
여러분들에게 올리지 않을 수 없군요. 앞으로도 변함없이 한국미래발전연구원
을 사랑해 주시고 격려해 주시기 바랍니다.

2018. 4. 김인회

I 정의로운 법치주의를 향하여

II 검찰개혁과 법조윤리

III '세월호 이후', 대한민국의 미래는

IV 정치개혁, 민주주의, 경제성장, 공정사회

V 평화와
인권을
생각하다

VI 꼭 알아야 할 법조 과거사

I

정의로운
법치주의를
향하여

'한승헌 변호사'라 쓰고
'참 법조인'이라 읽다

'관료사법' 시스템은 국가로부터 시민을 보호하는 변호사를 양성하지 않고 오히려 국민을 통치의 대상으로 보는 법관과 검사를, 국가 권력기관을 양성했다. 때문에 법조인은 법관, 검사라는 사법관료와 같은 말이었고 법조 자체는 권력이 되었다. 법조인의 성공은 곧 권력자로서의 성공이었다. 판·검사 출신인 경우는 말할 것도 없고, 변호사도 권력자였다.

이런 험악한 환경 속에서 한승헌 변호사는 인권 변호사라는 한길을 걸어왔다. 일방적으로 기울어진 한국 법조에 조금이라도 균형이 있었다면 한승헌 변호사와 같은 인권변호사들 덕분이다.

"존경하는 변호사, 존경하는 법조인이 있습니까?"

수업을 하면서 예비변호사인 학생들에게 묻는 질문이다. 이런 질문에 학생들은 대부분 당황한다. 변호사가 되려고 로스쿨에 입학했지만 존경할 만한 변호사에 대해서는 생각해본 적이 없기 때문이다. 학생들의 진로 선택에서 원칙은 간단하다. '안정적인 직업'이다. 누군가에게 감동을 받고 그 감동으로 자기 진로를 결정하는 일은 거의 없다. 슬프지만 현실이다. 그러니 교수의 갑작스런 이런 질문에 당황할 수밖에.

이 질문은 사실 필자가 존경하는 분을 소개하기 위한 것이다. 바로 한승헌 변호사다. 한국 법조 역사에 우뚝 선 거인, 법조인 생활 55년 동안 일관되게 민주주의와 인권, 국민의 자유와 권리의 편에 섰던 변호사, 권력에 의하여 탄압받는 피고인을 위하여 변론을 하다 피고인이 된 변호사, 두 번이나 구속되고 변호사 자격까지 박탈당한 변호사, 그가 바로 한승헌 변호사다. 그가 변호한 양심수가 몇 명인지 헤아리기 힘들다. 그가 남긴 기록은 읽고 정리하기도 벅차다. 변호사로 시작했으나 법조계를 넘어 사회적, 국가적 보물이 되었다. 학생들이 그의 책을 읽고 보이는 반응은 위와 같은 표현을 모두 수긍하고도 남을 정도다.

한국의 공식적인 법조역사는 1895년 재판소 구성법이 제정된 때부터 시작된다. 그런데 이때부터 1945년까지는 사실 한국의 법조역사가 아니다. 일제강점기를 우리의 법조역사라고 부를 수는 없다. 법률과 재판소, 검찰청 등 모든 법조시스템이 조선인을 탄압하기 위해 존재했기 때문이다. 일제시대 독립운동을 변호한 변호사들의 활동만이 이 아픈 시기의 기억을 치유해준다.

해방 이후 우리는 국민 모두를 위한 법조를 가질 기회가 있었다. 그러나 결과는 그렇지 못했다. 법조는 정치권력에 종속되어 정치권력에 봉사했다. 정치권력을 정당화했고 나아가 정치권력과 함께 권력을 나누었다. 법조는 성장하고 법조인은 출세했지만 민주주의와 인권, 국민의 자유와 권리는 탄압받았다. 법의 이름으로 불법을 저지르는 시대였다. 이를 증명하는 것이 최근 계속되는 재심 무죄 사건들이다. 민족일보 조용수 사건, 진보당 조봉암 사건, 전국민주청년학생총연맹민청학련 사건, 인민혁명당인혁당 사건, 태영호 간첩조작 사건, 송씨일가 간첩조작 사건 등이 재심으로 무죄 판결을 받았다. 유명한 '유신시대의 긴급조치는 현행 헌법은 물론 유신헌법에 따르더라도 위헌'이라는 판결은 군부독재시대에 법조가 시민이 아닌 국가, 약자가 아닌 강자, 법률이 아닌 불법, 정의가 아닌 부정의 편에 서있었다는 반성의 목소리다. 당시는 오히려 사법의 피해자들이 사법의 독립을 외치던 모순적인 시대였다. 그때 국민의 자유와 권리를 지키기 위하여 탄압받는 피고인 편에 선 변호사마저 없었다면 그야말로 암흑이었을 것이다.

민주화 이후 과거사 정리를 거치면서 한국의 법원은 겨우 정상화되었다. 민주정부는 사법의 독립을 보장하고 사법개혁을 통하여 기초적인 사법의 정상화를 이루었다. '기초적'이라고 표현한 이유는 법원 개혁은 부분적이었고 검찰 개혁은 시작도 못했기 때문이다.

사정이 이러니 국민들로부터 존경받는 법조인은 극소수이다. 특히 고위직 법관, 검사일수록 존경할만한 사람을 찾기 힘들다. 여기에서 더 주목해야 할 것은 한국의 사법시스템이 '관료 시스템'이라는 점이다. '관료사법' 시스템은 국가로부터 시민을 보호하는 변호사를 양성하지 않고 오히려 국민을 통치의 대상으로 보는 법관과 검사를, 국가 권력기관을 양성했다. 때문에 법조인은 법관, 검사라는 사법관료와 같은 말이었고 법조 자체는 권력이었다. 법조인의 성공은 곧 권력자로서의 성공이 되었다.

관료사법의 영향은 크고 넓다. 최근 판사와 검사들의 전성시대가 다시 돌아왔다. 판·검사 출신들이 믿음직한 관료로서 국무총리, 대통령 비서실장, 감사원장

등 요직을 점령하고 있다. 행정부를 견제해야 하는 법관들도 거리낌 없이 행정부로 진입한다. 이들에게는 법률이 곧 권력이고 권력이 곧 성공이다. 변호사라고 하더라도 대부분 예외가 아니다. 판·검사 출신인 경우는 말할 것도 없고, 변호사도 권력자였기 때문이다.

　이런 험악한 환경 속에서 한승헌 변호사는 인권 변호사라는 한길을 걸어왔다. 일방적으로 기울어진 한국 법조에 조금이라도 균형이 있었다면 한승헌 변호사와 같은 인권변호사들 덕분이다. 그 때문에 겪어야 했던 고생도 엄청났다. 그리고 변호사를 넘어 인간으로서 완성을 보게 된다. 다음은 한승헌 변호사의 말이다.

　"내 이력서에는 고시 합격, 검사, 감사원장 같은 양지도 보이지만 연보에는 그와는 전혀 다른 가난과 고생, 재수까지 한 감옥살이, 여러 해에 걸친 실업자 생활 같은 음지가 짙게 배어 있다. 음지가 양지를 불러들였는가 하면, 양지가 음지의 전주곡이 되기도 했는데 굳이 고백하자면 나는 음지 속에서 정신적으로 더 많은 깨달음을 얻었고 한 인간으로서 성숙했으며 나의 본색을 키웠고 보람을 찾을 수 있었다. 나를 키워준 음지에 감사한다."

　양지와 음지의 호환성을 잘 보여주는 일화가 있다. 한 변호사가 참여정부의 사법제도개혁추진위원장을 맡았을 당시 공동위원장이 이해찬 국무총리였다. 공교롭게도 두 사람은 조작된 김대중 내란음모 사건의 공동피고인이었다. 공동피고인이 공동위원장이 되었으니 음지가 양지로 된 경우라 해야 할까.

　이 자랑스러운 '국보급 변호사'가 법조 55년을 기념하는 선집 네 권을 펴냈다. 자전적 산문인 〈피고인이 된 변호사〉를 비롯하여 〈권력과 필화〉, 〈한국의 법치주의를 검증한다〉, 그리고 일본평론사 발간의 〈한일현대사와 평화·민주주의를 생각한다〉가 그것이다.

민주주의 위기의 시대다. 과거행 급행열차를 탄 느낌이다. 그런데 과거에 한승헌 변호사가 계셨다. 지금도 계시다. 그리고 그를 따라 제2, 제3의 한승헌 변호사가 활동하고 있다. 민주주의 위기의 시대에 이 네 권의 책을 읽으며 무너져가는 대한민국의 민주주의를 지키자고 이야기하고 싶다. 과거 한승헌 변호사가 민주주의를 지켰듯이.

"한승헌 변호사님의 법조55년 기념선집 발간을 진심으로 축하합니다!"

전교조 법외노조 통보는
'무법 행정부'의 쿠데타

정부는 거침없이 결정하고 행동했다. 당연히 많은 이들은 정부가 충분히 법률을 검토하고 정당한 절차를 거쳐 법외노조 통보를 했다고 생각했을 것이다. 너무나 당당했으니 말이다. 그런데 사실 정부는 아무런 법률적 근거를 가지고 있지 않았다.

정부는 노동조합 및 노동관계조정법 시행령 제9조 제2항을 근거로 들고 있다. 그런데 이 조항은 법률의 위임 없이 만들어진 것으로서 위헌인 조항이다. 국민의 대표인 국회에서 정한 법률은 노동조합을 해산시키지 못하게 되어 있는데 국무회의에서 정한 대통령령은 노동조합을 해산시킬 수 있게 되어 있다. 명백한 모순이고 하극상이다. 행정부에 의한 쿠데타라 해도 이상할 게 없다.

이쯤 되면 막 가자는 것인가? 전국교직원노동조합전교조 사태를 두고 하는 말이다. 정부가 법적 근거 없이 전교조에 법외노조 통보를 하였으니 막 가자는 것이 아니면 달리 설명할 방법이 없다. 지난 10월 24일 정부는 전교조에 '교원노조법에 의한 노동조합으로 보지 아니함'을 통보했다. 표면적인 이유는 9명의 해직자를 노동조합에서 배제하라는 시정요구를 이행하지 않았다는 것이다. 이로써 설립된 지 14년, 6만여 명의 조합원이 소속된 전교조는 법률의 보호를 받는 노동조합에서 배제되었다. 사실상 전교조를 해산시킨 것이다. 법외노조 통보가 노동조합 해산은 아니지 않느냐고 생각할 수 있겠으나 법률이 보호하지 않는다는 점에서 법외노조 통보와 노동조합 해산은 동일하다.

정부는 거침없이 결정하고 행동했다. 당연히 많은 이들은 정부가 충분히 법률을 검토하고 정당한 절차를 거쳐 법외노조 통보를 했다고 생각했을 것이다. 너무나 당당했으니 말이다. 그런데 사실 정부는 아무런 법률적 근거를 가지고 있지 않았다. 정부는 노동조합 및 노동관계조정법 시행령 제9조 제2항을 근거로 들고 있다. 그런데 이 조항은 법률의 위임 없이 만들어진 것으로서 위헌인 조항이다. 즉, 법률은 노동조합의 해산이나 법외노조 통보에 대하여 아무런 규정을 두고 있지 않은데 비해 시행령만 법외노조 통보 규정을 두고 있다. 국민의 대표인 국회에서 정한 법률은 노동조합을 해산시키지 못하게 되어 있는데 국무회의에서 정한 대통령령은 노동조합을 해산시킬 수 있게 되어 있는 것이다. 명백한 모순이고 하극상이다. 행정부에 의한 쿠데타라 해도 이상할 게 없다.

노동조합 해산제도의 역사를 살펴보면 시행령이 위헌, 무효임은 더 쉽게 알 수 있다. 원래 우리나라 노동조합법은 노동조합 해산명령제도를 규정하고 있었다. 행정관청이 노동조합에 대하여 규약의 취소·변경 명령을 내린 후 노동조합이 이를 이행하지 않으면 해산을 명령할 수 있었던 것이다. 노동조합의 자주성을 해치고 노동조합을 탄압하는 대표적인 악법으로 국내외 비판이 끊이지 않았다. 사실 노동조합을 만들고 없애는 것은 순전히 노동자들이 결정할 몫이다. 나라가 개입한다는 것 자체가 말이 안 된다. 그래서 1987년 6월 민주화운동으로 사회가 민주화되자 이 조항은 곧바로 삭제됐다. 1987년 11월, 국회의 결정이었다.

그런데 국회에서 폐지한 이 제도를 행정부가 슬며시 부활시켰다. 1988년 4월 15일 노태우정부는 국무회의에서 시행령으로 이 제도를 부활시켰다. 아예 국민을 속이려고 작정했는지 노동조합 해산명령을 '법외노조 통보'라고 말을 바꾸었다. 행정관청이 시정명령의 불이행을 이유로 노동조합 자격을 박탈하는 본질엔 전혀 변화가 없었다. 애초에 법률로 규정되어 있던 제도를 국회가 폐지했음에도 불구하고 행정부가 되살렸으니 법외노조 통보제도는 법률적 근거가 없음을 스스로 폭로한 것이나 다름없다.

태생이 이러하므로 법외노조 통보는 제대로 시행될 수 없었다. 시행하는 순간 법률적 근거가 없는 제도임을, 국민을 대표하는 국회의 의사를 무시한 제도임을, 나아가 입법부에 대한 행정부의 쿠데타로 만들어진 제도임을 스스로 알리는 꼴이 되기 때문이다. 삭제해야 한다는 목소리도 끊이지 않았다. 대표적인 삭제 주장은 국가인권위원회의 결정이다. 국가인권위원회는 2010년 9월 30일, 조합원 자격에 대한 국가의 과도한 개입이 결사의 자유를 침해할 소지가 있다는 점을 강조하면서 법외노조 통보제도를 담은 시행령의 삭제를 권고했다. 민주주의와 '친하지 않았던' 이명박정부 시절, 인권과 그리 '친하지 않은' 현병철 위원장 재직 당시의 국가인권위원회가 내린 결정이다. 나아가 국가인권위원회는 이번 고용노동부의 전교조 법외노조 통보에 신속히 성명을 발표하여 해당 시행령 규정의 삭제를 다시 한 번 권고했다. 친인권적이라고 표현하기 어려운 현재의 국가인권위원회가 열심히 성명까지 낼 정도이니, 이 제도가 얼마나 많은 문제점을 안고 있는지 쉽게 알 수 있을 것이다.

　박근혜정부가 전교조를 해산시키겠다고 동원한 제도가 바로 이것이다. 빈약해도 너무 빈약한 근거이고 무리수도 이만저만한 무리수가 아니다. 어렵게 달성한 민주주의의 성과를 한꺼번에 되돌리려 하니 무리수를 쓰지 않을 수 없다. 본격적인 재판은 아직 시작되지 않았지만 1라운드는 정부가 패배했다. 법원이 11월 13일 전교조의 법외노조 통보 효력정지 신청을 받아들인 것이다. 합리적이고 논리적인 법관이라면 내릴 수 있고 또 내려야 하는 당연한 결론이다.

　전교조 법외노조 통보 사태가 벌어진 근본 이유는 해직자 때문이다. 해직자가 포함되어 있다면 노동조합으로 볼 수 없다고 정부는 주장하고 있다. 그런데 오히려 해직자를 노동조합의 구성원으로 인정하지 않는 제도가 문제다. 해직자가 있다고 해서 어제까지 멀쩡했던 노동조합이 갑자기 다른 조직이 될 리 없다. 세계적으로도 해직자의 노동조합 결성권은 인정되고 있다. 한국의 일부 노동조합도 그렇다. 노동조합의 구성원을 결정하는 것은 조합원들이다. 노동자들은 스스로 조직을 만들고 조직을 꾸려나갈 권리가 있고 국가는 이를 충실하게 보호해주면 충분하다.

　한편, 전교조는 법률싸움 이전에 해직자 문제를 멋지게 해결해버렸다. 전교조는 해직자를 노동조합에서 배제하라는 정부의 시정명령을 총투표로 거부했다. 5만 9,828명의 투표 중 68.59%의 선생님들이 9명의 해직자와 함께하기로 결정한 것이다. 정부의 탄압이 예상되지만 위축되지 않고 사람을 소중하게 여기는 결정, 의리가 무엇인지 보여준 결정을 내린 것이다. 이번 전교조 사태에서 가장 눈여겨보아야 할 부분이기도 하다. 이런 참된 의리가 있는 한 전교조는 이미 이기는 싸움을 하고 있는 것 아닐까?

국가기관 불법 대선개입 실체 규명,
특검밖에 길 없다

선거에 대한 불법개입이 있다면, 그리고 그것이 용인된다면 대통령만이 아니라 국회의원을 포함한 모든 선출직의 정당성이 의심받는다. 대의제와 대의제에 기초한 민주주의 자체가 의심받는다. 그래서 국가기관의 선거개입을 국가의 기초, 민주주의 근본에 대한 공격이라 한다.

국가기관의 선거개입은 당연히 밝혀져야 하고 응당한 책임을 물어야 한다. 그런데 이 당연한 원칙이 적용되지 않고 있다. 모든 것의 출발점인 실체 자체가 규명되지 않는 상태가 계속되고 있다. 여야도 특검을 도입할 것인가 말 것인가에 초점을 모으고 있다. 결론은 간단하다. 특검은 불가피하다. 가능하면 빨리 특검을 도입하여 이 문제를 조기에 종결시켜야 한다. 나아가 특검을 통해서 상설특검 설치 논의를 다시 시작할 수 있고 검찰개혁의 불씨도 살릴 수 있다.

대통령선거 불법개입 사건의 처리를 두고 정치권이 아직도 논쟁 중이다. 해결의 실마리도 찾지 못하고 있다. 한국 정치의 특징 중 하나는 '낮은 생산성'이다. 특히 민주주의와 인권, 평화와 복지, 경제민주화, 국가기관의 범죄 등의 분야에서는 아예 생산성이 제로에 가깝다. 그래도 이번은 정도가 심하다. 국정원, 국방부, 국가보훈처 등 중요 국가기관이 조직적으로 선거에 개입했다. 국가의 기초와 민주주의의 근본을 뒤흔든 사건이다. 여기에 더해 선거개입을 축소, 은폐하는 시도가 계속되고 있다. 선거에 대한 불법개입이 있다면, 그리고 그것이 용인된다면 대통령만이 아니라 국회의원을 포함한 모든 선출직의 정당성이 의심받는다. 대의제와 대의제에 기초한 민주주의 자체가 의심받는다. 그래서 국가기관의 선거개입을 국가의 기초, 민주주의 근본에 대한 공격이라 한다.

국가기관의 선거개입은 당연히 밝혀져야 하고 응당한 책임을 물어야 한다. 그런데 이 당연한 원칙이 적용되지 않고 있다. 모든 것의 출발점인 실체 자체가 규명되지 않는 상태가 계속되고 있다. 진상규명을 방해하는 것은 바로 국정원, 검찰 등 국가기관과 정치권이다. 범죄행위를 저지른 국정원은 오히려 큰 소리치고 있고 검찰은 이를 은폐, 축소하기 바쁘다. 새누리당은 국정원과 검찰을 감싸는 데 급급하다. 이것은 필자가 아니라 새누리당 이재오 의원의 평가를 인용한 것이다.

하여튼 이런 상태에서 여야는 최근 국회를 정상화하면서 국가기관의 불법 선거개입 문제와 국정원 개혁 문제에 대해 합의를 했다. 그런데 이 합의에서 가장 중요한 국가기관의 불법 선거개입 문제는 결론을 내지 못했다. 특별검사제 도입에 대해 계속 논의하기로만 한 것이다. 합의의 탈을 쓴 미루기이다. 여전히 국가기관의 불법 선거개입 문제는 실종 상태다.

이 문제는 특검을 도입하여 해결할 수밖에 없는 상황에 와있다. 여러 가지 방안이 있었으나 모두 시기를 놓쳤다. 특히 국가기관의 불법 선거개입 문제를 수사해야 할 검찰은 이미 신뢰를 잃었다. 검찰 스스로의 결정이든, 정치권의 압박이든, 아니면 양자가 합의한 것이든 검찰은 이 문제를 해결할 만한 정당성을 상실해버렸다. 채동욱 검찰총장의 사퇴와 윤석열 검사의 징계로 이 문제는 결론이 났다. 그렇다면 남은 것은 특검밖에 없다. 여야도 특검을 도입할 것인가 말 것인가에 초점을 모으고 있다. 결론은 간단하다. 특검은 불가피하다. 가능하면 빨리 특검을 도입하여 이 문제를 조기에 종결시켜야 한다. 특검을 도입하면 다음과 같은 이점이 있다.

첫째, 특검을 도입하여 국가기관의 불법 선거개입에 대해 진상을 규명하고 책임자를 처벌해야 한다. 검찰은 이를 제대로 수행할 수 없다. 채동욱 사태와 윤석열 사태가 그것을 증명한다. 여기에 더하여 검찰의 기소편의주의 역시 문제라는 점을 지적하고 싶다. 검찰은 기소 여부를 결정하는 권한을 가지고 있다. 이를 기소편의주의라 한다. 기소편의주의는 굳이 기소를 하여 처벌하지 않더라도 다시 범죄를 저지르지 않을 만한 사안에 적용된다. 사안이 경미하고 범인이 뉘우치는 사건, 우발적이고 비계획적인 사건이 대상이다.

그런데 이번 사건은 사안이 매우 중대하고 범인이 뉘우치지도 않고 있으며 계획적이고 조직적인 범죄이다. 국가기관이 의식적으로 벌인 일이니 용서의 여지도 없다. 한마디로 기소편의주의가 적용될 여지가 전혀 없는 사건이다. 이런 사건은 철저한 수사로 혐의가 인정되면 무조건 기소하는 기소법정주의가 적용되어야 한다. 그런데 기소편의주의에 익숙한 현재의 검찰은 정치적 요구를 포함하여 너무나 많은 사정을 고려한다. 법무부장관과 검찰총장의 갈등에서 보듯이 구조적인 문제이고 당장 개선할 수 없는 문제이다. 이번처럼 기소편의주의가 아니라 기소법정주의가 적용되어야 하는 사건은 특검으로 해결하는 것이 진상규명과 책임 추궁에 적합하다.

특검을 통한 진상규명과 문책은 개혁의 기초를 이룬다. 무엇을 잘못했는지가 명확해져야 무엇을 고칠 것인지가 나오는 법이다. 진상규명이 이루어지지 않으면 제대로 된 개혁방안이 나올 수 없다. 지금 국정원 자체 개혁방안이 이런 상태이다.

국정원은 정치개입 행위를 막기 위해 모든 국정원 직원의 정치개입 금지 서약을 의무화하겠다고 발표했다. 여기에 더해 부당명령 심사청구센터와 적법성 심사위원회 설치, 준법통제처 운영 등의 방안도 발표했다. 그런데 이것은 개혁이 아니다. 그런 제도가 없어서 국정원의 선거개입, 정치개입 사태가 발생한 것이 아니다. 권한의 분산과 통제를 중심으로 개혁을 이야기하는데 국정원은 권한을 하나도 포기하지 않겠다고 한다. 다만 조심하겠다는 것이다. 국정원의 고압적인 태도는 참으로 놀랍다. 더구나 서약으로 정치개입을 막겠다니? 기가 막힌 수준이다.

이미 국가공무원법은 모든 공무원에게 "나는 대한민국 공무원으로서 헌법과 법령을 준수하고 국가를 수호하며 국민에 대한 봉사자로서의 임무를 성실히 수행할 것을 엄숙히 선언합니다"라는 선서를 하도록 규정하고 있다. 그리고 국가정보원법은 제9조에서 국정원 직원은 "정당이나 정치단체에 가입하거나 정치활동에 관여해서는 안 된다"는 정치관여 금지 규정을 두고 있다. 따라서 이 두 가지를 결합하면 예전부터 지금까지 국정원 공무원들은 정치관여 금지, 선거관여 금지를 선서하고 있다는 결론을 내릴 수 있다. 중학생만 되어도 풀 수 있는 간단한 삼단논법이다. 그런데도 정치개입 금지 서약 의무화를 개혁방안으로 제시했다. 그렇다면 지금까지 국가공무원법을 지키지 않았다는 말인가? 아니면 선서와 서약이 서로 다르다는 것인가?

이처럼 기막힌 개혁방안이 버젓이 제안되는 것은 근본적으로 실체 규명이 이루어지지 않았기 때문이다. 즉, 문제가 무엇인지 모르는 상태에서 마구잡이로 개혁안을 만들었기 때문이다. 개혁방안을 제대로 마련하기 위해서도 실체 규명이 이루어져야 한다.

둘째, 특검을 도입하면 국가기관의 불법 선거개입을 둘러싼 정쟁을 끝낼 수 있다. 국가기관의 선거개입 문제는 분명히 법률 문제이다. 수사와 기소, 재판의 대상이다. 그러나 이 과정에서 정쟁이 벌어진다. 불법을 저지른 자는 버티고 수사하는 자는 축소, 은폐하고 정치권력은 이를 조장한다. 법률 문제와 정치 문제가 순식간에 뒤섞이는 것이다. 이렇게 되면 아무리 검찰이 제대로 수사하고 법원이 제대로 재판을 해도 사건은 끝이 나지 않는다. 애초에 법률 문제를 정치 문제와 뒤섞었기 때문이다. 이를 구별하여 법률 문제는 법률 문제로, 정치 문제는 정치 문제로 해결해야 한다. 그 기초가 바로 특검이다.

그동안 우리는 여러 차례 특검을 시도해 보았다. 정쟁으로 얼룩지기는 했지만 성과도 있었다. 특검은 정치적 중립성이 보장되는 제도이자 무엇보다 지금 우리가 상상할 수 있는 마지막 수단이다. 기존의 시스템으로는 해결할 수 없는 문제를 해결하기 위해 만든 제도이다. 현재로선 특검을 도입함으로써 우리는 국가기관 불법 선거개입 문제의 실체를 밝힐 수 있고 이 문제를 법률적으로 종결지울 수 있다. 그리고 종결지어야 한다.

'무늬만 상설특검'
당장 재논의하라

지금 논의되는 상설특검은 아예 도입하지 않는 게 나아 보인다. 기존 특검의 문제점을 하나도 개선하지 못하고 오히려 후퇴시킨 개악안이기 때문이다. 박근혜 대통령이 공약했던 고위공직자, 정치인의 비리를 수사하는 일도 현재의 상설특검으로는 불가능하다. 권력형 부정부패 척결과 국가공권력 견제라는 목표는 실종된 채 상설특검이라는 이름만 남은 것이 현재의 모습이다. 어쩌면 이러한 모습을 정치권 모두가 원하고 있는지 모르겠다. 박근혜 대통령은 상설특검이라는 법안을 통과시킴으로써 공약을 지켰다는 명분을, 새누리당은 대통령 공약을 이행했다는 명분을 노리고 있다.

야당인 민주당은 어떤 생각일까? 아마 개혁을 했다는 명분을 노리고 있을 것이다. 그렇다면 국민이 얻는 것은? 국민은 아무런 내용 없는 상설특검이라는 이름만 얻는다. 오히려 후퇴한 제도를 얻게 된다. 이게 무슨 개혁인가?

2013년 연말을 앞두고 국회에서 상설특검 논의를 하고 있다고 한다. 필자는 오래 전부터 고위공직자비리조사처고비처 도입을 주장해왔다. 정경유착 등 권력형 부정부패를 뿌리 뽑고 검찰개혁을 제대로 하기 위해서이다. 하지만 고비처 도입 가능성이 전혀 없는 현 정부 하에서 고비처의 대체재인 상설특검도 어느 정도 검찰개혁과제가 될 수 있다고 생각했다. 고비처가 잘 만들어진 전문제품이라면 상설특검은 대체재로 전문성은 떨어지지만 쓸 만한 제품이라고 생각하기 때문이다. 물론 제대로 설계하는 것이 전제이기는 하지만 말이다. 그래서 늦었지만 상설특검 논의를 반가운 마음으로 접했다.

그런데 자세히 들여다보니 최근 국회 논의는 상설특검 논의가 아니었다. 이름만 상설특검이지 상설특검의 도입 목적을 달성할 수 없는 내용이 여야 합의로 논의되고 있었다. 여야는 첫째, 상설특검을 기구특검보다 한 단계 낮은 제도특검으로 도입하기로 했고 둘째, 발동의 요건을 국회 본회의 재적 3분의 1 의결이 아니라 2분의 1로 합의했다고 한다. 상설특검의 장점을 죽인 최악의 합의이다. 지난 대통령선거 공약으로 상설특검보다 훨씬 강력한 고비처를 주장해온 민주당이 합의했다고 믿기 어려울 정도다. 연내 처리는 어렵다고 하지만 여야가 합의한 이상 곧 입법될 것으로 보인다.

먼저, 제도특검은 상설특검이 아니다. 제도특검이란 '상설특검'이라는 법안만 통과시켜놓거나 특검만 임명해놓는 것을 의미한다. 구체적인 대상사건은 국회의 의결을 거쳐 정해지고 수사기간 역시 60일 혹은 90일이라는 제한을 받는다. 조직과 인력도 없다. 따라서 평소에는 부정부패 감시나 검찰 견제활동을 할 수 없다. 기존의 특검과 똑같다. 따라서 특검 발동 시마다 정치적 입장에 따른 반대로 실시가 어려운 문제, 지루한 국회의 정쟁을 거쳐야 하는 문제, 정쟁의 도구로 특검을 이용하는 문제 등 기존 특검의 한계가 그대로 남는다. 사안마다 국회의 의결을 거쳐야 하기 때문이다. 상설특검은 바로 이런 문제를 해결하기 위하여 말 그대로 상설적인 기구를 두자는 것인데 이를 상설법률로 치환해버렸다. 놀랍도록 퇴행적인 발상이다.

여기에 더해, 보도에 의하면 새누리당은 국회 의결 이후 법무부장관의 동의를 요건으로 추가한다고 한다. 더욱 놀랍다. 기존의 특검보다 훨씬 못한 안을 개혁 방안이라고 제안하고 있으니 말이다. 기존의 특검은 법률로 국회에서 의결했다. 따라서 법무부장관을 포함한 행정부는 이를 무조건 집행해야 했다. 그런데 새누리당의 입장은 법무부장관에게 국회 의결을 심사하고 뒤집을 수 있도록 권리를 주자는 말이다. 어떻게 하면 특검의 발동을 더 어렵게 할 것인가를 고민하지 않고는 나올 수 없는 발상이다. 입법부로서 자존심도 찾을 수 없다. 국회의 다수가 의결한 특검법안을 법무부장관이 다시 심의하는 일은 권력분립 상 있을 수 없는 일이기 때문이다. 비토권은 유일하게 대통령에게만 인정되나, 대통령도 국무회의 심의를 거쳐 재의를 요구할 수 있을 뿐이다.

특검을 발동하는데 국회 의결을 3분의 1에서 2분의 1로 양보한 것은 상설특검을 하지 말자는 말이나 다름없다. 얼핏 보면 당연히 과반수로 특검을 해야 하는 걸로 생각할 수 있다. 그러나 상설특검은 기존의 특검이 활성화되지 못한 점에 대한 반성에서 출발한 것이다. 그렇다면 기존 특검보다 발동이 쉬워야 한다. 발동이 쉽게 되려면 야당에게 결정권을 주지 않으면 안 된다. 아무래도 특검은 정권과 결부된 권력형 부정부패 사건, 국가기관의 권한남용 사건을 대상으로 하는 경우가 많기 때문이다. 야당이 특검을 시작할 수 있도록 국회 의결의 3분의 1을 주장하는 이유다. 그런데 이를 기존의 특검과 동일한 방식으로 합의해버렸다. 상설특검을 도입하지 말자는 입장과 차이가 없다.

상설특검은 기존의 특검이 우리 현실에서 많이 부족하다는 반성에서 도입하는 제도이다. 박근혜 대통령과 문재인 대통령후보 모두 대선 당시 권력형 비리, 부정부패를 추방하고 검찰개혁을 하기 위하여 상설특검 혹은 고비처 설치를 공약했다. 고비처는 상설특검보다 더욱 강력한 제도다. 이렇게 보면 상설특검은 우리 사회의 최소한의 공통분모라는 점을 알 수 있다. 박근혜 대통령에게 투표한 국민도, 문재인 후보에게 투표한 국민도 모두 원하는 최소한이 상설특검인 것이다. 따라서 국회는 국민 절대 다수가 원하는 상설특검을 제대로 도입해야 할 의무가 있다.

상설특검을 제대로 설계하기 위해서는 기존 특검의 한계부터 분석해야 한다. 그리고 상설특검의 구체적인 모습을 그릴 수 있는 상상력이 필요하다.

상설특검은 기존 특검의 한계를 극복해야 한다. 기존 특검의 한계는 다음과 같다. 첫째, 국회의 입법을 거쳐야 하니 발동도 쉽지 않았고 시간도 많이 걸렸고 정치공세의 장이 되어버렸다. 둘째, 수사의 대상이 법률로 정해지다 보니 특검이 부정부패 사건을 제대로 수사할 수 없었다. 중대한 사건은 자주 빠졌고 오히려 정쟁의 대상이 된 사건을 수사하기도 했다. 셋째, 매번 새롭게 구성되니 지속적인 감시와 수사를 못했고 전문성도 떨어진다. 따라서 상설특검은 적극적으로 권력형 비리와 국가공권력의 권한남용을 수사하는 능동적 반부패기관으로, 상설적인 전문기관으로 구상되어야 한다.

여기에 더해 상설특검은 정치적 소수파를 배려해야 한다. 상설특검은 특히 정치적 다수파가 정치권력을 이용하여 벌이는 부정부패, 정경유착, 권력형 비리를 척결하기 위한 것이다. 정치적 다수파의 전횡을 막기 위한 제도가 바로 상설특검이다. 오늘날 한국은 정치적 다수파가 거대한 이권집단을 형성하고 있다. 따라서 정치적 다수파를 견제하기 위하여 정치적 소수파인 야당에 구성 및 발동권한을 좀 더 부여해야 한다. 상설특검 대상사건 결정을 국회의원 3분의 1로 주장하는 이유다.

이러한 원칙에 비추어보면 지금 논의되는 상설특검은 아예 도입하지 않는 게 나아 보인다. 기존 특검의 문제점을 하나도 개선하지 못하고 오히려 후퇴시킨 개악안이기 때문이다. 박근혜 대통령이 공약했던 고위공직자, 정치인의 비리를 수사하는 일도 현재의 상설특검으로는 불가능하다. 권력형 부정부패 척결과 국가 공권력 견제라는 목표는 실종된 채 상설특검이라는 이름만 남은 것이 현재의 모습이다. 어쩌면 이러한 모습을 정치권 모두가 원하고 있는지 모르겠다. 박근혜 대통령은 상설특검이라는 법안을 통과시킴으로써 공약을 지켰다는 명분을, 새누리당은 대통령 공약을 이행했다는 명분을 노리고 있다.

야당인 민주당은 어떤 생각일까? 아마 개혁을 했다는 명분을 노리고 있을 것이다. 그렇다면 국민이 얻는 것은? 국민은 아무런 내용 없이 상설특검이라는 이름만 얻는다. 오히려 후퇴한 제도를 얻게 된다. 이게 무슨 개혁인가? 오히려 무늬만 상설특검을 도입하여 다시는 고비처나 상설특검 논의를 하지 못하는 최악의 결과가 초래될 것이다.

올해 초 민주사회를 위한 변호사모임민변 사법위원회는 검찰개혁의 중요한 계기로 상설특검을 꼽았다. 고비처 도입이 원래 주장이었으나 박근혜정부에서는 상설특검이라도 도입하는 것이 바람직하다고 판단했다. 다만 제도특검이 아닌 기구특검을 주장했다. 이는 최소한의 요구였다.

민변은 참여연대와 함께 상설특검 법안을 성안했다. 그리고 민주당 법사위원들을 만나 법안을 설명했다. 필자는 사법위원장으로서 당시 상설특검을 직접 성안하고 설명했다. 필자는 대통령선거 당시 문재인 후보의 고비처 공약 마련에도 관여했지만 최소 수준의 개혁으로 상설특검을 배제하지 않고 민주당 의원들에게 설명했다. 민주당도 개혁의 가능성을 믿고 법안을 마련하고 입법에 노력하고 있었다.

　그런데 지금의 결과는 전혀 다르다. 민주당 의원들은 민변과 참여연대의 상설특검 법안과 완전히 다른 내용을 합의했다. 처음의 다짐은 간 곳 없다. 양보해서는 안 될 선까지 양보해버렸다. 민주당 의원들은 진짜 이렇게 합의하면 상설특검이 제대로 운용되어 권력형 부정부패와 국가기관의 권력남용을 견제할 수 있다고 생각하고 있을까? 이번 합의를 개혁이라고 생각하고 있을까? 이 질문에 확신을 가지고 '예'라고 할 수 없다면 다시 논의하는 것이 마땅하다. 기존 합의는 어떻게 하느냐고? 국민과의 약속은 항상 모든 것에 앞서는 법이다. 당장 상설특검을 다시 논의할 것을 촉구한다.

갈등해결보다 파업 응징 앞서는
'폭력적 법치주의'

모든 문제를 철두철미하게 법대로 해결할 수는 없다. 법률이 양보하고 존중해야 하는 분야도 있다. 인간에게 소중한 공동체에 법률이 함부로 개입해서는 안 된다. 권리, 의무라는 법률관계로 해소되지 않는 사랑과 믿음, 의리와 같은 중요한 덕목이 공동체에는 있고 이것이 공동체를 유지시킨다.

대국민담화에서 정 총리는 철도노조 파업을 불법으로 규정하고 "정부는 법과 원칙에 의한 국가경영을 기본원칙으로 하고 불법파업에 대해서는 법에 따라 엄정하게 대처할 수밖에 없다"고 밝혔다. 이 말은 체포영장을 집행하고 철도노동자들을 가차 없이 징계하겠다는 것을 의미한다. 전형적인 '한국형 폭력적 법치주의'이다. 문제를 해결하는 법과 원칙이 아니라 또 다른 갈등을 낳는 법과 원칙이다.

전국철도노동조합의 파업이 끝났다. 하지만 민영화는 현재 진행형이고 노동조합 간부들에 대한 체포 및 구속, 징계 또한 계속되고 있다. 어느 정도의 후유증을 남길지 제대로 알 수 없다. 그 후유증은 철도노조에 한정되지 않는다. 사용자인 코레일과 정부에도 큰 후유증을 남길 것이다.

짧지 않은 기간 동안 벌어졌던 철도파업 과정을 돌이켜보자. 철도파업 과정에서 항상 있어 왔던 파업에 대한 공격이 되풀이됐다. 철도노동자들의 임금을 두고 이번 파업을 폄훼하려는 시도가 그 중 하나이다. 현재 진행되는 민영화와 철도노동자 임금 수준이 무슨 관련이 있는지 참 이상한 논리이다. 철도노동자들이 임금을 많이 받는 것도 아니지만 설사 임금을 많이 받는다 하더라도 민영화 반대 파업은 할 수 있는 것 아닌가? 민영화는 누구나 반대할 수 있는 것이다. 파업 때문에 서민이 불편하다는 공격도 있었다. 철도노조의 파업으로 서민들만 힘들다는 것이다. 사실 나도 서울에서 인천까지 전철을 타고 출퇴근하기 때문에 걱정이 제법 많았다. 실제로 2~3일 정도 철도를 제시간에 이용하지 못했던 불편이 있었다. 그런데 이 정도의 불편함은 노동자들에게 파업권을 인정하면 당연히 감수해야 하는 것이다. 서민들이 정부에 항의하기 위하여 집회, 시위를 한다면 그 불편함은 다른 서민이 감수해야 하는 몫이다. 우리 사회는 그러한 불편함을 서로 감수하는 것을 전제로 구성되어 있다. 이러한 전제를 공격하는 현실은 우리를 슬프게 한다.

이런 공격들 중에서도 법률을 앞세운 공격이 가장 가슴 아프다. 법과 원칙에 따라서 철도노조의 파업을 진압해야 한다는 그것이다. 체포영장이 발부되었으므로 이를 집행해야 하고, 노동자들이 근무규율을 어겼으니 징계해야 한다는 것이다. 법과 원칙에 따른다는 주장은 쉽게 반박하기 어렵다. 논리적이면서도 물리력까지 갖추고 있으므로 법을 동원한 공격은 참으로 매섭고 아프다. 그런데 이러한 입장이 논리적이고 바람직할까? 경찰은 철도노조 집행부에 대한 체포영장을 발부받았고 이를 집행한다고 민주노총 사무실에 진입했다. 민주노총 사무실도 대한민국 안에 있으니 대한민국 법률이 당연히 적용되어야 한다는 것이다. 엄청난 후유증을 몰고 온 사태이지만 그 자체로는 법의 집행이므로 달리 문제 삼기 어려워 보인다. 반대의 논리는 법집행을 자제하는 게 더 낫다는 정도로, 법률 이외의 접근이다.

그런데 철도노조 집행부가 조계사에 들어가자 경찰은 더 이상 진입을 하지 못했다. 왜 이 경우에는 체포영장을 집행하지 않았을까? 박근혜정부가 종교를 존중해서? 종교를 사랑해서? 종교가 원래 치외법권이어서? 이 문제는 좀 심각하다. 약간 과장해서 보면 조계사가 민주노총에 비하여 특권을 누리고 있는 것처럼 볼 수도 있고, 민주노총이 조계사에 비하여 차별을 받고 있다고 볼 수도 있다.

법률은 존중과 사랑을 알지 못한다. 냉정한 권리와 의무의 관계만을 규정할 뿐이다. 나도 변호사이지만 일일이 자신의 권리를 주장하고 상대방의 의무를 따지는 법률가는 사실 친구로 사귀기가 좀 그렇다. 종교를 존중해줄 이유를 법체계 내에서 찾기는 어렵다. 만일 조계사의 스님들이 민주노총 집행부를 계속 숨겨주고 또 도피자금을 제공했다면 처벌받을 수도 있다. 바람직스럽지는 않지만 가능성은 있다. 실제로 1980년대 초반 소위 부산미문화원 방화 사건에서 천주교의 신부님이 이러한 이유로 처벌받았다. 경찰이 조계사에 진입하지 못한 것은 법적 논리가 아닌 정치적, 사회적 논리에 따른 것이다. 조계종단을 건드리면 정치적, 사회적 후유증이 엄청나기 때문이다. 이런 생각에서라도 조계사에 진입하지 않은 것은 다행스러운 일이다.

법과 원칙이라고 하면 모든 경우에 법이 적용되어야 한다고 생각하기 십상이다. 법률가는 특히 그렇다. 사회에 법이 적용되지 않는 분야는 없다고 생각한다. 사회와 인간의 모든 분야를 지배하고자 하는 것은 법의 속성 중의 하나이다. 국가의 지배는 법을 통하여 이루어진다. 근대 국가는 인간의 행동과 생각까지 지배하려고 한다. 이를 교육과 훈련으로 달성하고자 한다. 이런 이상이 가장 잘 실현되는 곳이 바로 학교, 군대 그리고 감옥이다. 이를 두고 '법은 진공眞空을 싫어한다'고 표현할 수 있겠다. 자연과학 분야에서 유명한 말인 '자연은 진공을 싫어한다'의 패러디이기는 하지만 말이다.

그런데 법률이 적용되지 않는 부분, 적용되지 않아야 하는 부분은 의외로 많이 있다. 이번 조계종 사례처럼 종교시설에 대피한 사회적 약자는 보호되어야 한다. 이 정도의 여유도 없다면 우리 사회는 너무 각박할 것이다. 가정은 또 어떤가? 가정에 법률이 개입한다고 해서 바람직한 결과가 나온다는 보장은 없다. 가족 간의 사랑과 믿음을 법률이 대신할 수는 없다. 학교는 더욱 그러하다. 법대로 하다가는 학생들이 너무 많은 피해를 입을 수 있다. 청소년들의 가능성, 사제 간의 관계는 법률로 함부로 재단할 수 있는 것이 아니다. 직장도 그렇다. 이처럼 인간에게 소중한 공동체에 법률이 함부로 개입해서는 안 된다. 권리, 의무라는 법률관계로 해소되지 않는 사랑과 믿음, 의리와 같은 중요한 덕목이 공동체에는 있고 이것이 공동체를 유지시킨다.

법률이 개입할 수 없는 가장 큰 부분은 개인의 정체성이다. 개인의 정체성이 드러나는 분야는 사상과 양심의 자유, 종교의 자유, 사생활의 자유, 표현의 자유 등이다. 이러한 분야는 이미 개인의 가장 중요한 인권으로 확인되었다. 법이 함부로 개입해서는 안되는 분야다.

정홍원 국무총리는 12월 18일 철도노조의 파업과 관련하여 대국민담화를 발표했다. 대국민담화에서 정 총리는 철도노조 파업을 불법으로 규정하고 "정부는 법과 원칙에 의한 국가경영을 기본원칙으로 하고 불법파업에 대해서는 법에 따라 엄정하게 대처할 수밖에 없다"고 밝혔다. 이 말은 체포영장을 집행하고 철도노동자들을 가차 없이 징계하겠다는 것을 의미한다. 전형적인 '한국형 폭력적 법치주의'이다. 문제를 해결하는 법과 원칙이 아니라 또 다른 갈등을 낳는 법과 원칙이다. 철도노동자들에 대한 가차 없는 체포영장 집행과 징계는 다시 노사갈등으로 이어지고 결국 코레일에게도 풀기 힘든 숙제를 남길 것이다.

모든 문제를 철두철미하게 법대로 해결할 수는 없다. 법률이 양보하고 존중해야 하는 분야도 있다. 아무쪼록 법률 이외의 부분을 존중하는 의미에서든, 또 다른 사회적 갈등을 낳지 않는다는 관점에서든 이번 철도노동자들에 대한 수사와 징계는 없던 일이 되든지 아니면 최소화되어야 한다. 수백 명을 징계하고도 좋은 직장, 국민의 기업이라고 광고하는 것은 모순이다.

통합진보당 해산재판에
왜 야당 대표가 안 보이나

정부, 검찰 공안부의 메시지는 단순하다. 자신들이 설정해놓은 틀 안에서만 상상하라는 것이다. 국가보안법의 틀 안에서만 상상하라는 것이다. 하지만 그 틀이란 기득권의 첨병인 박근혜 정부와 공안부가 만든 것이다. 이 틀을 깨지 않으면 개혁과 발전은 기대하기 어렵다. 상상력이 제한되면 개혁도, 발전도 이룰 수 없고 야당도 설 자리가 없다.

나는 민주주의의 위기를 막기 위한 방안 중 하나로 지금 진행되고 있는 정당해산 재판에 야당 대표가 참관할 것을 기대한다. 새정치민주연합과 정의당 등 모든 야당에게 기대한다. 직접 재판에 참여하여 박근혜 정부와 통합진보당, 검찰 공안부와 변호사들의 이야기를 들어볼 것을 권한다. 이를 통하여 야당이 얼마나 한국의 정치와 민주주의를 사랑하는지 그리고 이것을 지키기 위하여 얼마나 많은 노력을 기울이는지 대중들에게 보여주길 희망한다.

통합진보당에 대한 정당해산심판 청구 사건이 시작된 지 벌써 6개월이 넘었다. 정부가 국무회의 의결을 거쳐 헌법재판소에 정당해산심판청구서 및 정당활동정지가처분신청서를 접수한 게 지난해 11월 5일. 그로부터 6개월 넘게 '역사적인 재판'이 진행되고 있다.

그런데 역사적인 재판치고는 너무 조용하다. 변호사들의 활동만 간혹 언론에 보도될 뿐이다. 정치권, 시민사회, 대중의 관심이 너무 적다. 사상 최초의 정당해산 재판이라는 의례적인 표현 외에도 한국의 정치지형을 전면적으로 바꿀 수 있는 재판, 시민의 정치활동의 자유를 좌우할 재판, 나아가 우리의 상상력을 제한할지도 모르는 재판임에도 여론은 참 조용하다.

이 재판은 여러 면에서 '역사적인 재판'이다. 먼저 이 사건은 대한민국 역사상 최초의 정당해산 재판이다. 정당해산은 정당해산으로 끝나는 것이 아니다. 현대의 정치는 정당정치이다. 정당이 해산되면 정당에서 활동하고 정당을 지지하는 시민의 정치도 해산되고 제약된다. 헌법이 정당을 특별히 보호하는 것은 이런 이유 때문이다. 그것도 작은 정당의 해산 사건이 아니다. 비록 분당되기는 했으나 통합진보당은 2012년 총선에서 13명의 국회의원 당선자를 배출했다. 정당 지지율은 13.4%에 이른다. 한때 국민 8명 중 한명이 이 정당을 지지한 것이다. 정부가 주장하듯이 진보정당의 뿌리를 2000년의 민주노동당으로 잡는다면 14년 동안 꾸준히 성장해 온 정당이다.

정당해산 신청 당시 통합진보당은 6명의 현직 국회의원, 2명의 기초자치단체장, 19명의 광역지방의회의원, 91명의 기초지방의회의원, 당원 수 10만 명의 거대 정당이었다. 물론 새누리당이나 새정치민주연합보다는 작지만 제3의 정당으로서 한국의 정치를 좌우할 만한 당세이다. 알게 모르게 통합진보당은 이미 우리의 가까운 이웃으로 성장해 온 것이다. 이렇게 큰 정당을 해산하게 되면 수많은 당원과 그 지지자들의 정치적 의사표현 역시 강제로 해산된다. 이들의 정치적 자유가 제약되는데 정치권에서 논쟁과 토론이 없다는 것은 이해할 수 없다.

정당은 근원적으로 인간 상상력의 산물이다. 정당은 지금은 없지만 앞으로 있을 미래의 모습을 정강정책으로 제시한다. 그리고 정당은 미래의 모습을 현실에서 실현하고자 정치투쟁을 벌인다. 정당의 상상력에는 한계가 없다. 얼마든지 통일된 조국을 상상할 수 있고 국민과 외국인을 포함한 모든 인간이 사람답게 대접받는 사회를 상상할 수도 있다. 국가보안법과 국정원이 없는 사회도 상상할 수 있다.

물론 상상의 자유에서 몇 가지는 제외된다. 인간을 인간으로 대접하지 않는 그런 사회를 정당이 상상해서는 안 된다. 노예제 부활이나 인종차별은 금지된다. 그리고 공동체를 파괴하는 분리독립, 파시즘, 군국주의도 금지된다. 이처럼 극단적인 경우를 제외하고 정당은 모든 것을 상상할 수 있다.

현재 박근혜 정부, 구체적으로 검찰 공안부의 통합진보당 정강정책에 대한 공격은 이러한 상상력에 대한 공격이다. 현재 형성된 쟁점은 △진보적 민주주의 △자주적 민주정부 △민중주권주의 △민주집중제 △민중 중심의 자립경제 체제 △코리아연방제 통일방안 등이다. 모두 우리 사회에서 상상해왔던 것들이며 이미 실현된 사안도 있다. 연방제 통일방안은 이미 6.15 남북공동선언에서 일부 확인한 바 있다. 민주주의와 민주정부, 자립경제를 왜 상상해서는 안 되는지 그리고 상상하는 것이 우리 사회에 왜 위협이 되는지 이해할 수 없다.

박근혜 정부, 검찰 공안부의 메시지는 단순하다. 자신들이 설정해놓은 틀 안에서만 상상하라는 것이다. 국가보안법의 틀 안에서만 상상하라는 것이다. 하지만 그 틀이란 기득권의 첨병인 박근혜 정부와 공안부가 만든 것이다. 이 틀을 깨지 않으면 개혁과 발전은 기대하기 어렵다. 상상력이 제한되면 개혁도, 발전도 이룰 수 없고 야당도 설 자리가 없다.

한편, 정당은 상상의 자유를 가지지만 현실에서 이를 실현해야 한다. 따라서 민주사회에서 폭력, 폭동은 금지된다. 이때의 폭력이나 폭동은 엄격하게 증명되어야 한다. 실제로 사회에 위험을 초래하는 정도여야 한다. 사회에 아무런 위험이 없음에도 불구하고 폭력혁명을 상상 또는 토론했다는 이유로 정당을 해산하는 것은 과잉이다. 이것이 정당해산의 또 다른 요건인 구체적 위험성이다. 유럽 인권재판소는 이를 '폭력의 선동과 공중에 대한 폭력사용의 위협'이 실제로 있어야 한다고 설명한다. 폭력사용의 위험은 명백하고 현존하는 위험성이어야 한다. 여기에 더해 이러한 위험을 정당해산 이외에 다른 방법으로 막을 수 없을 때에 한하여 정당을 해산할 수 있다. 정당의 해산으로 정당만이 아니라 시민의 정치적 자유도 해산되기 때문이다. 이를 '보충성' 혹은 '최후수단성'이라고도 한다.

이처럼 정당해산 재판은 민주사회에서 매우 예외적이다. 프랑스, 미국, 영국, 일본 등은 정당해산제도 자체를 두고 있지 않다. 정당해산이라는 극단적인 방법보다는 관용을 바탕으로 한 다원주의 틀 안에서 민주주의를 보전하고자 하는 의도라 해석된다. 따라서 통합진보당에 대한 정당해산 재판은 당면한 정치 쟁점 중에서도 제법 앞서는 주제이다. 한국 민주주의의 수준, 정치활동의 자유, 상상력의 자유, 검찰 공안부의 활약 등 많은 쟁점이 포함되어 있다. 결정적으로 한국 정당과 정치의 미래를 결정할 중요한 재판이다. 당장 수십만, 수백만의 시민들이 사랑했던, 그리고 지금도 사랑하는 정치집단이 사라질 위기에 처했으니 정치권은 치열한 관심을 가져야 할 일이다. 통합진보당이 기득권층과 대결하면서 민주와 진보를 주장해왔고 한때 야권통합의 대상이기도 했으니 특히 야당은 관심을 가질 만하다. 적극적인 정치활동을 주장하는 시민사회단체도 같다. 하지만 아무도 통합진보당을 이야기하지 않는다. 변호는커녕 관심도 없다. 언론의 관심도 없다. 이 정도면 통합진보당이 이미 해산된 게 아닌가 싶을 정도로 조용하다.

우리는 지금 박근혜정부 하에서 안전과 민주주의의 위기 시대를 살고 있다. 당장 세월호 참사가 우리의 안전이 위기에 처했음을 적나라하게 보여주었다. 또 서울시 공무원 간첩조작 사건은 우리의 민주주의가 위협받고 있음을 보여준다. 여기에 더해 통합진보당의 정당해산 재판 역시 한국 정치, 민주주의 위기의 증거이다.

안전도 총력을 기울여야 겨우 확보할 수 있다. 민주주의도 같다. 특히 민주주의는 우리의 노력으로 확보할 수 있다. 민주주의 위기는 정치와 재판을 통하여 막을 수 있다. 서울시 공무원 간첩조작 사건도 재판에서 민주사회를 위한 변호사모임^{민변} 변호사들이 막아내지 않았는가? 시민의 정치적 자유를 확대함으로써 민주주의 위기를 막아낼 수 있다.

나는 민주주의의 위기를 막기 위한 방안 중 하나로 지금 진행되고 있는 정당해산 재판에 야당 대표가 참관할 것을 기대한다. 새정치민주연합과 정의당 등 모든 야당에게 기대한다. 직접 재판에 참여하여 박근혜 정부와 통합진보당, 검찰 공안부와 변호사들의 이야기를 들어볼 것을 권한다. 이를 통하여 야당이 얼마나 한국의 정치와 민주주의를 사랑하는지 그리고 이것을 지키기 위하여 얼마나 많은 노력을 기울이는지 대중들에게 보여주길 희망한다.

재판의 결과는 아무도 모른다. 지방선거 전에 정당해산 재판이 끝날 것으로 예상한 이들도 있었다. 하지만 재판은 예상과는 달리 신중하고 꼼꼼하게 진행되고 있다. 지금 재판 진행이 반드시 정부에 유리한 것도 아니다. 헌법과 법률, 양심에 따라 그리고 민주주의의 수준에 따라 결론이 내려질 것이다. 통합진보당이 해산되지 않을 가능성도 최소한 절반은 된다. 만일 해산되지 않는다면, 그리고 이번 지방선거에서 시민들로부터 지지를 받는다면 통합진보당은 여전히 우리의 이웃으로 남게 될 것이다. 야권통합, 야권연대를 해야 할 필요도, 가능성도 있다. 이러한 때를 대비해서라도 야당 정치인들의 관심이 필요하다. 당장 다음 기일은 6월 10일이다.

시각장애인
두 번 눈 가리는
헌법재판소

우리는 시각장애인을 판사로 임명하는 시대에 살고 있다. 문제는 장애가 아니라 제도에 있음이 명백해진 시대다.

일본의 시각장애인 다케시타에게 변호사의 기회가 주어진 것은 이미 40년도 넘은 과거일이다. 하지만 우리 헌법재판소는 2014년 시각장애인의 선거권을 제한하는 규정이 위헌이 아니라고 한다. 과거 인권이 국가에 의하여 짓눌리던 시대, 장애를 숙명처럼 받아들이고 아무런 권리주장도 할 수 없던 시대, 장애인에 대한 제도적 차별을 당연한 것으로 받아들이던 시대의 결정처럼 보인다. 온통 과거로 돌아가는 시대에 헌법재판소도 그러는 게 아닌가 걱정스럽다.

헌법재판소는 지난 5월 29일 시각장애인을 위한 점자형 선거공보 작성을 의무화하지 않은 공직선거법이 헌법에 위반되지 않는다고 결정했다. 시각장애인의 선거권 행사 방해요인 제거를 거절한 것이다. 이 사건은 시각장애인 등 장애인들에게 헌법상의 기본권리를 보장할 것인가에 대한 질문이었다. 선거권은 헌법상의 권리이기 때문이다. 그런데 헌법상의 선거권을 적극적으로 보장해야 할 헌법재판소가 이를 거절했다.

사안은 간단하다. 시각장애 1급인 청구인은 시각장애인을 위한 점자형 선거공보 작성 여부를 후보자의 임의사항으로 하고, 점자형 선거공보의 면수도 비장애인을 위한 책자형 선거공보의 면수 이내에서 작성하도록 규정한 공직선거법이 시각장애인의 선거권을 침해하고 국가의 장애인 보호의무에 위반된다고 주장했다.

헌법재판소는 다수 의견과 소수 의견으로 나뉘었다. 다수 의견은 5명이다. 다수 의견은 첫째, 점자형 선거공보 작성의무가 임의적이지만 같은 내용의 책자형 선거공보 역시 임의적이라는 점 둘째, 선거공보 이외에 방송연설, 대담, 인터넷 등 다른 선거운동 방법도 많이 있다는 점 셋째, 점자형 선거공보를 의무화하면 선거운동의 자유를 제한할 수 있다는 점 등을 이유로 점자형 선거공보를 의무화할 필요가 없다고 판단했다.

모두 형식적인 이유이다. 선거공보는 정보의 홍수 속에서 직접 유권자들의 가정에 전달되는 유일한 정보이다. 내용은 법정되어 있고 가장 상세하고 가장 정확하다. 후보자들도 정성들여 만든다. 이 때문에 선거공보는 모든 후보자들이 작성한다. 지난 대통령선거 때 대선후보 7명은 모두 선거공보를 제작했다. 그러나 점자형 선거공보는 5명만 제작했다.

한편 다른 선거운동 방법도 대부분 시각적 방법에 의존한다. 문자메시지, 현

수막, 명함, 홍보물, 어깨띠, 공약집, 선거벽보 등이 그것이다. 나아가 공직선거법은 점자형 선거공보를 비롯, 법률이 규정한 방법을 제외하고는 녹음·녹화테이프 등 비시각적 방법에 의한 선거운동을 포괄적으로 금지하고 있다. 그만큼 시각장애 선거인은 후보자에 대한 정보를 얻는 방법이 제한되어 있다. 선거운동의 자유를 제한한다는 주장도 성립할 수 없다. 점자형 선거공보의 제작비용은 국가가 전액 부담하기 때문이다.

만일 시각장애인이 공무원 임용시험에 응시한다면 국가는 이러한 이유로 이를 거절할 수 있을까? 지금 그런 일은 상상할 수 없다. 시각장애인 판사를 배출할 정도로 시험문턱이 낮아졌다. 시각장애인 최영 씨는 2008년 제50회 사법시험에 합격하고 2012년 판사로 임명되었다. 시각장애인이 사법시험에 합격하는 것은 어려운 일이다. 사법시험 자체가 어려운데다가 시각장애인은 물리적인 어려움이 있기 때문이다. 그러나 본질적인 어려움은 장애가 아니라 제도에 있다.

일본 최초의 시각장애 변호사 다케시타 요시키 변호사의 스토리는 사법시험 합격기록이 아니라 사법시험 개혁기록이다. 그의 사법시험 합격과정과 변호사 활동을 기록한 책이 있다. 〈앞은 못 봐도 정의는 본다〉가 그 책이다. 우리말로는 여영학 변호사가 번역했다.

다케시타 변호사는 1951년생으로 중학교 3학년 때 시력을 잃는다. 그러나 그는 변호사가 되기로 결심한다. 그가 1966년 중학교를 졸업했을 당시 시각장애인이 할 수 있는 직업이라고는 안마사뿐이었다. 주위에서는 어이없다는 반응이 대부분이었다.

미국의 유명한 흑인 지도자였던 말콤 엑스도 초등학교 때 변호사가 꿈이었다. 그가 변호사가 되고 싶다고 했을 때 초등학교 선생님은 목수가 될 것을 권했다. 당시 말콤 엑스가 알고 있는 흑인 중 가장 출세한 인물은 호텔 보이 정도였다고 한다. 어쩌면 선생님의 반응은 당연했을 지도 모른다.

청년 다케시타는 류코쿠대학 법학부에 입학, 사법시험을 준비하면서 시각장애인 사법시험 실시 여부를 법무성우리의 법무부에 문의한다. 시각장애인 사법시험을 실시한 적이 없고 실시할 의사가 없다는 대답이 돌아왔다. 시각장애인에게 사법시험의 기회조차 부여하지 않았던 것이다.

당시 일본에는 점자 법전도 없었다. 나중에 A4 크기 50쪽 분량의 책 51권으로 점자 법전이 나왔지만 책값도 12만 엔이나 했다고 한다. 점자 법률서적도 없었다. 다케시타 변호사가 사법시험에 합격할 무렵이 되어서야 200권 가량의 점자책과 1,000개 분량의 녹음테이프가 만들어졌다. 시중에서 구입한 것은 하나도 없었고 모두 자원봉사자가 만들어주었다.

다케시타 변호사는 상황에 굴하지 않고 시각장애인 사법시험 실시를 계속 요구했다. 법무성은 1973년 처음으로 시각장애인 사법시험을 실시하기로 한다. 하지만 점자 법전도 제공되지 않았고 시험시간도 충분히 보장되지 않았다. 당시 일본의 일부 대학에서는 시각장애인의 시험을 인정했는데 시간은 보통 1.5배를 주고 있었다. 다케시타 변호사는 이를 개혁하기 위해 국회에서 장애인에 대한 차별 실태를 증언하기도 했다. 그 결과 1975년, 드디어 점자 법전이 제공되었고 시험시간도 일부 연장되었다. 하지만 그가 합격한 것은 그로부터 6년이 지난 1981년이었다. 1981년 사법시험 합격자 수는 433명이었다고 한다. 다케시타 변호사는 최초의 시각장애 합격자였다.

사법시험에 합격하자 사법연수소우리의 사법연수원도 대비를 해야 했다. 시각장애인을 위한 교육시설을 마련해야 했기 때문이다. 사법연수소는 교재를 녹음하거나 전문서적과 자료를 읽어주는 남자보조원을 담당 직원으로 도서관에 배치해주었다. 법원과 검찰도 보조원을 배치해 실무수습을 제대로 마치도록 도왔다.

심지어 실무수습 변호사 사무소에서도 보조원을 배치해 주었다.

아무리 다케시타 변호사가 대단하다 하더라도 그를 만든 힘의 절반은 자원봉사자들이었다. 그가 사법시험에 도전하기로 결심했을 때 교토대학, 도쿄대학, 와세다대학, 호세대학, 아오야마대학, 류코쿠대학 등의 학생들이 적극 지원했다. 불합리하게 장애인을 차별하는 현실에 같이 분개하고 다케시타 변호사와 함께 현실개혁을 모색했다. '시각장애인에게도 변호사의 길을'이라는 제목의 소책자를 만들어 뿌리기도 하고 함께 공부하기도 했다. 사법연수소에서도 이러한 인연은 계속 이어진다.

사법연수소 졸업 후 다케시타 변호사는 교토에서 개업했다. 그는 자신의 경험을 바탕으로 한 변호활동을 하고 있다. 장애인이나 노숙노동자 등 사회적 약자를 대변하는 재판을 맡으며 인권변호사의 길을 걷고 있는 것이다.

우리 헌법재판소의 결정은 과거의 느낌을 물씬 풍긴다. 일본의 시각장애인 다케시타에게 변호사의 기회가 주어진 것은 이미 40년도 넘은 과거 일이다. 하지만 우리 헌법재판소는 2014년 시각장애인의 선거권을 제한하는 규정이 위헌이 아니라고 한다. 과거 인권이 국가에 의하여 짓눌리던 시대, 장애를 숙명처럼 받아들이고 아무런 권리주장도 할 수 없었던 시대, 장애인에 대한 제도적 차별을 당연한 것으로 받아들이던 시대의 결정처럼 보인다. 타임머신을 타고 과거로 돌아간 느낌이다.

우리는 시각장애인을 판사로 임명하는 시대에 살고 있다. 문제는 장애가 아니라 제도에 있음이 명백해진 시대다. '나도 사람이다'라는 인권의 외침에 귀 기울이고 이를 위하여 사회공동체가 양보해야 하는 시대에 살고 있는 것이다. 그런데 헌법재판소는 이러한 흐름을 보지 못하고 있는 듯하다. 온통 과거로 돌아가는 시대에 헌법재판소도 그러는 게 아닌가 걱정스럽다.

반복되는 군 총기사고는
바로 잡아야 할 '부정의(不正義)'

군인은 군복을 입은 시민이다. 기본적인 인권은 당연히 보장되어야 한다. 군대는 대한민국의 조직이다. 법치주의 역시 당연히 적용되어야 한다.

동일한 사건이 계속해서 발생하면 그것은 우연의 일종인 불행이 아니다. 부정의(不正義)다. 이런 의미에서 반복되는 군의 총기사고는 불행이 아니라 부정의이다.

군의 특수성을 인정하더라도 공정하고 투명한 수사와 재판은 양보할 수 없는 원칙이다. 공정하고 투명한 수사와 재판은 사건사고의 진상을 규명하고 책임을 추궁함으로써 재발 방지에 기여한다. 이런 당연한 이치를 깨닫지 못한 결과가 지금의 총기사건이다. 이미 충분히 늦었지만, 국민의 신뢰를 회복하기 위해 군 사법개혁은 이루어져야 한다.

악몽 같은 사건이 발생했다. 2014년 6월 강원도 고성에서 군인이 전우를 향해 총기를 난사한 사건이 벌어진 것이다. 5명이 사망하고 7명이 부상을 입었다. 그 순간 자식을 군에 보낸 부모들의 심장은 멈추었다. 세월호 사건의 충격이 채 가시기도 전에 터진 대형사고다. 정신을 잃을 지경이다.

군의 총기사고는 잊을 만하면 발생한다. 이번 강원도 고성의 총기사고는 2005년 6월의 경기도 연천 총기사건, 2011년 7월의 강화도 해병 총기사건과 비슷하다. 2005년 연천 군부대 총기사건에서는 8명이 사망하고 2명이 부상당했다. 2011년 강화도 총기사고는 4명이 사망하고 2명이 다쳤다.

이런 참혹한 사건이 일정 시간을 두고 반복하여 발생한다. 조사를 하지만 진상은 정확하게 밝혀지지 않는다. 다만 기억에서 사라질 뿐이다. 사건이 터지지 않도록 조심하고 기도하는 것 말고 다른 대책은 없어 보인다.

모든 사고는 불행이다. 예측도 예방도 어렵다. 대책을 마련하기도 어렵다. 하지만 동일한 사건이 계속해서 발생하면 그것은 우연의 일종인 불행이 아니다. 부정의(不正義)다. 불행에는 원인이 없지만 부정의에는 원인이 있다. 부정의를 해결하려면 진상을 규명하고 책임을 물어야 한다. 그리고 피해자의 피해를 회복시켜야 한다.

책임을 묻고 피해를 회복할 수 있는 시스템이 마련되어 있지 않으면 부정의는 계속 발생한다. 우연인 불행이 필연인 부정의가 되는 것이다. 이런 의미에서 반복되는 총기사고는 불행이 아니라 부정의이다. 동일한 사고가 동일한 이유로 계속 발생하기 때문이다. 분명한 원인이 있는 사건이며 책임을 물어야 하는 부정의이다.

총기사고와 같은 참혹한 사건은 예방이 최선이다. 예방은 아무리 강조해도 모자라지 않다. 예방만큼 중요한 것은 사건 이후의 처리다. 원인을 정확히 밝히고 책임을 물어야 한다. 이 사건 또한 그렇다. 그런데 한 가지 걸리는 대목이 있다. 사건이 군에서 발생했다는 점이다. 군은 사건의 실체와 조사과정을 외부에 공개하지 않는 경향이 있다. 그리고 수사와 재판이 공정하고 독립적으로 진행되지 않고 사건을 군 상층부의 의사대로 처리하는 경우가 많다.

이런 이유로 군의 사고 처리는 불신을 받는다. 사망사고의 유족에게조차 사건의 실체가 제대로 알려지지 않는다. 사건 때마다 군과 유족 등 피해자 가족 간에 다툼과 불신이 계속되는 이유이다. 1998년 발생한 김훈 중위 사건에 대한 군의 조사는 당시 장군이었던 김훈 중위의 부친조차 설득하지 못했다. 이런 과거가 쌓이고 쌓여 국민은 더 이상 군을 믿지 못하게 되었다.

문제를 해결하기 위해서는 두 가지 방법이 필요하다. 하나는 과거의 의심스러운 사건을 재조사하여 진상을 규명하는 것이다. 다른 하나는 수사와 재판의 독립성을 보장하여 사건을 공정하고 투명하게 처리하는 것이다.

군 사망사고의 진상을 규명하기 위하여 참여정부는 2006년 대통령 직속으로 군의문사진상규명위원회를 구성했다. 과거 군대 내 사망사고의 진상을 밝혀 사망자와 그 가족의 억울함을 해소하고 사망에 대한 정당한 대우를 하기 위함이었다. 군의문사진상규명위원회는 2009년까지 한시적으로 활동했다.

군의문사진상규명위원회의 활동은 군대 내 사망사고에 대한 인식을 많이 바꾸어 놓았다. 자살을 단순히 개인의 문제로 보지 않게 된 것도 그 성과 중 하나이다. 과거에 자살은 이유를 따지지 않고 개인적인 문제로 치부해버렸다. 하지만 자살사건을 조사하는 과정에서 자살이 아닌 경우도 밝혀졌을 뿐 아니라 자살이라 하더라도 개인 문제가 아님이 밝혀졌다. 군의 문화가 젊은 청년을 자살로 몰고 간 사례나 폭력행사, 따돌림 현상도 확인되었다. 그 결과 최근 공무상의 사유로 정신질환이 발생하여 자해행위를 한 경우, 직무수행 또는 교육훈련과 관련한 구타, 폭언 또는 가혹행위 등이 원인이 되어 정상적인 판단능력이 상당히 저하된 상태에서 자해행위로 사망한 경우에는 순직으로 인정하게 되었다.

또 하나의 대책은 수사와 재판의 독립성을 보장하는 것이다. 군의 수사와 재판은 모두 지휘관의 통제 하에 있다. 이런 이유로 수사와 재판이 공정하고 투명하게 진행되지 않을 가능성이 매우 높다. 그만큼 진상이 은폐되고 문제는 해결되지 않을 가능성이 높은 것이다.

군인은 군복을 입은 시민이다. 기본적인 인권은 당연히 보장되어야 한다. 군대는 대한민국의 조직이다. 법치주의 역시 당연히 적용되어야 한다. 군의 특수성을 인정하더라도 공정하고 투명한 수사와 재판은 양보할 수 없는 원칙이다. 군 사법개혁은 군 장병의 인권을 보장하고 군 내 법치주의 확립을 위하여 시도되었다. 사법개혁의 일환이었다. 참여정부 시절 사법개혁의 청사진을 그린 대법원 산하 사법개혁위원회는 2004년 군 사법개혁을 건의했다.

주요 내용은 군사재판의 독립성과 공정성을 강화하고 군 검찰의 독립성, 군 사법경찰에 대한 통제권을 강화하는 것이었다. 수사와 재판을 지휘관 명령이 아닌 법률에 따라 공정하고 투명하게 하기 위한 방안이였다. 특히 군 검찰조직을 국방부 소속으로 통합하는 방안은 군 검찰의 수사를 단위 부대장으로부터 독립시키겠다는 취지였다. 이러한 건의를 바탕으로 사법제도개혁추진위원회는 군 사법제도 개혁을 위한 여러 법률안을 마련했다. 군사법원의 조직 등에 관한 법률, 장병의 군사재판참여에 관한 법률, 군 검찰의 조직 등에 관한 법률, 군 형사소송법 개정안 등을 마련했다. 일부의 이견도, 반발도 있었으나 국방부의 의견까지 광범위하게 수용한 법안들이었다. 사법제도개혁추진위원회의 이러한 개혁안은 국무회의를 거쳐 정부안으로 국회에 제출되었다.

하지만 군 사법개혁은 실패했다. 법조일원화, 로스쿨 도입, 형사소송법 개정

등 중요 사법개혁은 이루어졌지만 군 사법개혁은 성과를 내지 못했다. 국회에서 군 장병의 인권과 군 법치주의를 경시한 것이 결정적인 이유다. 다른 사법개혁 과제에 비하여 중요성이 떨어지지 않았으나 핵심쟁점으로 부각되지 못했다. 수십만 군 장병의 인권을 보호하고 군의 법치주의를 확립할 기회를 놓친 것이다. 군 사법개혁을 성공시키지 못한 것이 계속 반복되는 총기사고의 먼 원인 중 하나라 생각하니 마음이 무겁다.

공정하고 투명한 수사와 재판은 사건사고의 진상을 규명하고 책임을 추궁함으로써 재발 방지에 기여한다. 이런 당연한 이치를 깨닫지 못한 결과가 지금의 총기사건이다. 이미 충분히 늦었지만, 국민의 신뢰를 회복하기 위해 군 사법개혁은 이루어져야 한다. 거듭 말하지만 인권 보장은 국가의 존재 이유 가운데 하나이고 군인은 군복 입은 시민이다.

시민의 권리,
변호인의 권리

변호인은 피고인을 돕는 존재다. 변호인이 국가기관에 협조하면 피고인을 돕는 게 아니라 더욱 열악한 지위로 빠뜨리게 된다. 변호인은 자신의 모든 지식과 열의를 동원하여 피고인을 도와야 한다. 국가공권력의 위법부당한 행위에 대해서는 적극 싸워야 한다.

대한변협은 시민의 관점에서 문제를 보아야 한다. 국가의 관점에서 벗어나야 한다. 소속 변호사가 시민의 자유와 권리를 확대시켰다면 검찰과 법원이 어떤 결정을 하든 적극적으로 보호해야 한다. 만일 소속 변호사가 시민의 자유와 권리를 침해했다면 검찰에 앞서서 징계해야 한다.

이번 결정에서 대한변협은 자신의 권리를 포기했다. 자신의 결정을 검찰과 법원의 결정으로 대체해버렸다. 시민의 관점을 포기한 것이다. 아직도 대한변협이 시민의 자유와 권리, 인권과 안전을 지켜주는 조직이 되지 못했음을 보여주는 증거이다.

검찰에 의해 부당하게 기소된 변호사들에 대한 징계가 시작되었다. 대한변호사협회대한변협의 역사에 기록될 만한 잘못된 결정이다. 대한변협은 지난 1월 27일 검찰이 징계개시 신청을 한 변호사 8명 중 6명에 대해 징계위원회에 징계개시를 청구했다. 이들은 지난해 7월 쌍용자동차 사태 관련 집회 현장에서 경찰관을 폭행하는 등 공무집행을 방해한 혐의집시법 위반 등으로 기소돼 재판을 받고 있다.

변호사들이 재판을 받고 있다는 이유로 검찰은 대한변협에 징계개시를 신청했다. 아무 문제가 없어 보인다. 그런데 실상은 다르다. 이 변호사들은 애초에 검찰에 의하여 부당하게 기소된 변호사들이다. 대한변협 스스로 인정한 바와 같이 문제가 된 집회 당시 경찰관들이 행한 공무집행은 적법한 것으로 보기 어렵기 때문이다. 경찰의 질서유지선과 경찰력 배치 때문에 합법적인 집회를 개최할 수 없었다는 점, 따라서 경찰의 집회 방해 행위는 정당한 공무집행 행위가 아니었다는 점, 변호사들이 위법한 공무집행 행위에 항의하는 과정에서 상해가 발생했다는 점 등의 사유가 있기 때문이다. 이런 사유가 있을 때 공무집행방해죄에 대하여 무죄를 선고한 대법원 판결은 많이 있다.

대한변협은 검찰의 기소와 징계신청이 부당하다는 점을 인정하면서도 일단 징계개시를 청구하기로 했다고 한다. 그리고 해당 변호사들에 대한 유·무죄 판결이 나오면 징계 여부 및 그 수위를 결정할 예정이라고 한다. 어정쩡한 결정이다.

징계개시 및 징계결정은 대한변협의 고유권한이다. 변호사에 대한 징계는 수사기관인 검찰이나 재판기관인 법원과는 다른 대한변협의 관점에서 판단해야 한다. 국가기관인 검찰이나 법원은 아무리 공정한 외피를 쓰고 있더라도 국가 중심의 판단을 할 가능성이 크다. 특히 검찰은 행정부의 일원으로서 국가정책을 반영하고 관철한다. 요즈음의 검찰이 공안부 중심의 검찰이라는 점은 잘 알려져 있다. 검찰의 결정을 항상 비판적으로 보아야 하는 이유이다.

대한변협은 시민의 관점에서 문제를 보아야 한다. 국가의 관점에서 벗어나야 한다. 소속 변호사가 시민의 자유와 권리를 확대시켰다면 검찰과 법원이 어떤 결정을 하든 적극적으로 보호해야 한다. 만일 소속 변호사가 시민의 자유와 권리를 침해했다면 검찰에 앞서서 징계해야 한다.

이번 결정에서 대한변협은 자신의 권리를 포기했다. 자신의 결정을 검찰과 법원의 결정으로 대체해버렸다. 사실은 시민의 관점을 포기한 것이다. 아직도 대한변협이 시민의 자유와 권리, 인권과 안전을 지켜주는 조직이 되지 못했음을 보여주는 증거이다.

그나마 다행스러운 결정도 있다. 시민들에게 진술거부권을 권고했다는 이유로 2명의 변호사에게 검찰이 제기한 징계신청을 대한변협이 기각한 것이다. 원래 진술거부권은 아무리 많이 행사해도 남용되지 않는 것이다. 진술거부권은 자신에게 불리한 진술을 하지 않을 권리이다. 즉 어떤 행위를 하지 않는 것이다. 따라서 진술을 하지 않는 것은 남용될 수 없다. 가만히 아무 말하지 않고 있는 것은 다른 사람에게 어떤 피해도 주지 않는다. 다른 사람의 권리를 침해하고 싶어도 침해할 수 없다.

따라서 진술거부권 행사를 아무리 권고해도 그 권고는 남용이 될 수 없다. 남용할 수 없는 권리의 행사를 권고한 것이 남용이 될 수는 없기 때문이다. 나아가 진술거부권 행사를 강요한다는 것도 성립될 수 없다. 진술을 하도록 강요한다면 문제가 된다. 그런데 진술을 하지 않도록 강요한다? 있을 수 없는 일이다. 여기까지는 너무나 당연한 논리법칙이다. 조금이라도 상식적이라면 쉽게 내릴 수 있는 결론이다.

또한 진술거부권은 최후의 방어권이다. 경찰과 검찰, 법원이 자신의 죄를 추궁할 때 스스로를 방어할 수 있는 최후의 수단은 침묵이다. 사람은 자신의 처지가 해명되지 않을 때 침묵으로 대응한다. 침묵은 인간의 존엄성과 주체성을 지킬 수 있는 마지막 수단이다. 진술거부권은 최후의 방어권이므로 역시 남용될 수 없다. 권리는 차고 넘칠 때 남용할 수 있는 것이지 마지막 남은 권리는 남용될 수 없다. 이것 역시 논리적인 결론이다. 그런데 검찰은 변호사가 수사를 받는 피의자에게 진술거부권 행사를 권고했다고 징계를 신청했다. 아마 자신들도 논리적으로 말이 안 된다는 것을 알고 있을 것이다.

위법한 공무집행에 저항했다고 하여 공무집행방해로 기소한 것이 부당한 만큼 이 징계신청 역시 부당하다. 검찰이 수사와 재판을 받는 시민의 관점을 전혀 가지고 있지 않음을 보여주는 사례이다. 검찰 스스로도 무리한 징계신청임을 모를 리 없다. 이 대목에서 검찰의 징계신청이 국가보안법 위반 사건을 주로 변호하는 민주사회를 위한 변호사모임민변 변호사에 대한 보복의 성격을 갖고 있음을 확인할 수 있다.

대한변협이 진술거부권 행사에 대한 검찰의 징계신청을 기각한 것은 환영할 만하지만 너무도 당연한 결정이기 때문에 칭찬받을 일은 아니다. 대한변협은 오히려 공무집행방해로 부당하게 기소된 변호사들에 대한 징계신청을 검찰과 법원의 관점이 아닌 시민의 관점에서 기각했어야 했다.

일반 시민이나 변호인의 방어권이 남용될 수 있다는 생각은 비논리적이다. 그러나 이런 생각의 뿌리는 깊다. 철학적으로는 국가 중심의 사고방식이 그 뿌리이다. 역사적으로는 국가가 아무런 견제 없이 시민이 아닌 백성을 통치하던 시절의 경험 때문이다.

국가가 개인의 주체성과 권리를 전혀 인정하지 않는 사고방식을 국가 중심의

사고라 할 수 있다. 이때 국가의 통치를 받는 사람들은 시민이 아니라 신하이자 백성이다. 백성들은 국가의 업무에 협조하고 따라야 할 의무가 있었다. 국가가 범죄를 처벌하려고 할 때 이에 협조해야 하는 의무가 있었다. "네 죄를 네가 알렸다"라는 말이 이런 의무를 함축적으로 표현한다. 그렇게 하면 국가가 마음대로 범죄자를 만들어 낼 수 있다. 범죄자를 만들기 위해 고문하고 조작할 수도 있다. 근대 시민혁명 이전의 국가가 이러했다. 시민혁명 이후에도 독일의 나치, 일본의 군국주의 시대에 같은 현상이 나타났다. 우리의 경우에는 일제 식민시대, 군부독재시절 그 같은 현실을 겪었다. 고문과 불법구금으로 인권은 땅에 떨어졌고 인간의 존엄성은 부정되었다.

이를 방지하기 위해 시민에게 침묵할 수 있는 권리인 진술거부권과 자신을 방어할 수 있는 권한이 부여되었다. 시민으로 구성된 국회가 국가로부터 시민 스스로를 지킬 수 있는 권리를 부여한 것이다. 침묵의 권리를 인정함으로써 고문과 가혹행위, 불법구금을 추방하려 했다. 그리고 위법한 국가공권력에 저항할 수 있는 권리를 부여했다. 국가공권력을 견제함으로써 시민의 자유와 권리를 지키고자 한 것이다.

이는 수사와 재판에 피고인이 협조할 필요가 없다는 철학을 전제로 한다. 범죄를 밝혀내고 처벌하는 것은 국가의 의무이다. 하지만 여기에 피고인은 협조할 필요가 없다. 물론 적극적으로 범인을 은닉하거나 증거를 인멸하고 위증하는 등의 범죄행위는 허용되지 않는다. 이러한 범죄행위 이외에 자신을 지키기 위한 피고인의 방어권에는 제한이 없다.

변호인 역시 경찰, 검찰, 법원에 협조할 의무는 없다. 변호인은 피고인을 돕는 존재다. 변호인이 국가기관에 협조하면 피고인을 돕는 게 아니라 더욱 불리한 지위로 떨어뜨린다. 변호인은 자신의 모든 지식과 열의를 동원하여 피고인을 도와야 한다. 국가공권력의 위법부당한 행위에 대해서는 적극 싸워야 한다. 물론 한계는 있다. 변호인 역시 적극적인 범인은닉, 증거인멸, 위증은 허용되지 않는다.

그럼에도 변호인은 국가에 협조해야 한다는 생각이 아직 남아 있다. 변호인 중에서도 아직 그렇게 생각하는 사람이 일부 있다. 과거 변호사들이 모두 법관이나 검사 출신이었던 때에 형성된 고정관념 때문이다. 변호사들이 모두 법관과 검사 출신이었으니 당연히 법원, 검찰과 사이좋게 지낼 수밖에 없었다. 사법시험이라는 같은 시험, 사법연수원이라는 같은 학교를 졸업했다는 점도 크게 작용했다. 서로 견제하고 감시하기보다는 협조하는 것이 체질화되었다. 변호사들도 이미 기득권세력이 된 것이다. 대한변협이 그동안 시민의 편에 서서 국가공권력을 견제하고 감시하지 못했던 근본이유다. 대한변협이 지금도 시민의 자유와 권리, 인권과 안전을, 시민의 법치주의를 가장 중요하게 생각하고 이를 위하여 싸우지 않는 근본이유이다.

이번 변호사 징계신청에서 대한변협은 가능성과 한계를 동시에 보여줬다. 시민의 자유와 권리, 인권과 안전을 위한 대한변협으로 거듭날 가능성과 한계이다. 가능성은 논리적으로 성립하기 힘든 검찰의 징계신청을 일부 거부했다는 점이다. 한계는 독자적인 판단기준을 포기하고 검찰의 징계신청을 받아들였다는 점이다. 가능성에 박수를 보내지만 한계에 대해서는 비판하지 않을 수 없다. 대한변협과 같은 전문가 조직은 비판에 귀 기울여야 한다. 일반인의 이익집단이 아니라 법치주의라는 공적 역할을 하는 전문가 조직은 비판에 더욱 민감해야 한다.

마침 대한변협은 새로운 집행부를 선출했다. 새로운 집행부는 국가의 관점이 아닌 시민의 관점에서 이 문제를 분석하고 해결책을 내놓아야 한다. 공안부 중심의 검찰행정, 눈치보기식의 법원 판결, 시민과 변호사에 대한 공격 등 민주주의와 인권의 위기가 계속되고 있다. 이러한 시기와 자신의 위상에 걸맞은 대한변협의 행보를 기대한다.

부당하게 기소된 변호사들에 대한 징계는 아직 진행형이다. 부디 시민의 관점에서, 그리고 대한변협의 독자적인 관점에서 문제를 해결하기를 바란다. 이 기대가 현실화될 때까지 시민들의 비판은 계속될 것이다.

양승태 대법원이 초래한
법치주의 위기

침묵과 복종을 요구하는 법치주의는 필연적으로 폭력을 낳는다. 정당성이 없기 때문이다. 이를 폭력적 법치주의라고 한다. 폭력적 법치주의는 권력에 아부하고 봉사한다. 한국의 법치주의는 일제시대와 군부독재시대에 생성되었다.

참된 법치주의는 민주화된 사회에서만 가능하다. 권력으로부터 법률이 독립되고 권력 위에 법률이 있을 때 진정한 법치주의, 평화의 법치주의가 이루어진다. 정의로운 법이 있어 권력마저 그 아래 거느릴 수 있을 때 그리하여 모든 사람이 법의 이름으로 권력으로부터 자유와 평등, 인간으로서 존엄을 누릴 수 있을 때 그 때가 바로 참 민주사회이다.

법치주의가 위기다. 헌법은 집회 및 시위의 자유를 인정하고 있다. 시민의 정부에 대한 비판도 허용하고 있다. 거리에서 자유롭고 평화롭게 정부를 비판하고 자신의 주장을 외칠 수 있도록 보장하고 있다. 민주주의의 본질적인 내용 중의 하나이다. 이러한 민주주의를 거리의 민주주의, 직접행동 민주주의라고 한다. 민주주의를 헌법과 법률이 보장하고 있는 것을 우리는 법치주의라고 부른다.

　그러나 지금이라는 시간, 한국이라는 공간에서는 거리의 민주주의, 직접행동 민주주의가 보장되지 않는다. 헌법과 법률이 보장하고 있음에도 보장되지 않는다. 이를 보장해야 할 인격적 주체인 대통령과 법무부장관이 오히려 이를 폭력으로 규정해 버렸다.

　이들에게는 거리에 나온 절대 다수의 시민들이 평화적으로 시위를 벌였다는 사실, 10만명도 넘는 사람들이 역사교과서의 국정화, 박근혜표 노동개혁 반대를 위해 거리로 나섰다는 사실은 중요하지 않다. 물대포에 맞아 사경을 헤매는 늙은 농민의 분노와 외침은 들리지도 않는다. 오로지 폭력만 보일 뿐이고 폭력만 보고 싶을 뿐이다.

　대통령과 법무부장관은 법률의 준수, 법치주의를 외친다. 그러나 이들이 실제로 요구하는 것은 법치주의가 아니다. 반대 없는 침묵과 복종일 뿐이다. 그러나 이렇게 노골적으로 이야기할 수는 없으니 법률을 들고 나와 법치주의라는 말로 시민을 협박하고 있다. 권력이 마음대로 이용할 수 있는 법률을 통해 시민을 협박하고 있는 것이다.

　침묵과 복종을 요구하는 법치주의는 필연적으로 폭력을 낳는다. 정당성이 없기 때문이다. 이를 폭력적 법치주의라고 한다. 폭력적 법치주의는 권력에 아부하고 봉사한다. 한국의 법치주의는 일제시대와 군부독재시대에 생성되었다. 권력을 위해 봉사하는 법치주의였고 시민을 탄압하는 법치주의였다. 그래서 법치를 담당하는 사람들은 폭력에 가까웠고 시민의 자유와 인권 보장과는 멀었다. 폭력적 법치주의는 법치주의의 위기이고 곧 민주주의와 인권의 위기이다.

참된 법치주의는 민주화된 사회에서만 가능하다. 권력으로부터 법률이 독립되고 권력 위에 법률이 있을 때 진정한 법치주의, 평화의 법치주의가 이루어진다. 이를 민주사회를 위한 변호사 모임의 초대 대표간사이자 참여정부 당시 사법개혁위원회 위원장이었던 고 조준희 변호사는 1989년 다음과 같이 표현했다.

> "정의로운 법이 있어 권력마저 그 아래 거느릴 수 있을 때 그리하여 모든 사람이 법의 이름으로 권력으로부터 자유와 평등, 인간으로서 존엄을 누릴 수 있을 때 그때가 바로 참 민주사회이다. 이제 민주화를 위한 역사적 변혁의 문턱에서 우리가 무엇보다도 먼저 해야 할 일은 자명하다. 권력이 아닌 우리 모두의 손으로 정의로운 법을 다시 만들고 법을 권력의 윗자리에 올려 세우는 일이다."

법치주의 위기의 한 축, 양승태 대법원

결과가 있다면 당연히 원인이 있는 법. 법치주의가 위기라면 이를 위기로 몰아넣은 자들이 있을 것이다. 법치주의를 위기에 몰아넣은 자들은 법위에 군림하면서 법을 힘으로 왜곡시키는 권력자들이다. 지금 이 순간, 한국 사회에서 법치주의 위기를 초래한 자들은 시민의 자유와 권리를 지킬 것을 선서했던 대통령, 법무부장관, 검사로 대표되는 현재의 행정부다. 이들은 시민들의 집회와 시위의 자유를 짓밟으려고 법률과 사실마저 왜곡한다.

그리고 또 하나 법치주의를 왜곡하고 권력자들에 봉사하는 집단이 있다. 사법부다. 최근 대법원으로 대표되는 사법부는 이상한 판결을 쏟아내고 있다. 명백한 국가의 잘못을 인정하지 않고 권력이 있다는 이유로 권력자를 가볍게 처벌하고 야당 정치인을 무겁게 처벌한다. 노동자 등 사회적 약자에게는 가혹한 판결을 쏟아내고 있다. 그러면서 고위직 법관들은 대통령이 임명하는 임명직으로 가지 못하여 안달이다. 사법부와 정치가 이렇게까지 노골적으로 가까웠던 시기는 없었다.

사법부는 헌법과 법률을 지키기 위하여 존재한다. 헌법과 법률이 소수의 권력자에게 봉사하지 않고 만인을 위하여 존재할 수 있게 하는 것이 사법부의 존재목적이다. 사법부라는 말은 법치주의와 같은 말이다.

또한 사법부를 '인권의 최후의 보루'라고도 한다. 사법부는 법치주의 그 자체이고 또 인권의 최후의 보루이므로 결국 법치주의는 시민의 자유와 인권을 지키기 위한 것임을 알 수 있다. 법치주의를 중요시한다면 시민의 자유와 인권을 중요하게 생각할 수 밖에 없다.

시민의 자유와 권리를 존재목적으로 생각하는 사법부가 있다면 우리 시스템은 최소한이나마 작동할 것이다. 최소한이겠지만 시민의 자유와 인권은 지켜질 것이며 권력자들은 법률의 눈치를 볼 것이다.

그러나 최근의 사법부는 이러한 기능을 상실했다. 현재의 사법부, 양승태 대법원장의 사법부는 권력을 견제하고 시민의 자유와 인권을 보장하는 원래의 자리에서 한참 벗어나 있다. 법치주의 위기의 원인제공자로서 양승태 대법원장의 사법부를 비판하지 않을 수 없다.

위헌인 긴급조치로 처벌받는데 배상을 거부한 판결

긴급조치가 위헌이라는 사실은 이미 여러 번 확인되었다. 대법원, 헌법재판소 모두 긴급조치가 위헌이라고 선언했다. 최고 법원 두 곳이 모두 위헌이라 선언했으니 이는 흔들릴 수 없는 사실이다. 그렇다면 긴급조치를 이유로 처벌한 모든 판결은 잘못된 판결이고 무효가 된다. 긴급조치로 고통을 받은 이에 대해서는 국가가 배상을 해야 한다. 아무 죄도 없는 사람에게 위헌인 잘못된 법률을 만들어 죄를 뒤집어 씌었으니 말이다. 상식이고 간단한 삼단논법이다.

그런데 대법원은 2015년 긴급조치는 위헌이지만 국가가 죄를 뒤집어 씌운 사람들에게 배상을 할 필요는 없다고 판결했다. 긴급조치가 위헌이지만 정당하다는 것이다. 대법원의 표현을 직접 보자.

"긴급조치 제9호가 사후적으로 법원에서 위헌·무효로 선언되었다고 하더라도, 유신헌법에 근거한 대통령의 긴급조치권 행사는 고도의 정치성을 띤 국가행위로서 대통령은 국가긴급권의 행사에 관하여 원칙적으로 국민 전체에 대한 관계에서 정치적 책임을 질 뿐 국민 개개인의 권리에 대응하여 법적 의무를 지는 것은 아니므로, 대통령의 이러한 권력행사가 국민 개개인에 대한 관계에서 민사상 불법행위를 구성한다고는 볼 수 없다대법원 2015.3.26. 선고 2012다48824."

이런 논리적 모순은 요즘 중고등학생도 범하지 않는다. 바로 같은 판결문 안에서 대법원은 긴급조치가 위헌이라고 규정했다. 당시에 유신의 주역들은 긴급조치가 위헌이고 불법이었음을 잘 알면서도 이를 발동했고 시민들을 처벌했다. 당시에 정당했다고 믿었다고 불법이 정당화되지는 않는다. 당연히 긴급조치의 당사자와 국가는 책임을 져야 한다. 그럼에도 대법원은 이를 정치행위라고 면죄부를 주고 있다.

불법과 범죄에 대해서는 책임이 따른다. 그 책임에는 형벌로 속죄해야 하는 형사책임과 손해배상을 해야 하는 민사책임이 있다. 그런데 대법원은 긴급조치라는 중대한 범죄행위에 대하여 국가가 책임이 없다고 판결했다. 만일 이런 논리라면 전두환, 노태우 일파의 쿠데타도 처벌할 수 없고 5.18 광주민주항쟁 피해자들에게 배상을 해 주지 않아도 된다. 만일 이런 논리라면 독일은 과거사를 반성할 필요도 없다. 만일 이런 논리라면 우리는 일본에게 과거사청산을 요구할 수도 없다.

대법원 영감님들이 왜 굳이 이런 논리를 선택했는지는 알 수 없다. 그렇다고 추측까지 할 수 없는 것은 아니다. 나라 돈이 아까워서 이런 결정을 내린 것은 아닐 것이고 긴급조치가 그렇게까지 나쁜 것은 아니라는 점을 말하고 싶었던 것이 아닐까? 긴급조치가 정치적 국가행위이므로 정당했다고 말하고 싶었던 것은 아닐까? 하지만 이렇게까지는 말할 수 없다. 이미 대법원에서 위헌이라고 선언했기 때문이다. 그래서 위헌이지만 긴급조치가 정치적 행위이므로 국가, 구체적으로 박정희 전대통령은 책임이 없고 나아가 유신에 대한 면죄부를 준 것이라고 추측할 수 있다. 결국 유신을 법적으로 정당화시키고 부활시킨 것이다. 누구를 위한 판결인지 충분히 짐작할 수 있다.

엇갈린 운명, 한명숙 전 총리와 원세훈 전 국정원장

대법원 판결로 운명이 엇갈린 두 사람이 있다. 한 사람은 감옥을 갔고 한 사람은 감옥을 나왔다. 간 사람은 한명숙 전 총리이고 나온 사람은 원세훈 전 국정원장이다.

이 두 판결은 정치적인 판결이다. 정치인을 다룬 사건이라서 정치적인 판결이라고 부르지 않는다. 두 판결 모두 특정한 목적을 위하여 기존의 대법원 판례를 뒤집거나 비논리적인 이유로 판결을 했기 때문이다. 특정인을 감옥으로 보내고 혹은 감옥에서 빼내기 위하여 논리를 비틀고 자신의 말을 뒤집은 왜곡된 판결이기 때문이다.

한명숙 전 총리에 대한 재판은 이번이 두 번째다. 첫 번째는 무죄로 끝났으나 이번은 달랐다. 이번 사건은 1심에서 무죄였으나 2심에서 유죄였다. 1심과 2심의 차이는 뇌물을 준 한만호의 진술에 대한 평가 차이였다. 1심에서 법정에 출석하여 증언한 한만호는 검찰에서 뇌물을 주었다는 진술을 뒤집고 돈을 준 적이 없다고 증언했다.

1심은 한만호의 증언을 직접 듣고 이를 바탕으로 무죄를 선고했다. 그런데 2심은 한만호를 다시 증인으로 불러 듣지도 않은 상태에서 1심의 법정 증언을 배척하고 검찰에서의 진술을 믿고 유죄를 선고했다. 그런데 이것은 대법원의 판례와 모순되는 판결이다.

대법원은 그동안 동일한 사람이 검찰에 출두하여 진술한 다음 법정에 출석하여 증언하는 경우 법정 증언을 더 믿을만한 것으로 판결해 왔다. 타당한 이론이다. 검찰조사는 밀폐된 수사실에서 아무도 보지 않는 상태에서 이루어지지만 법정증언은 공개된 법정에서 위증의 벌을 경고받고 선서한 다음 이루어진다. 날카로운 변호인의 반대신문도 통과해야 하고 공중의 따가운 시선도 견뎌야 한다. 판사는 증언하는 증인의 미묘한 태도까지 눈으로 직접 확인할 수 있다.

증인의 법정 증언은 검사가 조사실에서 작성한 참고인의 진술 조서보다 훨씬 믿을 만하다. 상식적인 것이지만 이를 법조계에서는 공판중심주의라고 표현한다. 대법원도 이 이론을 여러 번 밝혀왔다.

그런데 이번 한명숙 사건에서 대법원은 갑자기 법정 증언보다 검찰에서 조사받으면서 한 말이 더 믿을 만 하다고 한 항소심 판결의 손을 들어 주었다. 자신의 기본입장을 변경한 것이다. 특별한 설명은 없다. 증인이었던 한만호의 법정 증언을 믿지 못하겠다는 설명만 있다.

증인을 직접 보지 못한 2심 재판부의 생각이 증인과 증언을 직접 보고 들은 1

심 재판부의 생각보다 더 믿을 만 하다면 누가 증인을 불러 증언을 듣겠는가? 그냥 증인이 검사 앞에서 한 진술을 믿고 재판하면 충분하다. 그러나 이렇게 되면 재판은 법관이 아니라 검사가 하는 것이 된다. 법정에서 재판을 하는 것이 아니라 검사가 작성한 조서로 재판을 하는 것이 된다. 헌법 위반이다.

원세훈 전 국정원장에 대한 대법원 판결도 비논리적이기는 마찬가지이다. 원세훈 전 국정원장은 2심에서 선거개입 혐의에 대해 유죄판결을 받았다. 증거가 된 것은 원세훈의 지시에 따라 부하직원이 작성한 파일이었다. 2심은 국정원 직원이 만든 파일이 증거로 사용할 수 있다고 보았다. 상당히 오랜 기간 동안 국정원 직원이 기계적, 계속적으로 만든 업무용 문서라고 보았다. 이렇게 되면 작성자가 자기가 작성한 것을 인정하지 않아도 증거로 사용할 수 있다.

그러나 대법원은 국정원 직원이 만든 파일이 증거가 될 수 없다고 보았다. 내용이 조악하고 내용의 진실성을 보장할 수 없으며 업무와의 연관성도 확인할 수 없고 형식도 같은 형태의 문서가 없다는 것 등을 이유로 들었다.

대법원의 판단은 그러나 기존의 대법원 판례와 배치되는 것이다. 대법원은 그동안 업무용 문서에서 업무에는 불법적인 업무도 포함되고 다른 내용이 포함되어도 문제없고 형식에는 제한이 없다고 밝혀 왔다. 뇌물을 준 사실을 적은 수첩도 업무용 문서로 증거로 사용할 수 있다고 했다.

그러나 유독 원세훈 전 국정원장 사건에서 이러한 기준을 강화하여 증거로 채택하지 않았다. 그러면서 공직선거법 위반에 대해서는 직접 판단하지 않고 무죄 취지로 파기환송했다. 이후 원세훈 전 국정원장은 보석으로 석방되었다.

대법원의 주요 기능 중의 하나는 법률해석의 통일이다. 논리적이고 정당한 법논리를 발견하여 이를 모든 사건에 평등하게 적용하는 것이 대법원 존재의 이유이다. 이를 통하여 많은 사람들의 인권과 자유를 보호할 수 있고 권력의 자의적인 행사를 통제할 수 있다.

그런데 한명숙 전총리와 원세훈 전국정원장 사건에서 대법원은 기존의 법논리, 자신이 그동안 주장해 왔던 법논리와 다른 논리를 채택했다. 새로운 법논리가 기존의 법논리보다 더 정밀하고 더 인권친화적이고 더 권력통제적이라면 언제든지 환영이다. 그러나 이 사건에서는 그렇지 못했다. 정치적 사건에서 인권친화적이고 권력통제적인 법논리를 포기하면 법치주의는 무너지기 마련이다.

노동자에게 불리한 판결은 이어지고

대법원의 최근 경향 중 우려스러운 또 다른 부분은 노동관련 사건이다. 박근혜식 노동개혁으로 노동자들의 불안이 높아지는 가운데 최근 대법원의 반노동자적 판결은 노동자들의 분노를 불러오기에 충분하다.

대법원의 최근 반노동자적 판결의 대표는 통상임금에 관한 판례이다. 이 판례는 읽으면 읽을수록 이상한 판결이다. 논리적으로 일관성이 없기 때문이다. 대법원 다수 의견은 통상임금이 노사합의의 대상이 아니며 강행규정이라고 하면서도 노사간의 합의에 의하여 통상임금의 범위를 축소할 수 있다고 모순된 논리를 전개한다.

대법원은 먼저 "통상임금은 근로조건의 기준을 마련하기 위하여 법이 정한 도구개념이므로, 사용자와 근로자가 통상임금의 의미나 범위 등에 관하여 단체협약 등에 의해 따로 합의할 수 있는 성질의 것이 아니고 성질상 근로기준법상의 통상임금에 속하는 임금을 통상임금에서 제외하기로 노사 간에 합의하였다 하더라도 그 합의는 효력이 없다"고 먼저 설명한다. 따라서 노동자는 노사합의로 제외한 통상임금을 언제든지 청구할 수 있다는 결론에 이른다.

그런데 여기에서 대법원은 살짝 논리를 비튼다. 노동자가 노사합의로 제외한 통상임금을 청구함으로써 "노사가 합의한 임금수준을 훨씬 초과하는 예상외의 이익을 추구하고 그로 말미암아 사용자에게 예측하지 못한 새로운 재정적 부담을 지워 중대한 경영상의 어려움을 초래하거나 기업의 존립을 위태롭게 한다면, 이는 종국적으로 근로자 측에까지 피해가 미치게 되어 노사 어느 쪽에도 도움이 되지 않는 결과를 가져오므로 정의와 형평 관념에 비추어 신의에 현저히 반하고 도저히 용인될 수 없음이 분명"하므로 추가 법정수당 청구는 신의칙위반이라고 한다대법원 2013.12.18. 2012다89399.

통상임금에 관한 규정은 강행규정이다. 이 말은 노동자는 어떤 경우에라도 통상임금을 청구할 수 있고 사용자는 통상임금을 지급해야 한다는 것을 말한다. 그리고 이런 사실을 노동자와 사용자가 알고 있다는 것도 의미한다. 따라서 노동자가 통상임금을 청구함으로써 합의한 임금수준을 훨씬 초과하는 예상외의 이익을 추구하거나 사용자에게 예측하지 못하는 재정적 부담을 지우는 경우는 있을 수 없다. 만일 이러한 법률을 몰랐다면 그 책임은 법률을 모르는 사람이 지는 것이 마땅하다. 환경오염물질을 배출하면 처벌받는다는 사실을 몰랐다고 처벌이 면제되지 않는 것과 구조가 같다. 강행규정이라는 의미는 당사자들이 이를 알든 모르든 적용되고 당사자들이 이를 배제하려고 합의해도 적용된다는 것을 말한다.

그런데 대법원은 위와 같이 있을 수 없는 경우를 상정하고 노동자가 통상임금을 청구할 수 없는 경우를 확대하고 있다. 대법원의 논리를 확장하면 노사가 합의하기만 하면 얼마든지 근로기준법이 정한 근로기준을 위반할 수 있다는 것이 된다. 노사간의 힘의 불균형이 극심한 우리의 현실에서는 이 논리는 일방적으로 노동자에게 불리하다. 사용자의 이익을 위하여 법논리를 왜곡한 대표적인 사례이다.

이 논리는 긴급조치가 위헌이기는 하지만 긴급조치의 피해자들에게 배상을 할 필요가 없다는 논리와 비슷하다. 비논리적이고 원칙을 파괴한다는 점에서 공통적이다. 그리고 국가나 사용자처럼 강한 자의 편에 선다는 점에서도 비슷하다. 대법원이 최근 강한 자의 편에 선다고 느끼게 만드는 판결 중의 하나이다.

법치주의를 흔드는 고위직 법관들의 임명직 진출

판결 이외에 최근 대법원은 법치주의를 위태롭게 만드는 행태를 많이 보이고 있다. 대표적인 사례는 고위직 법관들의 임명직 진출 사태다.

고위직 법관들이 임명직에 진출하는 현상이 최근 갑자기 두드러졌다. 현 정부 들어서 감사원장으로 황찬현 서울지방법원장이, 방송통신위원장으로 최성준 서울고등법원 부장판사가, 국가인권위원회 위원장에 이성호 서울중앙지방법원장이 임명되었다.

고위직 법관의 행정부 진출, 출세는 장기적이든 단기적이든 법치주의에 도움이 되지 않는다. 법관의 출세는 오히려 법치주의를 위기에 빠뜨린다. 법관의 행정부 진출과 법치주의는 반비례관계이다.

사법부의 가장 큰 임무는 법치주의를 지키는 것이다. 법치주의를 지키는 이유는 단 하나 시민의 자유와 권리를 지키기 위해서이다. 시민의 자유와 권리를 국가권력의 횡포로부터 지키기 위해서 사법부는 존재한다. 사법부의 독립이 중요한 이유는 여기에서 나온다.

사법부는 정치권력으로부터 독립되어야 있어야 정치권력을 통제할 수 있다. 사법부의 독립은 법관 개개인의 독립으로 구성된다. 헌법이 법관에게 신분을 보장해 주는 것은 법관이 정치권력의 입김에서 벗어나 정치권력을 통제할 것을 요구하기 때문이다. 정치권력을 통제했다고 정치권력이 보복할 수 없도록 사법부의 독립, 법관의 독립을 보장하고 있는 것이다. 법관이 똑똑하다고 이런 권리를 준 것이 아니다.

현재 대한민국의 법원과 법관은 사법부의 독립이라는 역사를 만들고 이를 전통과 윤리로 만들어야 하는 절박한 처지에 있다. 사법부는 독재와 권위주의 시대를 지나면서 정치권력으로부터 독립을 제대로 지켜내지 못하고 인권 보장의 최후의 보루로서의 소임을 못하지 못했다. 사법부 외부의 평가가 아니다. 이용훈 전대법원장의 2005년의 평가이다. 불과 10년 동안 사법부의 독립이 달성되었을 리는 없다. 그럼에도 고위직 법관들이 행정부로 계속 진출하고 있다.

고위직 법관들은 행정부 진출을 자제해야 하고 또 거절해야 한다. 거듭 말하지만 헌법은 법관들이 똑똑해서 많은 권한을 준 것이 아니다. 국가권력을 통제하고 시민의 자유와 인권을 지키라고 많은 권한을 주고 신분을 보장해 주었다. 법관 자리를 하나의 직업으로만, 출세의 사다리만으로 생각한다면 그는 이미 법관이 아니다. 그리고 법관이 법관이 아닌 순간 법치주의는 법치주의가 아니게 된다.

고위직 법관의 행정부 진출이 문제되는 것은 사법부의 관료주의 때문이기도 하다. 법관은 개인적으로도 독립하여 재판을 해야 한다. 여기의 독립에는 다른 법관으로부터의 독립도 포함된다. 특히 법원행정을 담당하는 대법원장이나 지방법원장으로부터 독립하여야 한다. 법원행정을 담당한 법관은 행정이라는 이유로 재판에 간섭할 우려가 있다. 사법부의 독립 전통이 약한 우리의 현실에서는 이 우려는 가능성에 머무르지 않고 실제로 발생한다.

2008년 당시 서울지방법원장이었던 신형철 전대법관은 촛불집회와 관련한 재판을 빨리 할 것을 주문했다. 당시 500명의 법관들이 법관의 독립을 침해했다는 의견을 냈다. 법관의 독립을 침해한 사건이었지만 신형철 서울지방법원장은 대법관이 되었다. 멀리는 전두환 정권시대로 거슬러 올라간다. 당시 서울형사지방법원은 판사들을 모아 매주 조회를 했다. 조회에서는 법원장이 학생과 노동자의 사건을 빨리 일률적으로 처리할 것을 요구했다.

고위직 법관들이 행정부 진출을 생각하면 대법원장의 눈에 들어야 한다. 대법원장이 요구하는 대로 판결을 해야 한다. 이렇게 되면 법관의 독립은 무의미하게 되고 일사분란한 사법부, 관료주의가 지배하는 사법부가 되어 버린다. 상사의 명령을 듣는 사법부는 시민의 자유와 권리를 지켜주는 사법부가 아니다. 대법원장의 명령에 따라 움직이는 행정부에 지나지 않는다. 사법부의 경직화 현상이고 곧 법치주의의 몰락을 의미한다.

역사는 양승태 대법원을 어떻게 기록할 것인가

지금 이 순간, 여기 한국에서 법치주의는 위기에 처해있다. 민주주의와 인권도 똑같이 위기에 처해 있다. 최근 법치주의, 민주주의와 인권의 위기를 온전히 사법부의 책임이라고 할 수는 없다. 대통령과 법무부장관, 검찰로 대표되는 행정부의 책임이 크다. 현 정부는 법치주의, 민주주의와 인권을 존중하거나 지킬 의지나 능력조차 없다. 시민의 정부 비판을 테러에 비유할 정도이니 법치주의, 민주주의와 인권에 대한 무지에 놀랄 뿐이다.

하지만 사법부가 법치주의를 제대로 지킨다면 최소한의 자유와 인권은 지킬 수 있다는 점도 명백하다. 이런 면에서 최근 법치주의의 위기, 민주주의와 인권의 위기에 사법부, 구체적으로는 양승태 대법원의 책임을 묻지 않을 수 없다.

현재의 양승태 대법원은 사법부의 독립을 근거로 국가권력을 견제하고 시민의 자유와 권리를 보장하는 법치주의를 제대로 실현해야 하는 본연의 임무에서 너무 멀리 있다. 인권 보장의 최후의 보루로서의 역할도 제대로 하고 있지 못하다.

양승태 대법원장의 임기는 6년으로 2017년에 끝난다. 양승태 대법원장의 사법부는 이제라도 역사의 평가를 고려해야 한다. 임기가 끝나면 다른 대법원장이 임명되어 새로운 사법부를 만들어 갈 것이고 양승태 대법원장, 개인은 잊혀질 것이다. 하지만 양승태 대법원에 대한 역사의 평가는 영원히 남을 것이다. 지금과 같은 추세라면 그 평가는 매우 가혹한 것이 될 것이다.

폭력적 법치주의 설파하는
법무부장관

공권력은 시민의 자유와 권리를 지키기 위하여 존재한다. 공권력이 시민의 자유를 침해할 때에는 엄격한 절차에 따라 정당하게 행사되어야 한다. 만일 공권력이 잘못 행사되면 치명적인 결과가 발생하기 때문이다. 이렇게 공권력이 정당성을 지킬 때 정부와 공권력은 시민을 설득할 수 있다. 시민을 설득하는 힘은 몽둥이가 아니라 권력의 정당성에서 나온다.

법무부장관은 이러면 안 된다. 법무부장관은 시민들에게 법을 지키라고 협박하는 자리가 아니다. 법무부장관은 시민들의 자유와 권리, 인권과 안전을 보장해 주는 자리이다. 법무부장관은 대한민국의 인권과 법무행정을 책임지고 있는 자이다. 시민의 권리행사를 보장해주고 더 많은 권리를 누리도록 도와야 한다. 이를 통해 민주주의를 잘 정착시키도록 해야 한다. 어떤 경우에도 법률이라는 이름으로 민주주의와 인권을 위협하거나 정의와 자유를 억압해서는 안 된다.

이번 11월 14일 집회를 두고 법무부장관은 다음 세 가지를 순서대로 말했어야 했다.

첫째, "시민들의 집회·시위의 자유는 최대한 보장하겠다."

집회·시위의 자유는 헌법에서 보장하는 기본적인 권리이고 민주사회의 기초이기 때문에 원래 자유롭게 행사되어야 한다. 시민은 정부를 비판할 자유를 가지고 있으므로 이번 집회·시위는 원칙적으로 정당하다.

둘째, "집회·시위로 인하여 발생하는 불편함은 정부는 용인할 것이며 집회에 참여하지 않는 시민들도 참아 주실 것을 요청한다."

집회·시위의 자유는 다른 시민들에게 불편을 초래한다. 이 불편은 헌법상 보장된 집회·시위의 자유에서 파생되는 것이다. 시민 여러분들이 참아주어야 집회·시위의 자유는 보장된다.

셋째, "정부와 법무부는 이번 집회·시위를 평화적으로 끝나기를 희망한다. 이를 위하여 필요한 모든 지원을 약속하며 정부는 최대한 자제할 것이다. 여기에 더해 평화적 집회를 위해 집회 주최자들에게도 협조를 당부한다. 필요하다면 집회의 평화적 운영을 위해 집회 주최자들과 논의하고 싶다. 다만 극단적인 폭력을 행사하는 경우에는 법에 의하여 처벌될 수도 있음을 미리 알려드린다."

이쯤 되어야 민주사회의 격조 높은 법무부장관의 담화라고 할 수 있을 것이다. 자유 보장, 정부 자제, 협조 당부, 법적 처벌 최소화를 순서대로 이야기 하는 것이 시민의 자유와 권리를 우선하는 정부의 모습이다. 그리고 시민에 대한 예의이다.

그러나 법무부장관은 집회 전부터 이번 집회를 불법집단행동으로 몰아붙이고 '법과 원칙에 따라 엄정하게 대응할 것'임을 밝혔다. 집회·시위의 자유를 보장하고 협조를 당부하기 보다는 '불법 시위를 조장·선동한 자는 끝까지 추적, 검거해 사법조치하겠다'고 협박했다.

실제로 집회가 끝난 후 법무부장관은 담화를 발표해 이번 집회·시위가 폭력시위라고 규정해 버렸다. 10만명에 가까운 사람들 중 절대다수가 평화적으로 의사를 표현했다는 사실, 시민과 노동자, 농민이 거리로 나올 수밖에 없었던 절박한 상황, 경찰의 과잉대응은 문제 삼지 않고 오로지 폭력시위만을 강조했다. 국가가 입은 손해도 청구하겠다고 한다. 그러나 물대포에 맞아 사경을 헤매는 연로한 농민에 대한 사과나 관심표명은 없었다.

시위대와 경찰이 직접 부딪히는 폭력의 현장에서는 누구나 감정이 격해진다. 서로가 상처를 입히고 상처를 받기 때문이다. 심지어 이번 경우와 같이 사람의 목숨이 위험해지기도 한다. 이 현장에서 경찰과 공권력은 일방적으로 당할 수 없다고 생각한다. 당연히 대응할 수도 있고 당연히 폭력을 행사할 수 있다고 생각하기 쉽다.

하지만 공권력이 특별한 권력임을 잊어서는 안 된다. 공권력은 시민의 자유와 권리를 지키기 위하여 존재한다. 공권력이 시민의 자유를 침해할 때에는 엄격한 절차에 따라 정당하게 행사되어야 한다. 만일 공권력이 잘못 행사되면 치명적인 결과가 발생하기 때문이다. 이렇게 공권력이 정당성을 지킬 때 정부와 공권력은 시민을 설득할 수 있다. 시민을 설득하는 힘은 몽둥이가 아니라 권력의 정당성에서 나온다.

법무부장관은 법률을 통하여 질서를 확립하는 것이 법치주의라고 생각하는 것 같다. 그러나 질서 위주의 법치주의는 필연적으로 폭력과 가깝게 된다. 그리고 권력의 요구에 따라 법률이 운영된다. 이런 법치주의를 폭력적 법치주의, 권력의 법치주의라고 부른다.

법률은 정의로워야 한다. 법률은 시민의 자유와 인권을 보장하는데 복무해야 한다. "정의로운 법이 있어 권력마저 그 아래 거느릴 수 있을 때, 그리하여 모든 사람이 법의 이름으로 권력으로부터의 자유와 평등, 인간으로서 존엄을 누릴 수 있을 때 그때가 참 민주사회이다." 지난 11월 18일 별세하신 조준희 변호사의 말이다. 이런 수준의 법무부장관을 우리는 언제 볼 수 있을까?

* 이 글은 뉴스토마토 2015년 11월 26일자에 실렸습니다.

로스쿨과
사법시험 논쟁의 기준,
법치주의

로스쿨과 사법시험 논쟁을 평가할 때 기준은 오직 법치주의다. 법률가 양성제도를 둘러
싼 논쟁이므로 어느 제도가 법치주의 발전에 더 적합한가 하는 점이 기준이어야 한다.
시민들에게 더 많은 자유와 권리, 인권을 보장하는 시스템, 시민을 위한 변호사를 만드
는데 더 유리한 시스템이 우리 미래의 법률가 양성시스템이 되어야 한다.
첫째, 미래의 법률가는 국가가 아닌 민간이 주도적으로 양성해야 한다. 미래는 다양한
경험, 감성, 철학을 가진 사람들의 세상이다. 민간의 다양성이 국가의 획일성을 일찌감
치 앞질렀다. 둘째, 미래의 법률가는 권위주의를 버리고 시민의 편에 서야 한다. 셋째, 미
래의 법률가는 누구나 쉽게 이용할 수 있어야 한다. 법치주의는 법률가에 대한 접근성에
비례한다.

시간은 모든 것을 변화시킨다. 둘 중 하나가 죽어야 해결될 것만 같은 일도 시간이 흐르면 조용해 질 수 있다. 아주 작은 모순도 시간이 흐르면 중요 모순이 될 수 있다. 이처럼 시간은 중요하다. 물론 시간이 최종적인 해결책은 아니다. 하지만 문제를 변화시키는 중요한 역할을 한다.

로스쿨과 사법시험 논쟁이 최근 잠잠해졌다. 교육부, 변호사단체, 법학교수, 로스쿨 등 관계자들의 갈등은 여전히 계속되고 있지만 극심한 대립은 사라졌다. 시간이 흐르면서 문제의 중요성에 맞는 자리를 찾아가고 있다고 볼 수도 있다. 최소한 냉정하게 이 문제를 바라 볼 여유는 생겼다. 문제의 핵심을 생각해야 하는 시기가 된 것이다.

로스쿨과 사법시험 논쟁을 평가할 때 기준은 오직 법치주의다. 법률가 양성제도를 둘러싼 논쟁이므로 어느 제도가 법치주의 발전에 더 적합한가 하는 점이 기준이어야 한다. 시민들에게 더 많은 자유와 권리, 인권을 보장하는 시스템, 시민을 위한 변호사를 만드는데 더 유리한 시스템이 우리 미래의 법률가 양성시스템이 되어야 한다. 이를 법률가 양성의 주체, 목적, 접근성이라는 측면에서 살펴보자.

첫째, 미래의 법률가는 국가가 아닌 민간이 주도적으로 양성해야 한다. 미래는 다양한 경험, 감성, 철학을 가진 사람들의 세상이다. 민간의 다양성이 국가의 획일성을 일찌감치 앞질렀다. 민간의 변화 속도도 국가를 추월했다. 국가도 혁신이 필요하지만 민간에서는 창조, 혁신과 속도가 일상이다. 과거에는 상상조차 할 수 없었던 새로운 현상, 새로운 산업, 새로운 이해관계, 심지어 새로운 사람이 속속 등장하고 있다. 미래의 법치주의는 바로 이러한 다양한 이해관계를 보호해야 한다. 미래의 다양한 이해관계를 보호하려면 법률가 자체가 다양하고 창조적이어야 한다. 다양한 이해관계를 이해하고 이를 법률적으로 보호해야 하기 때문이다. 다양성과 창조성은 항상 민간에서 나온다. 국가 중심의 교육은 규격화되어 있고 그래서 일정한 품질은 보장하지만 획일적이다. 창조적이지 못하다. 민간의 활력으로 미래의 법치주의를 보충해야 한다.

둘째, 미래의 법률가는 권위주의를 버리고 시민의 편에 서야 한다. 법치주의는 두 개의 얼굴이 있다. 하나는 국가통치의 도구라는 얼굴이다. 왕이 자기 마음대로 통치를 하는 것이 아니라 법률로 통치를 해야 하는 것이 법치주의의 한 측면이다. 다른 얼굴은 시민의 자유와 권리를 보장하는 것이다. 국가와 법률을 만든이유는 모두 시민의 자유와 권리, 특히 인권을 보장하기 위한 것이다. 우리가 국가에 형벌권을 준 것도 범죄로부터 우리를 보호하기 위한 것이다. 이중 주된 법치주의는 당연히 시민의 자유와 권리를 지키는 법치주의다. 미래의 법치주의는 지금보다 더 시민의 자유와 권리를 지키는 도구가 될 것이다. 다양하면서도 적극적인 시민들이 등장함에 따라 민주주의와 인권이 더 발전할 것이기 때문이다. 그래서 미래의 법률가는 시민의 자유와 권리를 위해 노력할 수 밖에 없다. 이렇게 되려면 국가가 법률가를 양성해서는 곤란하다. 국가는 아무래도 시민을 통치하는 권위주의에 익숙하기 마련이다. 자유로운 시민의 조직된 힘이 민주주의의 뿌리인 것처럼 시민의 자유로운 정신이 법률가 양성에도 반영되어야 한다.

셋째, 미래의 법률가는 누구나 쉽게 이용할 수 있어야 한다. 법치주의는 법률가에 대한 접근성에 비례한다. 쉽고 저렴하게 법률가를 만날 수 있다면 시민은 그만큼 자신의 자유와 권리를 잘 지킬 수 있다. 국가적으로도 분쟁을 예방할 수있어 경제적이다. 이로써 법치주의의 완성도는 높아진다. 이렇게 되려면 많은 법률가가 지방에 골고루 있어야 한다. 법원이나 검찰청은 없더라도 변호사 사무실은 있어야 한다.

한국의 미래 발전전략 중의 하나는 지방분권이다. 사법 분야도 당연히 지방분권이 필요하다. 법률가 양성도 지방분권화 되어야 한다. 국가가 아닌 민간, 구체적으로는 지방의 로스쿨이 이를 담당해야 한다. 이래야 변호사를 쉽게 만날 수 있다. 서울에서 1천 명 이상의 법률가를 모아 교육하는 중앙집중 방식은 지방분권시대에 역행한다. 미래의 법치주의를 생각해 보면 국가중심의 획일적인 법률가 양성제도는 과거 지향적이다. 박물관으로 보내는 것이 마땅하다.

* 이 글은 뉴스토마토 2016년 6월 13일자에 실렸습니다.

인천지방법원과
인하대의 공감법정

국민참여재판은 무엇보다도 법원과 시민의 상호 이해와 신뢰 속에서 운영된다. 국민참여
재판 자체가 시민이 재판에 참여하는 것이니 법원과 시민의 상호 신뢰가 없다면 존속할
수 없다. 법원의 사실인정을 담당하는 배심원들의 결정을 신뢰하고 존중한다. 그리고 시
민 역시 배심원으로 직접 재판에 참여함으로써 법률을 운용하고 적용하는 법원의 판결
을 이해하게 된다.

국민참여재판은 국민주권주의를 사법 분야에서 실현하는 제도다. 그리고 공개와 참여,
감시와 견제를 통하여 법조비리를 방지하는 제도다. 민주사회에서 시민이 직접 재판에
참여하는 제도를 가지고 있지 않은 선진국은 없다. 당연히 더 확대하고 발전시켜야 한
다.

인천지방법원에서 열린 공감법정

지난 9월 5일 인천지방법원에서는 제법 중요한 행사가 있었다. 시민과 함께 하는 공감법정이라는 이름의 국민참여재판이 공개리에 열렸다. 이 재판은 실제 재판과 똑같이 진행되었다. 하지만 어디까지나 모의재판으로서 한국형 배심재판인 국민참여재판에 대한 시민의 관심과 이해를 높이기 위한 것이었다.

공감법정 행사는 인천지방법원이 중심이었지만 인하대학교 법학전문대학원도 함께 했다. 지역의 시민사회도 함께 했다. 시민의 참여와 관심을 높이기 위한 행사이므로 지역 사회의 많은 단체와 인사들이 관여하는 것은 바람직한 일이다. 인하대학교 법학전문대학원에서는 교수가 재판장을 맡았고 학생은 판사 1명, 배심원 2명으로 활약했다. 나는 인하대 법학전문대학원 교수로서 재판장을 맡았다. 개인적으로 영광이었고 소중한 경험이었다.

먼저 왜 9월에 이런 행사를 하는가 궁금했다. 알고 보니 9월 13일이 '대한민국 법원의 날'이기 때문이었다. 1948년 9월 13일은 대한민국 대법원이 일제에 빼앗겼던 사법주권을 회복하고 독립된 헌법기관으로 실질적으로 설립된 날이라고 한다. 구체적으로는 가인 김병로 선생이 미군정으로부터 사법권을 이양받아 초대 대법원장으로 취임한 날이라고 한다. 그래서 사법부는 매년 9월 13일을 '대한민국 법원의 날'로 지정하여 기념하고 있다. 우리가 사법권을 상실한 것은 1909년 기유각서에 의한 것이므로 사법주권이 회복된 것은 40년만이다.

다만 법원의 날이 역사가 오래 된 것은 아니다. 1회 기념일이 작년인 2015년이다. 법원의 날이 2015년이 되어서야 지정된 것에 대해 일부 비판도 있지만 스스로 전통을 만들고 전통을 이어가려는 노력은 바람직하다고 본다. 기념행사는 각 지방법원 별로 이루어진다. 이중 공감법정과 같은 형태로 국민참여재판을 통해 시민과 만나는 법원은 인천지방법원이 유일했다. 국민참여재판을 시도한 인천지방법원에 대해서 감사의 말씀을 전하고 싶다.

역할 바꾸기 : 피고인은 판사가 재판장은 교수가

이번 인천지방법원의 공감법정은 광범위한 시민참여와 법조인의 참여가 특징이었다. 법원과 시민 사이의 이해와 신뢰, 법조인 사이의 소통을 목표 중의 하나로 했다.

국민참여재판은 무엇보다도 법원과 시민의 상호 이해와 신뢰 속에서 운영된다. 국민참여재판 자체가 시민이 재판에 참여하는 것이니 법원과 시민의 상호 신뢰가 없다면 존속할 수 없다. 법원의 사실인정을 담당하는 배심원들의 결정을 신뢰하고 존중한다. 그리고 시민 역시 배심원으로 직접 재판에 참여함으로써 법률을 운용하고 적용하는 법원의 판결을 이해하게 된다. 이런 면에서 이번 공감법정은 공개행사로 진행되었고 배심원은 인천 시민사회단체 인사들로 구성되었다. 다만 시민의 참여는 일반시민이 아니라 시민사회단체 인사로 제한되어 시민의 참여가 완전하지는 못한 점이 있었다. 법원과 시민의 상호 이해와 신뢰가 핵심이므로 다음부터는 일반 시민들 중에 직접 배심원을 선정하는 시도를 하는 것이 더 바람직할 것이다.

이번 공감법정에서 가장 재미있고 또 특징적인 것은 판사, 검사, 변호사가 서로의 역할을 바꾸어 했다는 것이다. 실제로 판사들은 피고인 역할을, 검사들은 변호인 역할을, 변호사들은 검사의 역할을 했다. 그리고 재판부는 재판장은 인하대 교수인 내가 담당했고 다른 법관은 인하대 로스쿨 학생과 실제 판사가 맡았다. 국민참여재판의 성공적 운영에 판사, 검사, 변호사의 적극적인 역할이 필요하기 때문에 이러한 시도 역시 의미가 있다. 비록 모의재판이기는 하지만 몸으로 다른 직역의 내용을 경험하는 것은 서로를 이해하는데 큰 도움이 된다. 피고인 역할을 해 본 판사는 피고인의 상황을 실감나게 느꼈을 것이고 이 경험은 실제 재판에서 피고인의 인권을 보호하는 재판으로 나타날 것이다.

나는 흔쾌히 재판장 역할을 맡았다. 국민참여재판에 대해 관심이 많기 때문이다. 참여정부 당시 사법개혁에 관여하면서 제도의 도입을 가까이서 지켜본 경험은 국민참여재판에 대한 애정으로 남았다. 올해 초에 국민참여재판을 시민들에게 쉽게 설명하려고 〈시민의 광장으로 내려온 법정〉나남출판을 출판한 것도 국민참여재판에 대한 애정의 표현이다.

그런데 실제 재판장 역할은 생각보다 힘들었다. 공감법정에서 리허설부터 판결 선고까지 약 6시간 정도 재판을 진행했다. 모든 재판은 판사의 입장에서 시작하고 판사의 퇴장으로 끝난다. 재판장이 재판을 시작하겠다는 말을 하기 전까지는 아무런 일도 일어나지 않는다. 마치 야구에서 투수가 공을 던지지 않으면 아무런 일도 일어나지 않는 것과 같다. 재판 내내 계속 긴장해야 하지만 또 자비롭고 또 온화해야 한다. 그리고 다른 재판과 달리 국민참여재판은 재판장이 배심원에게 설명해야 할 내용이 많다. 판사의 소중함, 판사 업무의 어려움을 이해하는데 많은 도움이 되었다.

법조비리를 뿌리 뽑을 수 있는 배심재판

공감법정은 1년에 한번 있는 법원의 날을 기념하는 인천지역의 중요 행사였다. 법원의 날이고 행사장소가 법원인 만큼 법원은 더 소중하게 생각한 듯 했다. 그러나 이날 행사는 의미가 반감되었다. 최근 법조비리 때문이다. 특히 행사 불과 3일 전인 9월 2일 인천지방법원의 김수천 부장판사가 뇌물 혐의로 구속되었다. 시민의 신뢰를 얻기 위해 마련된 행사 며칠 전에 부장판사가 구속되었으니 공감법정을 한다고 선전하기도 민망하게 된 것이다. 법조비리로 당장 법원의 신뢰가 땅에 떨어졌다. 대법원에서 전국법원장 회의를 개최하고 대법원장이 사과를 했다고 하더라도 한번 떨어진 신뢰는 쉽게 회복되지 않는다.

신뢰, 믿음은 쌓기는 어렵고 무너뜨리기는 쉽다. 그러나 신뢰가 없다면 아무것도 할 수 없다. 시민의 신뢰가 없다면 국가는 운영될 수 없다. 과거 봉건시대에도 신뢰는 중요했지만 민주사회에서는 신뢰는 더욱 중요하다. 시민이 주체가 되어 직접 통치자를 뽑고 통치자를 감시해야 하는 민주사회에서는 신뢰가 없다면 사회는 전혀 작동할 수 없다.

법조비리는 법원과 검찰, 변호사 등 법조에 대한 신뢰를 갉아 먹는다. 법조에 대한 국민의 신뢰를 확보하기 위해서도 법조비리는 반드시 뿌리뽑아야 한다. 법조비리를 없앤다고 법조에 대한 신뢰가 저절로 확보되는 것은 아니지만 법조비리가 있는 상태에서는 신뢰를 말할 수도 없다. 법조비리척결은 신뢰의 중요한 필요조건이다.

법조비리는 근원적으로 윤리부족에서 발생한다. 여러 번 이 칼럼에서 지적했다. 제도적으로는 권한을 독점하고 누구로부터도 견제를 받지 않는 공개와 참여의 부재, 감시와 견제의 결핍에서 비리는 발생한다. 이 역시 여러 번 강조한 내용이다. 법조비리, 법원과 검찰의 부패에 대한 제도적 대책으로는 고위공직자비리조사처가 가장 확실하다. 제도적 대책은 여기에 한정되지 않는다. 배심재판, 국민참여재판도 법조비리에 대한 근본적인 대책이 될 수 있다. 시민이 배심원으로 재판에 직접 참여하니 공개와 참여, 감시와 견제가 자연스럽게 이루어진다.

국민참여재판의 정착과 확대를 기대하며

국민참여재판은 국민주권주의를 사법 분야에서 실현하는 제도다. 그리고 공개와 참여, 감시와 견제를 통하여 법조비리를 방지하는 제도다. 민주사회에서 시민이 직접 재판에 참여하는 제도를 가지고 있지 않은 선진국은 없다. 당연히 더 확대하고 발전시켜야 한다.

현재의 국민참여재판은 과도기적 제도다. 법률에 의하면 국민참여재판의 최종적인 형태를 결정하기 위하여 대법원에 국민사법참여위원회를 두도록 되어 있다. 이에 따라 국민사법참여위원회는 2013년 3월 국민참여재판의 최종형태를 확정한 바 있다. 충분히 만족스럽지는 않지만 국민사법참여위원회의 안은 국민참여재판을 받을 수 있는 국민의 권리와 배심원으로 참여하는 시민의 권한을 확대하는 것이 주된 방향이었다. 하지만 정부는 이에 반발해 독자적으로 국민참여재판을 받을 수 있는 국민의 권리와 배심원으로 참여하는 시민의 권한을 축소하는 법률개정안을 제출했다. 정부가 법률을 위반하여 독자적으로 법률안을 제안한 것도 이상하지만 국민의 권리와 권한을 축소시키는 법률안을 제안했다는 것은 더 이상하다.

그러나 국민참여재판의 최종형태는 국회에서 충분히 논의되지 못했고 19대 국회의 임기만료로 논의는 종료되었다. 다시 국민참여재판의 최종형태를 추진해야 하는 단계인 것이다. 국민참여재판의 방향은 분명하다. 법원의 권한을 시민들에게 돌려주는 것, 국민주권주의를 실현하는 방향이 바로 그것이다. 시민의 참여로 이루어진 이번 인천의 공감법정은 이러한 방향을 다시 한 번 확인할 수 있던 계기였다. 사법부와 시민의 힘으로 국민참여재판이 정착되고 확대되기를 희망한다.

II

검찰개혁과
법조윤리

검찰의 수사왜곡과
삼중·사중의 부정의(不正義)

국정원 대선개입 사건을 두고 검찰 내부에서 제한 없이 수사를 하자는 입장과 제한을 두자는 입장이 충돌하고 있다. 제한수사는 당연히 축소수사, 감싸주기 수사다. 민주주의의 기초를 흔든 국정원을 봐주자고 하고 있다. 이것은 부정의(不正義) 중의 부정의이고 삼중, 사중의 부정의이다. 도덕국가, 정의국가를 지향하는 현대국가로서는 도저히 있을 수 없는 일이다. 부정의 중의 가장 큰 부정의를 저지르고 있는 것이다.

검찰을 비롯한 공권력이 도덕성, 정의를 잃어버리면 국가는 하나의 이익집단이 되어버린다. 국가를 조폭집단이나 도둑집단과 구분하는 경계가 없어진다.

하지만 부정의가 넘칠수록 정의의 요구는 높아진다. 정의는 인간의 유전자에 포함되어 있기 때문이다. 부정의한 이명박정권 하에서 정의에 대한 책이 베스트셀러가 된 것이 그 증거이다. 이미 부정의한 작태에 대해 반대 목소리가 나오고 있다. 정의는 항상 부정의한 현실을 관통하면서 흐르기 마련이다. 이것이 우리가 다시 정의를 이야기하는 이유이자 희망이다.

한심한 일이다. 대한민국 검찰의 수준을 다시 확인하는 사태가 벌어졌다. 국정원 대선개입 사건 수사를 두고 벌어지는 믿을 수 없는 사태다. 검찰 내부에서 제한 없이 수사를 하자는 입장과 제한을 두자는 입장이 충돌하고 있다. 제한수사는 당연히 축소수사, 감싸주기 수사다. 민주주의의 기초를 흔든 국정원을 봐주자고 하고 있다. 이것은 부정의不正義 중의 부정의이고 삼중, 사중의 부정의이다. 도덕국가, 정의국가를 지향하는 현대국가로서는 도저히 있을 수 없는 일이다.

범죄가 벌어지면 당연히 수사와 재판을 해야 한다. 정의를 세우는 일이다. 진범을 처벌하지 않으면 정의는 세워지지 않는다. 범인을 처벌하지 못하면 범죄로 침해된 부정의를 형벌을 통하여 복원하지 못하기 때문이다. 조두순과 같은 성폭행 범죄자를 처벌하지 못한다면 사회는 유지되지도 못할 것이다. 그런데 수사와 재판 과정에서 오판이 발생하여 다른 사람을 처벌하게 되면 더 큰 부정의가 발생한다. 이것이 이중의 부정의이다. 진범은 처벌되지 않고 거리를 활보하는데 오히려 무고한 사람이 처벌을 받는다. 진범의 불처벌이라는 부정의에 무고한 사람의 처벌이라는 부정의가 더해지는 것이다. 무고한 사람의 인생은 회복할 수 없는 피해를 입는다. 인혁당인민혁명당 피해자들처럼 생명까지 잃어버리는데 어떻게 회복할 수 있겠는가? 강기훈 씨의 잃어버린 20년은 누가 어떻게 보상할 수 있겠는가? 10명의 범인을 놓치더라도 1명의 억울한 사람을 처벌해서는 안 된다는 말은 바로 이러한 이중의 부정의를 경계하라는 말이다.

여기에서 그치지 않는다. 수사 과정을 의식적으로 왜곡함으로써 부정의를 발생시킬 수 있다. 가장 심각한 삼중의 부정의이다. 수사의 의도적인 축소, 수사기밀의 누설, 여론재판의 유도, 사건의 정치적인 처리 등이 그것이다. 이러한 수사 왜곡은 고의로 저지르는 것이어서 죄질도 매우 안 좋다. 의도를 갖고 여론재판을 통해 특정인을 정치적으로 죽이는 짓이고 공적인 국가권력을 사적인 이익을 위하여 사용하는 짓이다. 이러한 사례를 우리는 지난 노무현 대통령에 대한 검찰의 수사 과정에서 생생히 목격했다. 정치검찰이 특정한 의도를 가지지 않았다면 일어날 수 없는 일이었다.

최근 노무현 대통령의 NLL 발언과 관련한 검찰의 수사도 같다. 시시각각 수사의 기밀을 흘리며 여론을 적극적으로 유도하고 있다. 마치 피의자들과 언론 앞에서 하나하나 싸우고 있는 듯한 모습이다. 자신들은 정보를 다 쥐고 있으면서 적절한 순간에 반박을 해가며 여론을 주도하고 있다. 이쯤 되면 수사기관이 아니라 '공안검찰당공검당', '검찰새누리당검새당'이라는 정당, 정치집단이라 불러도 손색이 없다.

이것을 언론이 또 확대 재생산하고 있다. 그 결과 재판도 하기 전에 이미 무고한 사람, 무죄추정의 권리를 받는 시민이 단죄를 받는다. 회복할 방법도 없다. 법원재판에서는 소리라도 질러보지만 여론재판에서는 호소할 곳도 없다. 당연히 진짜 처벌받아야 할 사람은 처벌받지 않는다. 수사의 왜곡이 이러한 결과를 초래하니 이보다 더한 부정의가 어디에 있겠는가?

문제는 여기에 그치지 않는다. 국가공권력은 특별히 견제되고 감시되어야 한다. 합법적으로 개인을 구속시킬 수 있고 재산을 빼앗을 수 있으며 심지어 생명까지도 박탈할 수 있는 것이 국가공권력이다. 그러므로 공권력에 대한 견제와 감시는 철저하고 또 철저해야 한다. 공권력의 범죄행위, 권한남용행위에 대해 엄격하게 처벌해야 하는 이유이다. 특정 계급, 계층의 사적인 용도로 공권력을 사용하는 것은 용납될 수 없다. 우리 형법이 공권력의 폭력이나 가혹행위에 대해 특별히 처벌하는 것은 바로 이러한 이유 때문이다. 더구나 우리는 과거 공권력의 폭력이나 사찰, 선거개입으로 인한 아픈 역사가 있지 않은가? 공권력의 범죄행위에 대해서는 더욱 엄격한 단죄가 필요하다. 이런 의미에서 공권력의 범죄행위를 수사하지도, 재판하지도 않는 것은 결코 허용될 수 없다. 검찰의 기소재량은 인정될 수 없다.

정치적인 논리에 따라 공권력의 범죄행위를 용납하거나 축소수사·처벌하는 것은 부정의 중에서도 가장 심한 부정의이다. 그런데 검찰은 이런 당연한 이치를 무시하고 정치권과 함께 사건을 왜곡하고 있다. 부정의 중 가장 큰 부정의를 저지르고 있는 것이다. 검찰을 비롯한 공권력이 도덕성, 정의를 잃어버리면 국가는 하나의 이익집단이 되어버린다. 국가를 조폭집단이나 도둑집단과 구분하는 경계가 없어진다.

한국에서 정의가 한때 유행인 적이 있었다. 그러나 아이러니하게 현실은 그렇지 않다. 현실은 항상 드라마보다 더 막장일 수밖에 없는가. 최근 국정원 수사를 둘러싸고 벌어지는 사태는 앞으로 5년 동안 정의가 실종될 것임을 강력하게 암시한다. 부정의가 정의를 우롱하고 공격할 것임을 예감하게 한다. 하지만 부정의가 넘칠수록 정의의 요구는 높아진다. 정의는 인간의 유전자에 포함되어 있기 때문이다. 부정의한 이명박정권 하에서 정의에 대한 책이 베스트셀러가 된 것이 그 증거이다. 이미 부정의한 작태에 대해 반대 목소리가 나오고 있다. 정의는 항상 부정의한 현실을 관통하면서 흐르기 마련이다. 이것이 우리가 다시 정의를 이야기하는 이유이자 희망이다.

박근혜정부가 보여준
검찰의 네 가지 얼굴

참으로 이상한 것은 박근혜정부의 검찰개혁은 시작하지도 않았는데 끝나버렸다는 것이다. 달랑 대검 중수부 간판만 내리고 검찰개혁은 끝나버렸다. 상설특검 논의는 특검법안 통과로 마무리되었다고 한다. 법률만 만들었을 뿐 상설특검은 임명되지도 않았다. 특별검사 없는 기괴한 상설특검 법안인 것이다. 정부와 새누리당이 개혁을 시작하지도 않고 고의로 침몰시켜버린 것이다.

지난 1년 검찰을 되돌아보면 역시 주연은 공안부라고 하겠다. 한국에서는 공안부를 잊으면 안 된다는 사실을 깨닫게 해준 1년이었다. 대통령 비서실장, 법무부장관, 청와대 민정수석 모두 공안부 출신이다. 거의 완벽한 공안라인이다. 이들은 현재 신 공안정국, 혹은 안보정치를 이끌고 있다. 공안부가 완전히 검찰을 장악했고 국가공권력을 통일했으며 정치까지 지배하고 있다. 앞으로 4년도 검찰의 세상이 되리라 예상된다. 구체적으로 '공안부의 검찰'이다. 1년간 공안부의 전성시대로 힘들었는데 4년을 생각하니 까마득하다.

지난 3월 10일, 참여연대와 서영교 의원이 주최하는 '박근혜정부 1년 검찰평가 좌담회'가 국회에서 열렸다. 나는 민주사회를 위한 변호사모임의 사법위원장 및 교수 자격으로 토론자로 참가했다. 좌담회에서 나는 박근혜정부 검찰 1년을 평가하면서 세 가지를 이야기했다. 첫째, 검찰개혁의 고의 침몰, 둘째, 공안부의 검찰 통일, 셋째, 채동욱 에피소드다. 그리고 현재 진행형인 하나의 사건을 덧붙였다. 바로 서울시 공무원 국가보안법 증거조작 사건이다. 검찰 1년을 되돌아보면 이렇게 네 가지 사건으로 정리할 수 있을 것이다.

참으로 이상한 것은 박근혜정부의 검찰개혁은 시작하지도 않았는데 끝나버렸다는 것이다. 달랑 대검 중수부 간판만 내리고 검찰개혁은 끝나버렸다. 상설특검 논의는 특검법안 통과로 마무리되었다고 한다. 법률만 만들었을 뿐 상설특검은 임명되지도 않았다. 특별검사 없는 기괴한 상설특검 법안인 것이다.

특검의 시작 역시 과거와 완전히 같다. 야당이나 정치적 소수파가 아무리 주장하더라도 여당, 정치적 다수파가 반대하면 특검은 시작할 수 없다. 이를 검찰개혁방안이라고 부르는 것은 민망한 일이다. 문제는 앞으로 더 이상의 검찰개혁은 없다는 것이다. 더 이상의 공약도, 계획도 없다. 검찰개혁은 시작도 하지 않았는데 끝나버렸다. 정부와 새누리당이 개혁을 시작하지도 않고 고의로 침몰시켜버린 것이다.

지난 1년 검찰을 되돌아보면 역시 주연은 공안부라고 하겠다. 한국에서는 공안부를 잊으면 안 된다는 사실을 깨닫게 해준 1년이었다. 대통령 비서실장, 법무부장관, 청와대 민정수석 모두 공안부 출신이다. 거의 완벽한 공안라인이다. 이들은 현재 신 공안정국, 혹은 안보정치를 이끌고 있다. 공안부가 완전히 검찰을 장악했고 국가공권력을 통일했으며 정치까지 지배하고 있다.

이석기 의원 내란음모 사건, 통합진보당의 위헌정당심판 제청 사건, 서울시 공무원 국가보안법 증거조작 사건 등 모두 공안부가 주도하고 있다. 말도 안 되는 강기훈 씨 상고도 공안부의 작품이다. 과거 잘못에 반성도 없고 자제도 없다. 필요한 모든 곳에 항상 등장한다. 대검 중수부의 폐지가 그리 작은 개혁은 아니지만 빛이 나지 않는 이유는 더 큰 조직인 공안부가 검찰과 정치를 완전히 장악했기 때문이다. 가히 공안부의 전성시대라고 할 만하다.

채동욱 검찰총장 사태는 검찰의 현주소를 보여주는 사건이다. 집권 초 권력기관 내부에서 벌어진 이번 사태는 몇 가지 교훈을 주었다. 검사들에게는 정권의 말을 듣지 않으면 어떤 일이 벌어지는지, 그리고 검찰개혁을 내부에서 하는 것이 얼마나 힘든지 보여주었다. 사실 나는 채동욱 검찰총장의 검찰개혁을 별로 신뢰하지 않았다. 검찰이 생각하는 개혁과 국민이 생각하는 개혁, 박근혜 대통령과 문재인 대통령후보가 생각했던 검찰개혁이 너무나 차이가 크기 때문이다. 검찰이 생각하는 개혁은 내부수선 정도의 개혁이다. 그런데 국민이 원하는 것은 완전히 새로운 집을 짓는 것이나 다름없는 개혁이다.

이 간격은 검찰이 아니라 검찰 외부에서 개혁을 추진해야 한다는 점을 가르쳐준다. 물론 검찰을 배제하는 것은 아니겠지만 그렇다고 검찰에게 맡겨둘 수는 없다. 검찰개혁에서 검찰은 개혁의 대상이지 개혁의 주체는 아니다. 이를 잊으면 괜히 검찰의 검찰개혁에 기대를 걸고 검찰의 약속을 믿는, 똑같은 실수를 다시 범하게 된다.

지난 1년 검찰의 행태는 이처럼 참담하다고 할 수 있다. 그런데 끝이 아니었다. '끝판왕'은 따로 있었다. 증거조작 사건이다. 증거조작 사건에서 검찰의 역할은 철저한 무능력 또는 증거조작의 공범, 둘 중 하나이다. 만약 지금 검찰이 의도하는 바와 같이 국정원이 수사를 하면서 증거를 조작했고 검찰은 국정원이 준 조작된 증거를 아무 생각 없이 법원에 제출한 것이라면 검찰 공안부는 철저하게 무능력한 존재다. 수사를 비판적으로 평가하여 기소여부를 법률가의 눈으로 결정하지 못하고 심지어 위조된 증거도 체크하지 못한 무능력이다. 검찰제도의 존재 이유를 훼손할 정도의 무능력이다.

그러나 아무리 생각해보아도 증거조작은 검찰과 국정원의 합작품이다. 검찰 공안부와 국정원은 이 사건에서 처음부터 공조를 해왔고 공소유지도 함께하고 있다. 검찰은 수사기관이면서 기소기관이므로 국정원과 거의 한 몸으로 활동했음이 틀림없다. 검찰 공안부가 국정원과 긴밀한 관련 없이 그냥 국정원이 보내주는 사건을 처리하는 곳이 아니라는 사실은 누구나 알고 있다. 그런데 이상하게도 이 사건에서 검찰 공안부는 감쪽같이 빠지고 국정원의 증거조작만 부각되고 있다. 검찰이 나서서 진상규명과 처벌을 외친다. 범죄를 저지른 자가 공범을 처벌하고 자신은 결백하다고 주장하는 꼴이다.

검찰이 노리는 바는 바로 이것이다. '우리도 국정원의 손아귀에서 놀아났다'는 '검찰 피해자론'이다. 범죄자임을 인정하느니 차라리 무능력함을 선택하는 현명함! 참으로 놀라운 결정이다. 앞으로 검찰의 수사는 철저하게 국정원에 초점을 맞출 것으로 예상된다. 검찰 공안부에 대한 수사는 면피용으로 진행될 것이다. 그런데 검찰의 피해자론, 어디서 많이 들어본 이야기 아닌가? 정권에 협조하면서, 정치검찰로 활동하면서 검찰이 하던 말이다. 예전부터 검찰은 '우리도 사실 정직하게 살고 싶은데 정치권력이 우리를 이용한다', '우리도 사실은 피해자'라고 주장해왔다. 기가 막힌 말이다.

검찰은 단군 이래 가장 큰 권한을 가진 기관이다. 정치권력과 함께 사실상 국가를 통치해온 기관이다. 정치권력에 봉사하다가 스스로 권력과 기득권이 되어버린 기관이다. 정치권력의 눈치를 보면서 수많은 권한을 챙겼다. 그 결과 스폰서검사, 벤츠검사, 뇌물검사, 해결사검사, 브로커검사와 같은 일이 벌어지고 있는 것이다. 검찰이 국민과 관계에서 피해자였던 적은 한 번도 없었다.

박근혜정부 1년, 검찰을 돌아보면 앞으로 4년도 검찰의 세상이 되리라 예상된다. 구체적으로 '공안부의 검찰'이다. 1년간 공안부의 전성시대로 힘들었는데 4년을 생각하니 까마득하다. 증거조작 사건과 같은 일이 반복될 가능성이 농후하다.

피해갈 길이 딱 하나 있다. 공안부를 없애는 일은 아니다. 이것은 검찰개혁 작업인데, 개혁은 불가능하기 때문이다. 나도 너무 무리한 부탁은 하지 않는다. 단 하나의 방법은 검찰 공안부가 일을 안 하는 것이다. 검찰 공안부가 쉬면 증거조작 사건도 없을 테니 말이다.

검찰 공안부여, 제발 부탁이니 앞으로 신문에 날 일은 하지마시길 진심으로 바란다.

검찰의 '유우성 죽이기',
수사(修辭)가 아니다

만일 이번에도 무죄 혹은 공소기각 판결을 받는다면 검찰은 유우성 씨와 싸움을 그만둘까? 불행히도 그렇지 않다는 느낌이다. 국정원과 검찰은 새로운 혐의를 찾아 헤맬 것이다. 아마 유우성 씨가 혐의를 전면 인정하고 '내가 나쁜 놈'이라고 자백해야 검찰은 이 싸움을 끝낼 것이다. 만일 유우성 씨가 항복하지 않는다면 계속해서 기소하는 무한 반복 재판이 될 수도 있다. 재판으로 복수를 하는 것이다.

어쩌면 세월호 사건에서 보여준 무능력과 간첩조작에서 보이는 도덕적 타락은 같은 뿌리에서 나온 자식인지도 모른다. 국민이 아닌, 자신의 안전과 이권을 최우선으로 하는 국가권력이라는 뿌리 말이다.

세월호 침몰로 나라 전체가 어수선한 지금 검찰은 쉬지도 않는다. 간첩조작을 시도했다가 실패한 검찰은 간첩 혐의에 대하여 무죄를 선고받은 유우성 씨를 이 번에는 불법대북송금 혐의로 다시 기소했다. 죄명은 외국환거래법 위반과 위계에 의한 공무집행 방해다. 검찰이 주장하는 바에 의하면 유우성 씨는 2005년 6월부터 2009년 10월까지 탈북자들의 부탁을 받고 북한의 가족에게 돈을 보내 주는 이른바 '프로돈' 사업을 하면서 1,668차례에 걸쳐 26억700여만 원을 불법 입·출금했다는 것이다.

범죄가 있으면 수사를 해야 하고 유죄를 확신하면 기소해야 한다. 이에 대해서는 누구도 이의를 제기하지 않는다. 그런데 이것은 아니다. 한 인간에 대한 분풀이, 복수로 국가공권력이 동원되어서는 안 된다. 국가공권력이 이렇게까지 남용되어서는 안 된다. 마치 칼을 들고 사람을 찌르지 않았을 뿐 유우성 씨를 죽이려고 하는 것 같은 살기가 느껴진다.

유우성 씨에 대한 새로운 기소는 간첩사건 무죄 판결이 나온 지난 4월 25일 이후 불과 보름 만에 이루어졌다. 검찰이 이미 기소할 내용을 준비하고 있었고, 나아가 항소심에서 유우성 씨에 대한 무죄를 예상했음을 의미한다. 만일 법원이 조작된 증거를 인정하고 유죄를 선고했다면 검찰이 불법송금 혐의로 유우성 씨를 기소했을까? 아마 준비는 했어도 기소는 하지 않았으리라. 그러나 법원은 유우성 씨에게 무죄를 선고했다. 두 번째 무죄이니 무고한 시민임이 그만큼 확실해졌다. 기본적으로 정의의 편인 검사, 간첩이자 범죄자인 유우성의 구도는 깨졌다. 오히려 검사가 범죄자였음이 드러났다. 이 위기를 피하려고 유우성 씨를 다시 범죄자로 만들어야 벗어날 수 있다고 생각했을 것이다.

검찰의 생각을 확인할 수 있는 단서로 이 사건이 이미 4년 전에 끝난 사건이라는 점을 들 수 있다. 검찰은 2010년 이 사건을 조사했고 통장만 빌려줬을 뿐 경제적 이익을 얻지 않았다는 유우성 씨의 주장을 받아들여 기소유예 처분을 했다. 2010년에는 처벌 필요성이 없었던 사건이 4년 만에 처벌 필요성이 있는 사건으로 둔갑했다. 탈북자단체의 고소가 있었다고는 하나 검찰이 고소인의 눈치를 보면서 기소 여부를 결정하지는 않는다. 그 사이에 있었던 일은 간첩 혐의 기소와 증거조작, 무죄 선고, 검찰과 국정원에 대한 수사, 검사의 중징계 등이다.

처벌해야 할 사건이라면 2010년에 수사한 후 기소했어야 했다. 아니 최소한 간첩 혐의 기소 때 같이 기소했어야 했다. 그래야 한 번의 재판으로 모든 범죄를 심판받고 새로운 사람으로 출발할 수 있다. 그렇지 않고 여러 혐의 중 하나씩 기소하고 재판을 한다면 이것은 국가의 개인 괴롭히기에 지나지 않는다. 이런 경우를 법률 상 검사에게 주어진 권한을 남용했다고 해서 공소권 남용이라 부른다. 검사에게는 수사하고 공소를 제기할 권한이 있지만 그 권한은 엄격히 제한된 권한이다. 개인적인 복수나 조직의 이익, 정권의 이익을 위하여 사용되어서는 안 된다. 혐의가 없는데도, 같은 행위를 한 다른 사람은 처벌받지 않는데도, 수사기관이 함정수사를 했는데도, 개인을 처벌하기 위하여 기소를 강행하면 공소권 남용이 된다.

지금까지 공소권 남용 이론은 교과서에만 존재했다. 공소권 남용의 사례도 적었고 이를 인정한 사례는 더욱 적었다. 그런데 이번에 공소권 남용이 현실에서 그것도 매우 중요한 사건에서 발생했다. 확실히 현실은 교과서나 소설보다 훨씬 더 가혹하고 '막장'인 것인지 모른다. 상식을 가진 일반인의 윤리의식으로는 도저히 하지 못할 일도 버젓이 공권력이 하고 있으니 말이다.

공소권을 남용했을 때 대책은 공소제기 불법선언과 재판 거절이다. 즉 유죄인지 무죄인지를 따지는 실체심리를 하지 않고 공소제기가 불법이라 선언하고 재판을 거절하는 것이다. 이를 공소기각이라고 부른다. 공소제기 절차가 법률의 규정을 위반하여 무효에 해당한다고 보고 법원이 실체심리 없이 공소제기 자체가 불법임을 선언하는 것이다. 이렇게 해야만 겨우 검사의 공소권 남용을 통제할 수 있다.

이번 기소는 명백히 공소권 남용에 해당한다. 유우성 씨가 화교 신분을 속이고 서울시에 취업한 혐의도 적용되었다고 하는데 이 혐의 역시 처벌할 필요가 있었다면 간첩사건 기소 때 같이 했어야 하는 사안이다. 만일 이를 놓쳤다면 그 부담은 국가가 지는 것이 타당하다. 수사를 제대로 하지 못했으니 말이다.

이번 사건에서 확인할 수 있었던 것 중 하나는 변호인이 열정적으로 변호하고 법원이 제대로 심리한다면 증거조작, 간첩조작 사건을 막을 수 있다는 점이다. 변호인과 법원이 마지막까지 최선을 다할 것을 기대하고 응원을 보낸다. 이 사건이 공소기각 판결로 끝날 때까지 유우성 씨 사건은 끝난 것이 아니다.

사족 하나. 만일 이번에도 무죄 혹은 공소기각 판결을 받는다면 검찰은 유우성 씨와 싸움을 그만둘까? 불행히도 그렇지 않다는 느낌이다. 근거 없는 걱정이 아니다. 국정원과 검찰의 그간 행태를 보았을 때 이를 확신할 수 없다. 국정원과 검찰은 새로운 혐의를 찾아 헤맬 것이다. 그러면 언제 이 싸움이 최종적으로 끝날 것인가? 검찰은 유우성 씨에게 무엇을 원할까?

아마 유우성 씨가 혐의를 전면 인정하고 '내가 나쁜 놈'이라고 자백해야 검찰은 이 싸움을 끝낼 것이다. 만일 유우성 씨가 항복하지 않는다면 계속해서 기소하는 무한 반복재판이 될 수도 있다. 재판으로 복수를 하는 것이다. 검사는 이 과정에서 월급 받고 생활하겠지만 유우성 씨는 변호사 비용은 고사하고 생활조차 이어가기 힘들 것이다.

그래도 정녕 유우성 씨가 항복하지 않는다면 국가는 화교라는 이유로 그를 추방할 것이다. 검사가 수사발표 때마다 유우성 씨를 화교라고 부르는 이유가 여기에 있다. 그리고 유우성 씨는 외국에 망명을 신청할 것이고 유우성 사건은 국제이슈가 될 것이다. 과연 어느 나라가 유우성 씨의 망명을 받아들일 것인가?

이런 걱정까지 해야 할 정도로 국가공권력이 타락했다. 검사의 윤리 수준도 타락해버렸다. 검찰개혁을 하지 않은 결과다. 국가권력기관 개혁을 하지 않은 결과다. 어쩌면 세월호 사건에서 보여준 무능력과 간첩조작에서 보이는 도덕적 타락은 같은 뿌리에서 나온 자식인지도 모른다. 국민이 아닌, 자신의 안전과 이권을 최우선으로 하는 국가권력이라는 뿌리 말이다.

'법피아' 가득 찬 청와대의
'관피아' 척결 약속

박 대통령과 대통령을 둘러싼 기득권세력이 제대로 개혁을 해낼 수 있을까? 말한 대로 '관피아'를 척결하여 정치, 경제, 관료, 언론의 기득권 카르텔을 해체할 수 있을까?

불행히도 나는 박 대통령의 관피아 척결, 기득권의 지배카르텔 분쇄 약속을 믿지 못하겠다. 당장의 증거가 있다. 5월 13일 청와대 비서관 인사가 그것이다. 민정수석실 비서관급 이상 5명이 모두 변호사로, 그것도 기득권을 대표하는 대형 로펌의 변호사들로 채워졌다. 민정수석실은 한국 최고의 권력 청와대, 법조계의 권력 대형 로펌, 공권력의 핵심 검찰의 연합체로 재편되었다. 이보다 더 완벽한 민관유착, 기득권의 유착이 어디에 있을까?

세월호 침몰 사건에 대해 박근혜 대통령이 공식 사과했다. 한참 늦었지만, 아무리 늦더라도 책임인정과 사과는 가치가 있다. 특히 그것이 진심이고 제도개혁까지 이어진다면 더욱 가치가 있을 것이다. 박 대통령의 개혁 방안은 따로 평가를 받아야겠지만 관료와 민간의 유착 근절의지는 눈여겨 볼만하다. 최소한 한국 사회를 지배하는 정치, 경제, 관료, 언론의 기득권 카르텔이 문제의 원인이라는 점을 인식한 것으로 볼 수 있다.

문제가 있다는 것을 인정해야 문제를 해결할 수 있다. 그런데 지금까지 한국의 기득권세력은 아무런 문제가 없다고 이야기해왔다. 지금처럼 해나가도 안전하고 행복하다고 주장했다. 그 결과 시민들의 안전과 인권, 자유와 행복은 위기에 처했다. 이번 세월호 사건은 우리의 현재 모습을 너무도 충격적으로 보여주었다. 이미 자살률 세계 1위의 '자살 공화국'이 한국이지 않은가? 이런 면에서 박 대통령의 문제인식은 환영하고 싶다. 대표적인 기득권집단인 새누리당 출신 박 대통령의 인식이 한국 기득권세력의 인식변화로까지 널리 퍼지길 바란다. 그런데 의문은 여전히 남는다. 박 대통령과 대통령을 둘러싼 기득권세력이 제대로 개혁을 해낼 수 있을까? 말한 대로 '관피아'를 척결하여 정치, 경제, 관료, 언론의 기득권 카르텔을 해체할 수 있을까? 다시 한 번 지켜지지 않는 약속이 되는 것은 아닐까?

불행히도 나는 박 대통령의 관피아 척결, 기득권의 지배카르텔 분쇄 약속을 믿지 못하겠다. 당장의 증거가 있다. 5월 13일 청와대 비서관 인사가 그것이다. 청와대는 민정비서관에 우병우 변호사전 대검 수사기획관, 공직기강비서관에 권오창 변호사, 민원비서관에 김학준 변호사를 내정했다. 이 인사의 정치적 특징은 노무현 전 대통령에 대한 과잉·편파 수사를 했던 우병우 변호사란 인물의 민정비서관 임명에 있다. 전임 대통령에 대한 최소한의 예의와 배려도 없는 인사이다.

검찰을 장악하고 야당을 견제하겠다는 의도로 보인다. 그런데 이것 말고도 중요한 점이 있다. 민정수석실 비서관급 이상 5명이 모두 변호사로, 그것도 기득권을 대표하는 대형 로펌의 변호사들로 채워졌다는 것이다. 홍경식 민정수석은 '광장', 권오창·김학준 비서관은 '김앤장', 김종필 비서관은 '태평양', 우병우는 검찰출신이다. 마치 민정수석실이 대형 로펌과 검찰의 연합체처럼 보인다. 민정수석실은 한국 최고의 권력 청와대, 법조계의 권력 대형 로펌, 공권력의 핵심 검찰의 연합체로 재편되었다. 이보다 더 완벽한 민관유착, 기득권의 유착이 어디에 있을까?

대형 로펌에 근무하면서 이들은 과연 누구를 위하여 어떤 일을 해왔을까? 우리 사회에서 한때 불었던 갑-을 열풍에서 이들은 어느 편을 대리하고 변호했을까? 대형 로펌은 정치경제권력을 대리했고 이들과 일체가 되었다. 그리고 이제 변호사 업계를 넘어서서 한국 사회의 기득권세력이 되었다. 개별 변호사는 얼마든지 착하고, 갑이 아닌 을이 될 수 있지만 대형 로펌은 그렇지 않다. 존재가 의식을 결정하는 이상, 개별 변호사의 인격이나 감정은 그렇게 중요하지 않다. 나는 작년 9월에 열린 노무현 대통령 기념심포지엄에서 한국의 관료제를 평가하면서 다음과 같이 말했다. 여전히 유효한 평가이다.

"(이로써) 유능하고 효율적이며, 기계적이고 계획적이면서도 권위적이고 독선적인 관료상, 민주시민의 정체성을 갖지 않는 (한국의) 관료상이 완성되었다. (한국의 관료는) 정치권력, 경제권력과 한 몸으로 유착되어 '모피아', '법피아'의 수준, 정치권력을 실제로 뒷받침하면서 정치권력을 조정하는 수준에까지 이르렀다. 한편 관료가 정치권력과 함께 한국을 지배하면서 정치권력과 관료의 부패, 관료 자체의 부패는 확대되었다."

한국 사회를 지배하는 것은 정치, 경제, 관료, 언론의 기득권 카르텔이다. 언론이 지배카르텔의 일부라는 것은 종편채널과 최근의 KBS 사태를 보면 쉽게 알 수 있다. 이들의 유착관계를 끊고 이들을 견제하는 것이 근본적인 개혁 방향이다. 그리고 그 시작은 관료개혁이다. 정치권력이 스스로 정치와 관료, 민간의 유착고리를 깨야 한다. 그렇게 해야만 우리는 최소한의 안전이라도 보장되는 사회에서 살 수 있다. 이런 면에서 민관유착 문제를 지적한 박 대통령의 말은 옳다. 그러나 청와대의 민정비서관실 인사는 박 대통령의 말과 배치된다. 민관유착의 실상, 기득권 카르텔의 현실을 그대로 보여준다. 모순이다.

청와대 비서관 인사가 철회되지 않는 한 박 대통령의 관피아 개혁 약속에 대한 불신은 사라지지 않을 것이다. 아무리 해경을 해체하고 국가안전처를 신설한다고 하더라도 청와대부터 민관유착을 척결하지 않으면 개혁이라고 할 수 없다. 국가의 모든 부처가 청와대를 따라 하기 때문이다.

나는 청와대부터 민관유착 근절 의지를 행동으로 보여주기를 희망한다. 하지만 한편으로는 청와대 인사를 철회하지 않을 것이라는 확신도 한다. 심리적으로 모순인 기괴한 상태이다. 마치 군부독재시절 민주화 인사에 대한 재판에서 이들의 무죄를 확신하면서도 유죄 판결을 또한 확신하는 상황과 같다. 이러한 비정상을 정상화시켜야 하는 것도 개혁의 내용 중 하나일 것이다.

범죄와 가까이 지내다
범죄인이 된 법조인

법률가로서 해서는 안되는 일을 하는 법률가들, 남을 속이고 협박하여 자기 돈만 챙기는 법률가들, 자신만이 아니라 다른 법률가들을 함께 타락시키는 법률가들, 그러면서 한 치의 반성도 보이지 않는 법률가들을 우리는 무어라고 부를 수 있을까? 정상적인 사회라면 이런 사람들을 괴물이라고 부른다. 권력을 가진 괴물이라고 부른다. 시민이 위탁한 권력을 마치 자신의 권력인 양 휘두르는 자, 시민의 권력을 이용하여 자신과 일족의 이익만 챙기는 자가 법률 괴물이 아니라면 무엇이겠는가.

현실의 불법을 허구의 합법이 대신할 수는 없다. 그것도 법률가들의 밀실에서는 절대 이루어지지 않는다. 과거 고문과 가혹행위, 불법구금 등으로 조작간첩을 만들었던 국가범죄 사건에서 정보기구, 경찰, 검찰, 법원의 불법은 아무리 포장을 하더라도 불법이다. 이들이 권력을 가지고 은폐하더라도 불법이라는 점은 변하지 않는다.

나는 로스쿨의 법조윤리 선생이다. 형사소송법도 가르치지만 법조윤리도 매년 가르친다. 법조윤리 교과서도 비록 공저이기는 하지만 하나 있다. 그리고 '형사소송법'이나 최근 낸 '시민의 광장으로 내려온 법정'이라는 책에서도 윤리를 강조하고 있다. 법조윤리에 대해서는 나름 전문가다.

법조윤리 선생으로서 최근 터진 법조비리 사건에 대해 소회가 없을 리 없다. 비참하고 부끄럽다. 욕심이 하늘을 찌르고 윤리는 땅에 떨어진 세태는 법조윤리 선생을 비참하고 부끄럽게 만든다.

법률가로서 해서는 안되는 일을 하는 법률가들, 남을 속이고 협박하여 자기 돈만 챙기는 법률가들, 자신만이 아니라 다른 법률가들을 함께 타락시키는 법률가들, 그러면서 한 치의 반성도 보이지 않는 법률가들을 우리는 무어라고 부를 수 있을까? 정상적인 사회라면 이런 사람들을 괴물이라고 부른다. 권력을 가진 괴물이라고 부른다. 시민이 위탁한 권력을 마치 자신의 권력인 양 휘두르는 자, 시민의 권력을 이용하여 자신과 일족의 이익만 챙기는 자가 법률 괴물이 아니라면 무엇이겠는가.

이런 괴물들에게 윤리가 남아있을 리 없다. 윤리라는 말 자체를 모를 것이다. 나는 이들과 일면식도 없다. 그래도 법조윤리 선생은 비참하고 부끄럽다. 아무리 내가 이 법조비리를 저지르지 않았고, 아무리 이들이 법학전문대학원 출신이 아니라 사법시험 출신이고, 아무리 이들이 직접 나에게 배우지 않았다는 핑계를 대고 싶어도 그럴 수 없다. 법조윤리 선생은 여전히 비참하고 부끄럽다. 내가 가지고 있는 철학과 윤리가 이 나라 법조윤리 수준을 높이지 못해서 더욱 비참하고 부끄럽다. 선생은 원래 무한책임을 지는 법이다.

시험용 윤리와 사람을 위한 윤리

윤리는 사람이 모여 살면서 생겨났다. 다른 사람과 어떤 관계를 맺어야 하는가가 윤리의 출발점이다. 사람은 사회에서 생활해야 하는 유적인 존재이므로 타인과의 관계가 사람을 규정한다. 여기에서 윤리는 단순한 타인과의 관계를 넘어서서 자신의 완성으로 이어진다.

윤리는 내적인 성찰을 거치면 인간의 완성, 가치 있는 삶으로 이어질 수 있다. 물론 윤리만으로 가치 있는 사람이 저절로 되지는 않는다. 사랑, 자비, 해방, 자유, 평등, 인권, 연대 등 가치가 필요하다. 하지만 윤리가 없으면 가치 있는 삶은 없다.

법조윤리는 법률가가 다른 사람들과 관계를 맺는 방식이다. 그리고 자신을 규정하는 핵심적인 요소 중의 하나다. 법률가에게는 법조윤리가 더욱 중요하다. 법률가는 다른 사람들의 생명, 자유, 인권, 재산 등을 다루기 때문이다. 마치 의사가 다른 사람들의 생명과 신체를 다루는 것과 같다. 이처럼 윤리의 이상은 높다.

그러나 현실의 법조윤리는 시험용 윤리다. 법조윤리는 필요하지만 너무 강하게 요구할 수는 없다. 변호사가 될 로스쿨 학생들에게 우선 필요한 것은 법률가의 실력이다. 3년의 시간 제약을 생각하면 높은 수준의 법조윤리를 요구하는 것은 좀 무리다. 그리고 윤리 자체가 딱딱하고 재미가 없다는 것도 큰 한계다. 교수들 사이의 편차도 무시할 수 없다.

로스쿨의 법조윤리는 시험용 윤리다. 변호사시험 과목 중의 하나로 법조윤리를 강제한다. 법조윤리 시험에 통과하지 못하면 아예 변호사시험을 보지 못한다. 윤리를 객관화함으로써 최소한의 법조윤리를 지킬 것을 강제하는 것이다. 그만큼 수준 높은 법조윤리, 가치 있는 삶을 지향하는 법조윤리는 느슨해진다. 법조윤리의 딜레마다.

긴장 속에 벌어지는 학생들과의 토론과 에세이

이 문제를 나는 토론과 에세이로 해결한다. 나는 우선 학생과 일대일 토론을 하면서 수준 높은 법조윤리를 모색한다. 두 시간 수업에 4~5명 정도와 토론한다. 한 문제를 놓고 학생의 답변을 듣고 다른 측면에서 질문을 던지고 논쟁을 벌인다. 그 과정에서 다른 학생들의 참여를 유도한다. 한 학생과의 토론시간이 길어질 수도 있다. 근본과 원칙을 탐구하려면 시간이 필요한 법이다. 토론에 익숙하지 않은 학생들, 법률 과목 공부에 시달리는 학생들과 토론을 하는 것은 쉬운 일이 아니다. 나도 준비를 해야 하고.

학생들과의 토론은 대부분 만족스럽다. 학생들이 토론과정에서 다른 입장을 이해하고 법조윤리의 근본을 탐구하는 과정이 만족스럽다. 법조윤리 근본에 대한 탐구는 일종의 저금과 같아서 마음에 쌓이게 된다. 나중에 법률가로 활동하는 동안 힘을 발휘할 것으로 믿는다.

에세이는 한국의 법조인 탐구, 인권 탐구, 사법시스템 탐구 등의 3개의 개인 에세이와 한국 법조윤리 문제에 대한 집단 에세이 등 4개의 과제로 구성된다. 모두 법조윤리의 근본을 생각하게 하는 묵직한 주제들이다.

한국의 법조인 탐구에서 나는 한승헌 변호사님을 추천한다. 개인적으로도 존경하지만 한국을 넘어 동아시아의 인권변호사로서 자랑스러운 인물이기 때문이다. 물론 학생들은 조영래 변호사 등 다른 변호사를 발굴하여 에세이를 쓰기도 한다.

인권탐구 역시 중요한 과제다. 인권은 법조윤리 교육의 핵심이다. 미셸린 이샤이의 〈세계인권사상사〉, 조효제의 〈인권의 문법〉, 우쓰이 아히코의 〈적도에 지다〉_{김종익역}를 추천한다. 사법시스템 탐구는 사법시스템과 법조윤리의 상관관계를 알기 위해서다. 참고도서는 〈문재인, 김인회의 검찰을 생각한다〉, 〈시민의 광장으로 내려온 법정〉, 〈전략자백〉 등이다. 그리고 사법개혁관련 자료를 권한다. 집단 에세이는 학생들의 집단 토론을 거쳐 창작하는 것이다.

에세이는 선생이 직접 읽고 코멘트를 한다. 힘든 일이지만 학생들과 교감할 수 있는 중요한 작업이다. 학생들과 부족한 토론을 보충하는 의미도 있다. 수업은 선생과 학생의 열의가 있어야 활기차게 된다. 선생이 먼저 열의가 있어야 한다. 가슴깊이 전달하고 싶은 것이 있어야 하고 또 그것을 제대로 표현해야 한다. 그 때에만 학생들에게 열의를 요구할 수 있다.

의심스러울 때에는 법률가에게 유리하게?

토론과정에서는 항상 재미있는 문제가 생긴다. 예를 들면 다음과 같은 문제가 있다. 변호사가 A의 일을 의뢰받았다. A의 의뢰를 처리하는데 40시간이 걸렸다. 그리고 변호사는 전문성을 얻었다. B와 C가 같은 내용의 의뢰를 했다. 이때 변호사는 10시간씩 일을 했다. 그렇다면 변호사는 A, B, C에게 각 40시간에 해당하는 보수를 청구할 수 있는가?

이 문제에 대한 토론은 항상 재미있다. 제법 많은 학생들이 40시간씩 보수를 청구할 수 있다고 주장한다. 이유는 A, B, C의 입장에서 보면 당연히 지급해야 할 돈이라는 것이다. 그런데 변호사 입장에서는 과다 청구한 것이 분명하다. 이런 식으로 계산하면 변호사는 하루에 24시간 이상을 일하는 것이 될 수 있다. 이런 식의 청구를 계속하면 분명히 나중에 문제가 된다. 없는 일을 만든 것이기 때문이다.

이런 경향을 나는 "의심스러울 때에는 법률가에게 유리하게in dubio pro lawyer" 라고 부른다. 형사법의 대원칙인 "의심스러울 때에는 피고인에게 유리하게"라는 원칙의 패러디다.

법률가 역시 사물을 자신에게 유리하게 해석하는 것은 피하기 어렵다. 누구나 사물을 본인에게 유리하게 해석하는 경향이 있기 때문이다. 하지만 법률가는 이렇게 되지 않도록 훈련받는다. 왜냐하면 법률가는 사람의 생명, 자유, 인권, 재산 등 사람에게 가장 중요한 것을 공정하게 다루는 사람이기 때문이다. 만일 법률가가 불공정하게, 자신이나 일방에게 유리하게 사건을 처리하면 다른 사람의 것을 약탈하는 것이 된다. 그것도 생명, 자유, 인권, 재산 등 사람에게 가장 중요한 것을 빼앗는 것이 된다. 정의에 반하는 일이다.

허구의 합법이 현실의 불법을 대신할 수는 없다

법률가들이 "의심스러울 때에는 법률가에게 유리하게"의 경향을 보이는 것은 합법과 불법을 자신이 결정한다고 생각하기 때문이다. 그러나 법률가가 결정하기 전에 이미 합법과 불법은 결정되어 있다. 법률가는 다만 이를 확인할 뿐이다.

현실의 불법을 허구의 합법이 대신할 수는 없다. 그것도 법률가들의 밀실에서는 절대 이루어지지 않는다. 과거 고문과 가혹행위, 불법구금 등으로 조작간첩을 만들었던 국가범죄 사건에서 정보기구, 경찰, 검찰, 법원의 불법은 아무리 포장을 하더라도 불법이다. 이들이 권력을 가지고 은폐하더라도 불법이라는 점은 변하지 않는다. 모두 밀실에서 이루어지는 관념상의 조작일 뿐이다. 결국에는 과거사진상규명위원회의 활동으로 진실이 밝혀졌다.

이번 법조윤리 사건은 현실의 불법을 허구의 합법으로 대체할 수 있다는 법률가의 자만심에서 비롯되었다. 그래서 다른 사람이 하면 불법이지만 자신이 하면 합법이라고 보는 것이다. 아마 홍만표나 진경준은 다른 사람이 똑같은 행위를 했다면 당연히 수사를 했을 것이다. 과거 국가범죄를 저지를 때 정보요원, 경찰, 검사, 판사의 의식구조와 같다.

특권의식은 권력을 독점하고 있을 때 생겨난다. 과거 변호사의 힘이 강했을 때, 변호사가 검사, 판사와 비슷한 힘을 가지고 있었을 때 변호사도 이러한 의식을 가지고 있었다. 특권의식은 현직 때에는 권력의 남용으로, 퇴직 후에는 법조비리로 나타난다. 이런 면에서 판사, 검사, 변호사의 윤리는 구조가 같다.

다시 제도개혁과 교육이다

법조비리 밑바닥에는 돈에 대한 욕망이 숨어 있다. 수백억에도 만족하지 못하는 홍만표와 진경준 등의 욕망은 보는 사람도 질리게 한다. 히말라야 산을 모두 금으로 바꾸어도 단 한명의 욕심도 충족시킬 수 없다는 부처님의 말씀처럼 인간의 욕망은 끝없는 것이지만 이들의 욕망은 너무한다. 인간의 가장 중요한 생명과 자유, 인권과 재산을 다루는 사람으로서의 기본적인 겸손함도 없다.

그래서 다시 문제는 제도와 교육이다. 법원개혁과 검찰개혁을 통해 법률가들의 과도한 권한을 견제하고 분산해야 한다. 그리고 교육을 해야 한다. 제도만으로는 윤리가 완성될 수 없다. 교육이 반드시 따라야 한다. 로스쿨 학생들에게는 필수적으로 교육이 실시되고 있으니 남은 것은 판사, 검사와 변호사에 대한 교육이다. 이들을 다시 소집하여 법조윤리 교육을 시키더라도 이 문제가 해결되지 않겠지만 그래도 시도는 해 볼만 하지 않을까? 비참하고 부끄러운 심정이지만 그래도 현실을 바꾸어보고 싶은 법조윤리 선생의 소박한 제안이다.

고귀한 것은 거래되지 않는다
사회적 공통자본의 확충과 보존

변호사의 공익활동은 사회적으로 중요한 역할을 하는 변호사로서 당연한 의무다. 그러나 변호사 윤리에서 파생되는 당연한 의무를 상품으로 거래하는 것은 바람직하지 않다. 공익활동이라는 고귀한 가치, 변호사의 윤리적 의무를 상품으로 변질시키기 때문이다. 윤리를 돈으로 사는 행위는 윤리를 타락시키는 바람직하지 못한 행위다. 돈을 가진 자가 윤리도 가지는 이상한 결과가 될 수 있다.

그리고 상품 거래에 따른 부작용도 있다. 윤리가 상품이 됨에 따라 공익활동도 일반 변호사의 상업 활동과 같아진다. 공익활동의 의의가 상실됨에 따라 공익활동의 중요성 역시 감소할 것이고 결국에는 공익활동 자체가 사라질지도 모른다. 공익활동을 장려하려는 제도가 윤리, 공익활동 자체를 없애는 모순된 결과를 초래하는 것이다.

사회적 공통자본은 공동체와 개인을 연결하는 중요한 틀이다. 개인은 공동체를 풍부하게 하면서 공동체로부터 도움을 받는다. 공동체는 개인의 안전과 행복을 보장하고 개인의 활동으로부터 발전의 계기를 찾는다. 좋은 공동체는 좋은 개인을 만들고 좋은 개인이 좋은 공동체를 만든다. 서로 밀접하게 관련되어 있다. 공동체와 개인, 개인과 개인은 상품의 교환으로 구성되어 있지 않다. 상품의 교환보다는 훨씬 풍부하고 근원적이다. 이 관계의 핵심에 바로 사회적 공통자본이 있다.

모든 것을 거래하는 사회, 바람직할까?

모든 것은 계산되고 거래될 수 있다. 근대 경제학의 기본명제다. 계산할 수 없다면 가치를 매길 수 없고 가치, 값을 매길 수 없다면 시장에 나올 수 없다. 그래서 경제학에서 제일 중요한 개념은 시장이다. 다만 너무 흔해서 가격을 매길 수 없는 것은 제외다. 공기는 너무 흔하기 때문에 가격을 매길 수 없고 거래되지 않는다. 법률적으로는 재산권의 대상이 되지 않는다고 본다.

물은 예외다. 과거 깨끗한 물이 지천에 널렸을 때에는 가격을 매길 수 없었다. 하지만 지금은 물이 오염된 시대다. 그래서 깨끗한 물에 값을 매길 수 있게 되었고 시장에서 거래된다. 아마 100년 전에 살았던 우리 조상은 물에 값을 매겨 생활하는 우리를 보면 놀라 자빠졌을 것이다.

최근 지리산 주변의 지방자치단체가 지리산의 맑은 공기를 상품화한다는 아이디어를 밝힌 적이 있다. 공기를 판매한다는 생각도 놀랍지만 이것을 공기관인 지방자치단체가 추진한다는 것은 더욱 놀랍다. 공기는 바람을 타고 다니는 것이니 누구에도 속하지 않는다. 특정 지자체에 속할 리도 없다. 그런데도 상품화를 한다고 한다. 누구나 마땅히 누려야 할 깨끗한 공기를 재산권의 대상으로 만들어 독점하겠다는 발상은 마음을 불편하게 만든다. 그러나 이에 대해 반대하는 여론도 없으니 더욱 마음이 불편하다.

지리산 공기 상품화 아이디어에서 보듯이 모든 것이 상품이 될 수 있다는 명제는 자본주의 사회인 이상 당연한 것으로 보인다. 하지만 모든 것을 상품화할 수 있다는 생각이 인류 역사상 보편타당한 것은 아니다. 자본주의의 생각일 뿐이다. 자본주의 역사는 인류 역사에 비하여 극히 짧다. 자본주의의 명제를 당연히 받아들이면서도 이에 심리적 저항이 있는 것은 당연하다. 그리고 우리가 추종하는 미국과 다른 형태로 자본주의를 발전시킨 유럽 국가도 있다. 지리산 공기 상품화에 마음이 불편한 것은 이처럼 유전적, 이론적 근거가 있다.

희망을 본 실험 : 공익활동 시간 거래제 반대

실험이라고 부르기도 민망할 정도로 간단한 실험이었다. 그러나 나는 매우 중요한 발견을 했다고 생각한다. 그것도 학생들 속에서 발견했으니 향후 대한민국, 인류의 방향에도 영향이 있다고 생각한다. 거창하게 이름을 붙이면 공익활동 시간 거래제 실험이다. 이를 공유하고 싶다.

법조윤리 시간에 강의해야 할 내용 중 변호사의 공익활동 의무제가 있다. 변호사법에 의하면 변호사는 연간 일정시간 이상의 공익활동에 종사해야 한다. 기본 30시간이고 변호사가 부득이한 사정으로 이 시간을 완수하지 못하면 시간당 2만원 내지 3만원에 해당하는 금액을 소속 지방변호사회에 납부해야 한다.

이러한 제도적 틀 안에서 논의가 진행되었다. 법조윤리 선생인 내가 학생들에게 먼저 공익활동 시간 거래제라는 것을 제안, 설명한다. 먼저 모든 변호사들의 공익활동시간을 측정한다. 이 중 연 30시간 이상의 공익활동을 한 변호사는 나머지 시간을 공익활동시간 거래시장에 내놓는다. 시간당 가격은 거래시장에 내놓는 변호사가 정한다. 변호사 중 연 30시간을 하지 못한 변호사는 거래시장에서 자신이 구입할 시간과 단가를 올린다. 그러면 시장에서 공익활동 시간이 거래된다.

이렇게 되면 공익활동 시간을 많이 한 변호사는 공익활동 시간을 팔아서 이익을 볼 수 있다. 공익활동 시간이 필요한 변호사 역시 가장 적정한 비용으로 공익활동시간을 살 수 있다. 공익활동을 통해 경제적 이익을 얻을 수 있으니 공익활동을 장려하는 효과도 있을 수 있다. 이 정도 설명이면 이 제안이 탄소거래제와 유사함을 알 수 있을 것이다.

이러한 설명에 대해 독자 여러분도 의견을 정해 보시라. 나는 이 설명을 하고 학생들에게 선택을 하도록 했다. 먼저 학생들과 토론을 하기 전에 선택 결과는 예상과 달리 대부분이 반대였다. 일부는 기권. 찬성은 아무도 없었다. 물론 우리나라 학생들의 토론 기피문화는 유명한 것이니 일방적으로 판단할 수는 없다. 그래서 토론을 시작했다. 반대가 압도적이어서 선생인 내가 찬성 논의를 장려하고 독려했다. 제법 긴 토론을 했는데 결과는 36명 반대, 4명 찬성, 10명 기권이었다. 여전히 반대가 압도적이었다.

고귀한 가치는 상품이 아니다

이 결과를 놓고 제법 긴 토론이 있었다. 정식 수업시간의 토론이므로 제한된 것임을 감안하더라도 학생들의 논점은 명확했다. 공익활동 시간 거래제가 공익활동이라는 본래의 취지에 맞지 않고 공익활동을 늘리지도 못한다는 것이다.

변호사의 공익활동은 사회적으로 중요한 역할을 하는 변호사로서 당연한 의무다. 그러나 변호사 윤리에서 파생되는 당연한 의무를 상품으로 거래하는 것은 바람직하지 않다. 공익활동이라는 고귀한 가치, 변호사의 윤리적 의무를 상품으로 변질시키기 때문이다. 윤리를 돈으로 사는 행위는 윤리를 타락시키는 바람직하지 못한 행위다. 돈을 가진 자가 윤리도 가지는 이상한 결과가 될 수 있다.

그리고 상품 거래에 따른 부작용도 있다. 윤리가 상품이 됨에 따라 공익활동도 일반 변호사의 상업 활동과 같아진다. 공익활동의 의의가 상실됨에 따라 공익활동의 중요성 역시 감소할 것이고 결국에는 공익활동 자체가 사라질지도 모른다. 공익활동을 장려하려는 제도가 윤리, 공익활동 자체를 없애는 모순된 결과를 초래하는 것이다.

이상이 학생들의 대강의 논리였다. 단순하게 말하면 희생적이고 고귀한 행위는 상품으로 거래할 수 없는 그 무엇이 있다는 것이다. 그리고 그 무엇 때문에 많은 사람들이 도움을 받는다는 것이다. 당연한 것이지만 학생들에게서 이런 사실을 다시 확인한 것은 놀라운 경험이었다.

확실히 윤리나 가치는 돈으로 거래할 수 없다. 윤리와 가치는 무상이지만 인류의 존속과 사람의 행복에 큰 기여를 해 왔다. 자본주의보다 훨씬 오래 전에 고안되었고 자본주의보다 훨씬 더 많은 기여를 했다.

사회적 공통자본의 확충과 보존

이러한 윤리와 가치를 경제학은 어떻게 볼까? 경제학적 관점에서 보면 윤리와 가치는 사회적 공통자본 개념과 가장 가깝다.

사회적 공통자본을 우자와 히로후미 교수는 이렇게 정의한다. "사회적 공통자본이란 한 나라 또는 특정 지역에 사는 모든 사람들이 풍요로운 경제생활을 영위하고 우수한 문화를 전개하며 인간적으로 매력있는 사회를 지속적, 안정적으로 유지하게 하는 사회적 장치"이다우자와 히로후미, 〈경제학이 사람을 행복하게 할 수 있을까?〉, 파라북스, 2015년.

사회적 공통자본에는 자연환경으로 대기, 삼림, 하천, 토양 등이 있고, 사회기반으로 도로, 교통기관, 상하수도, 전력, 가스 등이 있다. 그리고 제도자본으로 교육, 의료, 사법, 금융자본 등이 있다. 하지만 여기에 한정되지 않는다. 예를 들면 끝이 없는데 누구나 이용하는 공원, 녹지, 기부, 약속, 신뢰, 노블레스 오블리주 등 무형의 전통과 문화도 포함된다. 크게 보면 윤리와 가치도 여기에 포함된다.

윤리와 가치는 그 자체적인 완결성을 가지고 있다. 이를 굳이 경제학적 용어로 설명하는 것은 바람직하지 않다. 적어도 윤리 선생인 나로서는 심리적 저항이 있다.

그래도 윤리와 가치, 무형의 전통과 문화를 사회적 공통자본으로 보는 것은 의미가 있다. 이러한 것들에 값을 매겨 거래를 할 수 있다는 점에 의의가 있는 것이 아니다. 이러한 무형의 자산으로 공동체가 유지, 발전해왔고 개인의 행복도 여기에 의존한다는 것을 확인했다는 점에 의의가 있다. 돈으로 환원되지도 않고 거래되지도 않는 고귀한 것이 우리 공동체와 개인의 일부, 그것도 상당한 부분을 차지하고 있다는 점을 확인했다는 점에 의의가 있다. 좋은 녹지와 공원, 좋은 사법제도와 전통을 가진 공동체와 그렇지 않은 공동체를 비교해 보면 사회적 공통자본이 얼마나 중요한 것인지 쉽게 알 수 있다.

사회적 공통자본의 역할, 공동체와 개인의 연결

사회적 공통자본은 공동체와 개인을 연결하는 중요한 틀이다. 개인은 공동체를 풍부하게 하면서 공동체로부터 도움을 받는다. 공동체는 개인의 안전과 행복을 보장하고 개인의 활동으로부터 발전의 계기를 찾는다. 좋은 공동체는 좋은 개인을 만들고 좋은 개인이 좋은 공동체를 만든다. 서로 밀접하게 관련되어 있다. 공동체와 개인, 개인과 개인은 상품의 교환으로 구성되어 있지 않다. 상품의 교환보다는 훨씬 풍부하고 근원적이다. 이 관계의 핵심에 바로 사회적 공통자본이 있다.

좋은 사회적 공통자본이 있는 공동체는 좋은 방향으로 발전한다. 개인의 행복도 보장된다. 긍정적인 피드백이 작동하는 것이다. 최근 오연호 대표의 소개로 유명해진 덴마크 모델도 여기에 속한다.

사회적 공통자본이 없거나 있더라도 나쁘다면 공동체는 좋지 않은 방향으로 나아간다. 개인도 불행해진다. 공동체와 개인의 연결은 무너지고 신뢰가 아닌 불신이 지배한다. 규칙과 약속은 무너지고 만인의 만인에 대한 투쟁 상태가 된다. 공동체와 다른 개인은 안중에도 없고 모든 규칙과 신뢰를 무시한다. 부정부패의 창궐하고 공동체는 결국 무너진다.

부정부패는 사회적 공통자본, 그 중 제도자본에 심각한 해를 끼친다. 사적 이익을 위해 사회적 공통자본, 제도자본을 이용하는 순간 공동체는 심각한 타격을 입는다. 공동체는 무너지고 무너진 공동체는 개인의 안전과 평화를 보장하지 못한다. 안전과 평화를 보장받지 못하는 개인에는 당연히 부정부패를 자행한 자도 포함된다.

사회적 공통자본, 윤리와 가치는 가만히 두면 퇴보한다. 이를 유지하고 발전시키려면 공동체와 개인의 의지와 공감대가 필요하다. 각 사회적 공통자본에 대한 원리, 원칙도 필요하다. 가만히 있어도 유지하기 힘든 대한민국의 사회적 공통자본이 현재 부정부패로 심각한 위기를 맞고 있다. 최근 계속되는 부정부패에 대한 사회적 분노는 공동체가 붕괴될 수도 있다는 불안감의 발현이기도 하다.

형벌은 엄격하되 가혹해서는 안되지만 공동체를 위협하는 부정부패에 대해서는 특단의 대책이 필요하다. 돈으로 거래될 수 없는 고귀한 가치를 파괴한 행위에는 그에 걸맞는 형벌이 필요하다. 무능하고 의지도 없는 현 정부에 대한 기대는 접었지만 그래도 제도개혁은 여전히 필요하다.

사람을 '사람'으로 보는 것이
윤리의 시작이다

전문직의 직업윤리라고 특별한 것이 있겠는가. 모든 직업윤리는 인간의 윤리에서 출발한다. 인간의 기본 윤리는 사람을 사람으로 보는 것, 인간을 수단이 아닌 목적으로 대우하는 것이리라. 사람을 만날 때 눈앞에 있는 사람 자체에 집중하면 사람을 사람으로 대접한다. 돈을 생각하면 사람이 돈으로 보이고 권력을 생각하면 사람이 출세의 도구로 보인다. 사람을 사람으로 보지 않을 때 사람을 차별한다. 가진 자에게는 굽신거리고 없는 자는 업신여긴다. 법조비리의 먼 뿌리는 여기에 있다.

또 법조비리다. 변호사, 검사장에 이어 부장판사까지 법조비리로 구속되었다. 정운호라는 기업인에서 시작된 법조비리에 변호사, 검사, 판사까지 모두 연루되었다. 법조비리가 직역에 관계없이 일상적으로 벌어지는 일임이 재차 확인된 것이다.

문제는 드러난 것이 이 정도라는 것이다. 한국에서 정운호는 평범하면서도 잘 나갔던 기업인 중의 하나다. 홍만표 같은 변호사, 진경준 같은 검사, 김수천 같은 판사 역시 같다. 이들과 비슷한 기업인, 변호사, 검사, 판사가 얼마나 많은가. 물론 대다수의 기업인, 변호사, 검사, 판사는 성실하고 윤리적으로 생활하고 있을 것이다. 하지만 이번 사건은 평범하면서도 잘나가는 많은 기업인, 변호사, 검사, 판사가 법조비리에 노출되어 있다는 사실을 선명하게 보여준다.

전문직에는 항상 보상과 책임이 따른다. 사회에서 꼭 필요한 일을 수행함으로써 전문직은 높은 보수, 명예, 권한을 누린다. 그리고 높은 보수, 명예, 권한에 걸맞는 책임을 다해야 한다. 전문직에서 보상과 책임은 절대적으로 비례한다. 세습으로 높은 자리에 오르는 것과는 다르다. 세습을 받은 자는 자신의 능력과 관계없는 직무, 활동을 하고 직무, 활동과 관계없이 보상을 받는다. 세습을 받은 자는 보상과 책임이 비례하지 않는다. 권한과 보상은 많고 책임은 적다. 하지만 전문직은 전문성이 있어야 직무를 수행할 수 있고 직무를 수행해야 보상을 받을 수 있다. 출발점이 전문성이므로 이 전문성에 충실해야 한다.

법조인과 의사를 생각해보자. 법률을 모르는 법조인은 생각할 수 없고 의술을 공부하지 않은 의사는 상상할 수 없다. 국가가 엄격하게 자질을 관리하는 것은 전문직은 절대적으로 전문성에 의존하기 때문이다. 법률과 의술이라는 전문성을 갖추어야 직무를 수행할 수 있고 직무를 수행해야 보상이 주어진다. 따라서 법률과 의술 이외의 다른 요소는 직무수행에 개입해서는 안된다. 보상의 기준이 되어서는 더욱 안 된다.

법조인과 의사의 직무 수행에서 순수성이 필요한 것은 이들이 인간의 생명을 다루기 때문이다. 법조인은 사회적 생명을, 의사는 육체적 생명을 다룬다. 법조인은 국가가 사람을 살해하는 사형까지 다루기 때문에 육체적 생명까지 다룬다고 할 수 있다.

법조인과 의사가 다루는 사회적 생명과 육체적 생명의 공통점은 첫째, 생명이 하나라는 것이고 둘째, 절대적으로 평등하다는 것이다. 생명이 하나이기 때문에 실수를 하거나 조작을 가해서는 안된다. 잘못되면 그 결과를 되돌릴 수 없기 때문이다. 그리고 생명은 절대적으로 평등하다. 대통령이든 재벌이든 노동자든 누구든 법률과 의술 앞에서는 평등하다. 법률과 의술은 누구나 죽음 직전에 마지막으로 의존하거나 거치는 곳이다. 인간의 마지막이기 때문에 얼마나 엄숙한가. 죽음을 두고 종교와 의례가 발전한 것은 다 이유가 있다. 죽음이 중요한 일이기 때문에 이에 종사하는 자에게는 높은 보상이 주어진다.

법조인과 의사의 직업윤리의 특수성은 생명의 특수성에서 시작된다. 업무의 순수성이 유지되어야 이들에게 생명을 맡길 수 있기 때문이다. 전문성 이외에 다른 요인, 돈이나 권력, 개인적인 욕심이 개입되는 순간 개인은 생명이 위태로워지고 사회는 정의가 위태로워진다.

이렇게 적고 보니 전문직에 특별한 직업윤리가 있는 것처럼 보인다. 그러나 전문직의 직업윤리라고 특별한 것이 있겠는가. 모든 직업윤리는 인간의 윤리에서 출발한다. 인간의 기본 윤리는 사람을 사람으로 보는 것, 인간을 수단이 아닌 목적으로 대우하는 것이리라. 사람을 만날 때 눈앞에 있는 사람 자체에 집중하면 사람을 사람으로 대접한다. 돈을 생각하면 사람이 돈으로 보이고 권력을 생각하면 사람이 출세의 도구로 보인다. 사람을 사람으로 보지 않을 때 사람을 차별한다. 가진 자에게는 굽신거리고 없는 자에 대해서는 업신여긴다. 법조비리의 먼 뿌리는 여기에 있다.

법조비리에 대한 당장의 대책은 고위공직자비리조사처 신설일 것이다. 좀처럼 수사의 대상이 되지 않는 판사와 검사를 수사하는 기관의 창설이 제도상 가장 확실한 개혁방안이다. 최근 검찰개혁의 일환으로 국회에서 논의되고 있다. 부패청산, 법조개혁을 위해서 반드시 도입되어야 한다. 그러나 근본을 고치려면 윤리를 강조하지 않을 수 없다. 그것도 인간의 윤리를. 모든 법조인을 대상으로 윤리교육을 다시 해야 하는 굴욕적인 상황이 되기 전에 법조인 스스로 인간의 윤리를 찾기를 호소한다.

* 이 글은 뉴스토마토 2016년 9월 5일자에 실렸습니다.

최순실게이트,
대통령에 독립된 특검 꾸려야

높은 관심과 검찰에 대한 신뢰는 반비례한다. 검찰은 국민의 신뢰를 잃은 지 오래다. 특히 정치권력, 재벌에 대한 수사, 검찰 자신의 대한 수사에서 검찰은 신뢰를 잃었다.

특별검사로 철저하고 공정하게 수사하는 방법이 현재 유일한 방법이다. 그것도 특별법에 의한 특별검사가 필요하다. 현행법상의 특별검사는 대통령이 임명한다. 수사의 대상이 특별검사를 임명하니 제대로 된 수사가 될 리 없다. 정치권력, 대통령으로부터 독립된 특별검사, 야당이 추천하는 특별검사에 의한 수사가 필요하다.

대한민국 최고의 사정기관, 검찰이 수사를 시작했다. 최고 권력자 대통령이 최순실씨와 짜고 국정을 농단한 사건을 대상으로 수사를 시작했다. 국민이라면 모두 이 사건의 진실을 알고 싶어 한다. 민주주의를 사랑하는 시민이라면 누구나 책임을 묻고 싶어한다. 박근혜 최순실 게이트를 수사하는 검찰에 관심이 집중되는 것은 당연하다.

그러나 국민들은 검찰에 기대를 하지 않는다. 높은 관심과 검찰에 대한 신뢰는 반비례한다. 검찰은 국민의 신뢰를 잃은 지 오래다. 특히 정치권력, 재벌에 대한 수사, 검찰 자신의 대한 수사에서 검찰은 신뢰를 잃었다.

검찰의 수사는 국민들로부터 불신을 받으면서 진행되고 있다. 검찰은 철저히 수사하겠다고 공언하지만 국민의 공감은 없다. 국민의 불신에는 합리적인 이유가 있다.

첫째, 검찰의 박근혜 최순실 게이트 국정농단 사건 수사 자체에 불신의 요소가 있다. 검찰은 이 사건을 너무 늦게, 너무 미온적으로 수사했다.

국회와 언론이 사실관계를 밝힐 때까지 검찰은 움직이지 않았다. 대통령의 사과 발언이 있고서야 수사를 시작했다. 범인이 자백한 다음 수사를 시작한 것이다. 수사 시작 후에도 검찰은 수사를 방치했다. 최순실이 귀국했는데에도 신병을 확보하지 않았다.

그 동안 최순실은 증거를 인멸하고 입을 맞추는 귀중한 시간을 얻었다. 안종범, 정호성에 대한 수사도 너무 늦었다. 최순실을 수사하지 않고 오히려 최순실을 감찰한 특별감찰관을 먼저 수사했다. 철저하지 못한 수사, 느슨한 수사는 신뢰를 얻지 못한다.

둘째, 검찰의 수사를 제약하는 정치권력이 여전히 남아 있다. 검사 인사권은 여전히 대통령에게 있다. 대통령은 요지부동이다. 거국중립내각이나 2선 후퇴는 전혀 생각하지 않고 있다.

국무총리도 국회와 협의 없이 일방적으로 임명했다. 민정수석에는 대표적인 정치검사를 임명했다. 이쯤 되면 권력의 화신이라 할 만하다. 대통령이 지휘하는 구조가 남아 있는 이상 검찰의 수사가 철저하고 공정하리라고 기대할 수는 없다.

셋째, 역사적으로도 검찰은 차곡차곡 불신을 쌓아 왔다. 검찰은 1995년 전두환, 노태우 내란사건에서 불기소결정을 내려 국민의 공분을 샀다. 국민은 검찰의 결정에 분노했고 결국 특별법을 제정해 전두환, 노태우 두 전직 대통령을 처벌했다. 당시 전두환, 노태우는 이미 사라진 권력이었다. 그럼에도 검찰은 처벌하지 않았다. 이번 사건은 아직 살아있는 권력이 대상이다. 이번 사건에서 특별히 권력을 처벌할 수 있다고 믿을 근거가 없다.

이같은 사실은 하나의 방향을 가리킨다. 검찰 수사 과정 및 결과 모두 국민들로부터 불신 받을 것이라는 점이다.

최순실 대역논란은 국민들이 얼마나 검찰을 믿지 못하는 지 보여는 준 사례다. 과정이 충실하지 않으면 결과 역시 신뢰받지 못한다. 수사의 전환점은 대통령에 대한 수사일 것이다. 하지만 대통령을 수사했다고 불신의 검찰이 바로 신뢰의 검찰이 될 리는 없다.

특별검사로 철저하고 공정하게 수사하는 방법이 현재 유일한 방법이다. 그것도 특별법에 의한 특별검사가 필요하다. 현행법상의 특별검사는 대통령이 임명한다. 수사의 대상이 특별검사를 임명하니 제대로 된 수사가 될 리 없다. 정치권력, 대통령으로부터 독립된 특별검사, 야당이 추천하는 특별검사에 의한 수사가 필요하다.

그렇다면 지금의 검찰 수사는 특별검사의 수사를 준비하고 보완하는 수사가 된다. 특별검사를 의식할 때 그나마 검찰의 수사가 철저하게 이뤄질 것이다. 그리고 특별검사의 수사 결과가 검찰의 수사결과와 다르지 않을 때 검찰의 신뢰는 겨우 마이너스에서 '0'이 될 것이다.

*이 글은 이데일리 2016년 11월 7일자에 실렸습니다.

'검찰개혁' 잡지를 만들자

국민과 소통하는 방법으로 나는 법무부가 '검찰개혁' 잡지를 만들 것을 제안한다. '검찰개혁'은 크게 세 부분으로 나누어질 것이다. 검찰개혁 이론, 검찰개혁 경과, 국민 의견이 그것이다.

정보통신 혁명 시대에 잡지 '검찰개혁'이라니 어색하기도 하다. 단순히 국민 의견만 수렴한다면 SNS로 충분하다. 하지만 온라인이 대세이지만 활자화된 잡지는 여전히 중요하다. 진정으로 국민들과 함께 한다면 대화와 토론이 가능한 수준 높은 잡지가 필요하다. SNS와 함께 잡지를 만들면 더 충실하고 실천 가능한 검찰개혁 이론과 방안이 마련될 것이다.

국민과 함께 만드는 '검찰개혁'은 국민주권주의를 실천하는 상징이다. 정부와 국민의 소통의 근거지이기도 하다. 정부, 전문가, 실무가, 국민이 함께하는 검찰개혁의 강력한 도구인 것이다.

문재인 정부가 출범한지 얼마 되지 않았는데 벌써 검찰개혁이다. 준비된 대통령으로서의 실력을 유감없이 보여주고 있다. 촛불집회에서 확인된 국민의 검찰개혁 요구를 구체화하고 있다. 검찰개혁 성공을 위한 구체적인 방안이 필요한 때다. 국민과 함께 하는 구체적인 방안이 요구된다. 이를 위해 '검찰개혁' 잡지 창간을 제안한다.

어느덧 검찰개혁이 시작되었다. 출발점은 문재인 대통령의 검찰개혁 의지다. 문재인 대통령은 후보시절 핵심 공약 중의 하나로 검찰개혁 등 공권력 개혁을 제시했다. 나라를 나라답게 만드는데 검찰 등 공권력의 근본적인 개혁이 필요하다고 역설했다.

문재인 대통령의 공약은 조국 민정수석의 임명으로 구체화되었다. 조국 민정수석은 검찰개혁을 중요 국정과제로 제시하고 빠른 시일 안에 검찰개혁을 마치겠다고 했다. 이 와중에 '돈 봉투 만찬 사건'이 터졌다. 법무부와 검찰 고위간부의 돈 봉투 만찬사건은 검찰의 문제를 모두 보여주었다. 검사끼리 뇌물을 주고받는 현실, 청탁금지법을 노골적으로 무시하는 고위직 검사의 부패, 법무부와 검찰이 서로 견제를 하지 않고 한 몸이 되어 버린 법무부·검찰의 동일체 현실을 그대로 보여주었다. 문재인 대통령은 즉각 감찰을 지시했다. 그리고 서울중앙지방검찰청장 교체와 법무부, 검찰의 인사가 이어지고 있다. 이 모든 사실은 검찰개혁이 예상보다 훨씬 깊고 근본적으로 진행될 것이라는 점을 보여준다.

이번 검찰개혁은 성공할 가능성이 높다. 국민들의 관심과 지지는 어느 때보다 높기 때문이다. 그리고 문재인 정부의 검찰개혁 의지와 준비정도도 매우 높다. 성공의 핵심 요인이 두 가지나 있으니 성공의 가능성이 높다.

이 두 가지 성공요인을 서로 연결한다면, 소통을 통해 하나의 방향으로 묶어 세운다면 성공의 가능성은 더욱 커진다. 국민과 함께 검찰개혁을 실천하는 방안이 그것이다. 문재인 정부는 현명하게도 소통을 중시한다. 검찰개혁 등 공권력 개혁에서도 국민과 함께 하겠다는 자세를 이미 가지고 있다.

국민과 소통하는 방법으로 나는 법무부가 '검찰개혁' 잡지를 만들 것을 제안한다. '검찰개혁'은 크게 세 부분으로 나누어질 것이다. 검찰개혁 이론, 검찰개혁 경과, 국민 의견이 그것이다.

검찰개혁 이론에는 개혁된 검찰상, 검찰의 역사와 현실, 검찰개혁의 필요성, 검찰개혁의 이론적 기초, 선진 외국의 검찰 소개, 검찰개혁 방안 등을 담아야 한다. 검찰개혁과 관련된 공권력 개혁과제, 인권과제 역시 포함되어야 한다. 경찰개혁의 과제인 자치경찰제, 경찰위원회, 경찰대 폐지, 인권과제인 형사공공변호인제도 등이 그것이다. 학자나 변호사 등 전문가의 글이 중심이 될 것이나 국민들의 경험이나 제안도 소중한 글이 될 것이다.

검찰개혁 경과에는 검찰개혁 법령의 내용, 법무부의 검찰개혁 방안 마련 상황, 국무회의의 대통령령 개정 진행 경과, 국회의 법률 처리 현황, 개혁주체들의 설득과정, 주요 인사의 임면, 검찰관련 기타 소식 등을 담아야 한다. 검찰개혁은 주로 제도개혁이므로 대통령령, 법률안이 주로 소개될 것이다. 하지만 중요 인사의 임면 등 인적 교체 역시 자세히 알리는 것이 필요하다.

국민 의견에는 국민의 의견이나 제안을 수록해야 한다. 국민 의견은 충실히 수렴하고 정성껏 답변해야 한다. 국민 의견은 상시 수렴해야 하므로 SNS망을 마련해야 한다. 이미 높은 수준에 올라있는 국민들로부터 창조적이고 효과적인 검찰개혁 방안을 배울 수 있다. 만일 국민들이 오해하는 부분이 있다면 대화와 토론을 통해 해소해야 한다.

정보통신 혁명 시대에 잡지 '검찰개혁'이라니 어색하기도 하다. 단순히 국민 의견만 수렴한다면 SNS로 충분하다. 하지만 온라인이 대세이지만 활자화된 잡지는 여전히 중요하다. 진정으로 국민들과 함께 한다면 대화와 토론이 가능한 수준 높은 잡지가 필요하다. SNS와 함께 잡지를 만들면 더 충실하고 실천 가능한 검찰개혁 이론과 방안이 마련될 것이다.

국민과 함께 만드는 '검찰개혁'은 국민주권주의를 실천하는 상징이다. 정부와 국민의 소통의 근거지이기도 하다. 정부, 전문가, 실무가, 국민이 함께하는 검찰개혁의 강력한 도구인 것이다. 검찰개혁의 근본적인 힘은 국민으로부터 나온다. 공개와 참여의 원칙을 실천하는 '검찰개혁'의 창간은 검찰개혁의 성공을 보장하고 다른 개혁과제 실천에도 영감을 줄 것이다.

* 이 글은 뉴스토마토 2017년 5월 25일자에 실렸습니다.

III

'세월호 이후', 대한민국의 미래는

아이들이
이런 나라에서
살고 있었다

최악의 사고에 최악의 구조이다. 사고 소식만으로도 가슴이 무너진다. 그런데 구조활동
은 차마 눈뜨고 볼 수도 없을 정도이다. 새삼 깨닫는다. 우리 아이들이 이런 나라에 살
고 있었구나, 아이들이 살아있는 게 운이었구나. 누구도 나의 안전, 우리의 안전을 책임
지지 않는 사회에 우리는 살고 있었던 것이다. 구조를 기다리는 것이 아니라 기도를 해야
하는 이 기막힌 현실이 원망스럽다.

자꾸 눈물이 나와 뉴스를 못 보겠다. 너무 가슴이 아파 글도 못 쓰겠다. 아무 것도 할 수 없다. 그래서 더 슬프다. 꽃다운 생명을, 눈부신 청춘을 이런 봄날에 눈앞에서 떠나보내는 것이 너무 슬프고 너무 화가 난다.

최악의 사고에 최악의 구조이다. 사고 소식만으로도 가슴이 무너진다. 그런데 구조활동은 차마 눈뜨고 볼 수도 없을 정도이다. 새삼 깨닫는다. 우리 아이들이 이런 나라에 살고 있었구나, 아이들이 살아있는 게 운이었구나. 누구도 나의 안전, 우리의 안전을 책임지지 않는 사회에 우리는 살고 있었던 것이다.

언제나 그렇듯이 불행은 갑자기 찾아온다. 그리고 우리에게 얼마나 준비가 되어있는지 물어본다. 불행은 얼마든지 찾아올 수 있다. 태풍, 폭우, 지진, 쓰나미 등 자연재해는 물론 이번처럼 인공적인 재해도 있다. 어쩌면 인류의 역사는 이러한 재해와 불행의 역사라고 할 수도 있다. 문제는 여기부터다. 어떤 공동체는 불행을 최소화할 수 있는 능력을 가지고 있다. 이런 공동체를 우리는 선진사회라고 부른다. 사람이 우선인 사회, 사람이 중심인 사회인 것이다. 어떤 공동체는 불행을 방치한다. 아무런 대응도 하지 못하고 불행에 놀라고 엄청난 피해에 슬퍼할 뿐이다. 이런 공동체를 우리는 후진사회라고 부른다. 사람이 우선이 아닌 사회인 것이다. 안전을 내팽개친 사회이다.

불행은 사람의 힘으로 어쩔 수 없는 측면이 있다. 특히 자연재해는 그렇다. 사회규모가 커지면서 인공재해의 규모도 엄청나게 커졌다. 현대사회는 위험사회이므로 자연재해만이 아니라 대형 위험도 품고 살아가야 한다. 조그마한 실수도 대형 참사로 이어진다. 하지만 같은 불행이 계속해서 발생한다면 그것은 불행이 아니라 부정의不正義이다. 그리고 불행을 최소화하지 못한다면 그 또한 역시 부정의이다. 그것은 자연재해가 아니라 사람이 만든 참사일 뿐이다.

불행은 그냥 불행일 뿐 책임이 따르지 않는다. 불행은 슬픔을 낳을 뿐이다. 그러나 부정의에는 책임이 따른다. 그리고 부정의는 분노를 낳는다. 책임을 묻지 않으면 피해자의 피해를 회복할 수 없다. 정의를 세울 수 없는 것이다. 그리고 책임을 묻지 않으면 같은 상황이 반복된다.

이번 사고에서 책임은 두 군데로 모아진다. 선사의 책임이 우선 크다. 정확한 수사결과가 나와 봐야겠지만 지금까지 사실에 비추어보면 선장의 책임이 가장 크다. 그리고 선박을 부실관리한 선사의 책임도 크다. 그러나 더 큰 분노는 정부로 향한다. 완벽한 대책을 가진 사회나 정부는 없다. 나도 잘 안다. 그러나 이렇게까지 처음부터 끝까지 우왕좌왕하는 것은 눈으로 보고도 믿기 어렵다.

선사관리를 제대로 하지 않은 정부, 초기 대응에 실패한 정부, 구조라고 부를 수도 없는 구조작업을 하고 있는 정부, 이것이 우리의 현실이었다. 묻고 싶다. 지금까지 진실로 최선을 다해 구조작업을 펼쳤는가? 이게 최선인가? 아무런 계획도 대책도 없는, 무능력의 끝을 보여주는 것 같다. 이런 정부를 가지고 있다는 게 너무 불안하다. 불행은 언제든지 찾아오는 법인데 불행을 불행으로, 그것도 최소한의 불행으로 만들 대책이 없는 것이다. 정부는 자신이 무엇을 잘못했는지, 무엇을 잘못하고 있는지도 모르는 것 같다.

나는 유물론자로 종교를 믿지 않는다. 기도할 줄도 모른다. 그러나 이번 사건에서는 부처님의 법력으로, 하느님의 기적으로 우리 아이들을 살릴 수 있도록, 세월호를 건져 올리도록 간절히 기도하고 싶다. 아니 제발 일주일 전으로 시간을 돌릴 수 있기를 기도하고 싶다. 구조를 기다리는 것이 아니라 기도를 해야 하는 이 기막힌 현실이 원망스럽다.

걱정되는 '재난정부',
세월호 다음은 원전인가

세월호 침몰 당일 국무총리 소속 원자력안전위원회는 고리 핵발전소 1호기의 재가동을 승인했다. 지금까지 드러난 원전의 문제점을 해결한 구체적인 성과는 없다. 그럼에도 원자력발전이 안전하다고 하면서 재가동을 결정했다. 심지어 현재 30% 정도의 원자력발전 비중을 2030년에는 59%까지 늘리겠다고 한다. 이 정도면 무신경을 넘어서 원전사고를 방치하고 있다는 느낌이다.

우리는 세월호라는 국가적 재난을 맞았다. 이 사태부터 먼저 수습해야 한다. 그 다음 우리의 안전을 위협하는 문제를 하나씩 점검해나가야 한다. 그 첫 번째 작업으로 원전 안전 점검을 제안하다.

세월호가 침몰한 것은 4월 16일. 거의 2주가 다되어 간다. 그런데 구조는커녕 사체 인양도 제대로 못하고 있다. 아직도 추운 바다에 꽃다운 청춘들이 잠겨있다. 가족들 모습은 안타까워 볼 수가 없다. 눈앞에서 배가 침몰하는 것을 지켜보면서도 한명도 살리지 못한 우리의 무능력이 미안하고 또 미안할 뿐이다. 그 무능함의 끝을 정부가 보여주고 있다. 현장의 구조대들이 죽을 고생을 하고 있다는 것은 잘 알고 있다. 자신의 목숨을 담보로 최선을 다하고 있다는 것도 잘 알고 있다. 하지만 이런 노력들이 모아져야 하는데 현장은 우왕좌왕할 뿐 아무런 성과를 내지 못하고 있다. 초대형사고가 발생했을 때 피해를 최소화하는 기본방향은 최악의 사태를 염두에 두고 최대의 장비와 인력, 자원을 동원하는 것이다. 그런데 현장에서 들리는 소리는 다르다. 민간잠수부가 투입된 것인지 투입되지 않은 것인지, 다이빙 벨이라는 장비는 왜 처음부터 들어가지 않은 것인지, 미국이나 일본으로부터 언제 도움을 받는 것인지 종잡을 수 없다.

아무도 책임을 지지 않기 때문이다. 민간잠수부가 투입되었을 때 벌어질 상황, 다이빙 벨이 투입되었을 때의 상황, 미국이나 일본으로부터 도움을 받았을 때의 상황에 대해 책임을 지지 않는 것이다. 그래서 현장은 우왕좌왕한다. 이러한 상황에서는 국정 최고책임자가 책임을 지고 문제를 해결해야 한다. 최고의 자리는 최종적인 책임을 지기 위해 있는 것이다. 하지만 우리는 이번 사태에서 그런 모습을 보지 못했다. 리더십이 부족하면 현장이 힘들다. 현장은 열심히 하지만 다른 현장을 믿지 못하고 중간지도부는 책임지지 않으려 전전긍긍이다. 우리는 지금 이런 현상을 보고 있다.

정부는 국무총리의 사임으로 다시 한 번 무능력을 드러냈다. 이번 사고로 국무총리와 장관들이 책임을 지는 것은 당연하다. 하지만 그만둘 때 그만두더라도 사고는 수습해야 한다. 이런 초대형사고는 국가역량이 총동원되어야 한다. 국가

역량을 총동원하고 조정하는 일을 맡을 사람은 총리나 대통령밖에 없다. 그런데 총리는 사퇴한다고 하고 대통령은 수습 후 사표를 수리한다고 한다. 이미 마음이 떠난 총리가 제대로 정부를 지휘할 수 있겠는가? 공무원들이 이미 사표를 낸 총리의 말을 듣겠는가? 총리가 아니면 대통령밖에 없는데 청와대는 나설 생각이 없다. 나서면 직접 비판을 들어야 하기 때문이리라. 이것이 우리가 분노하는 이유이다.

무능력한 정부는 불안의 원천이다. 자연재해나 인공재해가 불안의 원천이 아니라 무능력한 정부 자체가 더 큰 재난이다. 재해를 초대형참사로 만들고 불운을 부정의不正義로 만들어버리기 때문이다. 지금도 어디에선가 또 다른 재해가 준비되고 있을지 모른다. 정부가 안전불감증, 규제완화의 신화에 빠져있기 때문이다. 이 과정에서 원전의 안전 문제 역시 해결되지 않고 있다.

세월호 침몰 당일 국무총리 소속 원자력안전위원회는 고리 핵발전소 1호기의 재가동을 승인했다. 1978년 운전을 시작한 국내 최고령 핵발전소 고리 1호기는 2007년 설계수명이 끝났다. 하지만 가동수명이 10년 연장되었고 이번에 정기검사를 통해 재가동이 승인되었다.

원자력안전위원회의 결론이지만 불안하다. 원전 비리는 여전하다. 공정거래위원회는 지난 4월 9일 원자력발전에 이용되는 기자재 구매 입찰에서 담합한 4개 업체에 대해 2억8,600만원의 과징금을 부과했다. 그리고 지난해 터져 나온 원전부품 품질서류 위조, 납품비리 문제 해결을 위한 '원자력발전 사업자 등의 관리·감독에 관한 법률안'은 아직 통과되지 못했다.

이처럼 지금까지 드러난 원전의 문제점을 해결한 구체적인 성과는 없다. 그럼에도 원자력발전이 안전하다고 하면서 재가동을 결정했다. 심지어 현재 30% 정도의 원자력발전 비중을 2030년에는 59%까지 늘리겠다고 한다. 이 정도면 무신경을 넘어서 원전사고를 방치하고 있다는 느낌이다.

원전사고는 한번 발생하면 회복이 불가능할 정도로 심각하다. 후쿠시마 원전 사고는 3년이 지난 지금도 해결되지 않고 있다. 방사능과 오염수가 계속 누출되고 있다. 그래도 일본의 아베정권은 원전을 계속 짓겠다고 한다. 우리의 원전이 미국, 러시아, 일본보다 안전하다는 보장은 어디에도 없다. 오히려 원전부품 서류 위조, 납품비리, 입찰비리 문제는 우리의 원전이 얼마나 허술한 기반 위에 세워져 있는지 보여준다. 마치 세월호가 안전하다고 선전만 하면서 실제로는 안전하지 않았던 것과 같다. 여기에 더해 원전 밀집도는 세계 1위이다. 원전 인근 주민 수도 세계 1위이다. 부산 고리 핵발전소 30km 이내에만 340만 명 이상이 살고 있다. 부산시청, 울산시청도 포함되어 있고 내 고향, 어머니와 형님, 고향의 가족이 모두 포함되어 있다. 사고가 발생하면 피난할 수도 없다. 우리 경제의 거의 절반이 이 지역에 집중되어 있다.

역사상 지금까지 원전사고는 3번 발생했다. 1978년 미국의 스리마일, 1984년 소련의 체르노빌, 2011년 일본의 후쿠시마. 다음은 어디일까? 원전사고는 핵발전소가 많은 나라부터 발생했다. 이들 나라에 이어 핵발전소가 많은 나라는 프랑스와 한국이다.

우리는 세월호라는 국가적 재난을 맞았다. 이 사태부터 먼저 수습해야 한다. 그 다음 우리의 안전을 위협하는 문제를 하나씩 점검해나가야 한다. 국가적 재난에 대한 대비책을 마련하고 이를 관리하는 컨트롤타워를 만들어야 한다. 이 컨트롤타워는 우리의 안전을 위협하는 인공재해의 요소들을 분석하여 예방하고 재난발생 시 피해를 최소화하는 역할을 해야 한다. 그 첫 번째 작업으로 원전 점검을 제안한다. 이미 안전점검을 했다는 변명은 필요 없다. 세월호가 안전점검을 하지 않아 사고가 났는가? 불행은 예고 없이 찾아와 우리가 얼마나 준비되었는지 묻는 법이다.

4월 26일은 체르노빌 원전사고 발생 28주기이다. 반기문 유엔 사무총장은 이 날을 맞아 핵재난 재발 방지에 전력을 다해줄 것을 국제사회에 요청했다. 반기문 총장의 메시지는 원전 안전점검과 원전정책 전면 재검토를 호소하는 것으로 들린다.

세월호 참사
원인규명과 재발방지를 위한
두 가지 제안

세월호 참사의 원인은 한국의 지성이 모두 동원되어야 겨우 규명할 수 있을 것이다. 안전과 관련한 전문가나 지식인으로는 부족하다. 정치·경제·사회·문화적 원인이 같이 작용했기 때문이다. 과학기술자, 현장노동자, 사회과학자, 철학자, 역사학자, 인문학자, 법학자 등 한국의 지성이 모두 참여하는 조사위원회를 구성해야 한다. 정권을 뛰어넘어 안전을 최우선으로 하는 미래 한국의 모습을 설계하는 게 위원회의 임무다.

가장 중요한 것이 예산 확보다. 2014년 한국의 재난관리예산은 1조원에 못 미치는 9,440억 원이다. 한국의 1년 예산이 357조7천억 원이므로 재난관리예산은 0.26%다. 이것도 내년이면 8,610억 원으로 줄어들게 되어있었다. 나는 국가가 예산의 1%를 재난관리예산으로 편성할 것을 제안하고 싶다. 국가, 지방자치단체, 기업 예산의 1%도 안전에 사용하지 않는다면 우리는 결코 안전한 사회에 살 수 없을 것이다.

세월호 참사의 원인 규명작업이 길을 잃었다. 현재 국정조사와 선장 재판, 유병언 체포 등이 시도되고 있다. 하지만 이 모든 시도는 세월호 참사의 근본원인 규명과 거리가 멀다. 그리고 세월호는 우리 사회의 쟁점에서 멀어지고 있다. 이전의 재난사고와 비슷하다. 원인규명보다는 희생양 찾기에 급급하다. 세월호 참사는 우리가 얼마나 허약한 시스템 위에서 살고 있는지 잔인하게 보여주었다. 세월호는 언제 어디에서 사고가 터질지 모르는 현대 위험사회의 특징, 그리고 낡은 선박, 비정규직인 선장, 일방적인 규제완화와 같은 한국 고유의 문제를 정면으로 드러냈다.

당연히 원인 규명을 해야 한다. 원인 규명도 피상적이 아니라 근본적이어야 한다. 그래야만 우리가 과연 안전한지, 안전하려면 어떻게 해야 하는지를 알 수 있기 때문이다. 현재 정부와 정치권이 세월호 참사의 원인 규명에 나서고 있지만 본질적인 작업이 되기는 어렵다. 국회는 국정조사를 시도하고 있다. 국정조사, 당연히 해야 한다. 사고의 원인과 관련한 국가의 책임, 사고 이후 대응에 대한 책임을 물어야 한다. 하지만 국정조사로 근본원인을 찾기는 어렵다. 정치적 책임에 한정될 가능성이 크다. 지금과 같은 여야의 대립구도에서는 제대로 된 국정조사조차 힘에 겨워 보인다. 선장과 선원들에 대한 재판, 유병언 체포도 당연히 이루어져야 한다. 하지만 이 또한 본질적인 원인 규명작업과는 거리가 멀다. 재판은 형사책임을 묻는 절차이므로 선장과 유병언의 책임을 묻는 데에만 집중한다. 한계가 있는 것이다. 292명이 숨지고 12명이 실종자로 남아있는 세월호 참사는 진행형인데 원인 규명은 이렇게 점점 멀어지고 있다.

세월호 참사는 단순히 세월호에 국한된 문제가 아니다. 우리 시스템의 현주소를 보여주는 것이다. 세월호 참사의 원인은 우리 시스템에 내재해있다. 결국 세월호 참사의 근본원인을 찾기 위해서는 한국 사회를 구체적이고 철저하게 분석해야 한다.

세월호 참사의 원인은 한국의 지성이 모두 동원되어야 겨우 규명할 수 있을 것이다. 안전과 관련한 전문가나 지식인으로는 부족하다. 정치·경제·사회·문화적 원인이 같이 작용했기 때문이다. 과학기술자, 현장노동자, 사회과학자, 철학자, 역사학자, 인문학자, 법학자 등 한국의 지성이 모두 참여하는 조사위원회를 구성해야 한다. 이들이 바라보는 한국의 문제점이 어떻게 세월호로 나타났는지 토론을 통하여 정리해야 한다.

이렇게 되려면 몇 가지 전제조건이 있다. 첫째, 권한과 기간의 제약이 없어야 한다. 광범위한 조사권한이 위원회에 부여되어야 한다. 정치권 특히 대통령의 결단이 필요한 부분이다. 둘째, 처벌 위주가 아니라 원인 규명과 대책 마련에 중심을 두어야 한다. 정치적 책임과 형사책임은 국정조사와 재판의 몫이다. 필요하다면 면책을 조건으로 조사하는 방안도 생각해야 한다. 셋째, 정략에서 자유로워야 한다. 가장 어려운 일이다. 만일 부담이 된다면 조사결과 발표를 박근혜 대통령 임기 후에 하는 방안도 생각할 수 있다. 현재의 문제는 국정조사로 해결하면 된다. 넷째, 위원회의 의무를 분명히 해야 한다. 위원회에 너무 많은 것을 요구해서는 안 된다. 위원회는 오직 원인 규명과 대책을 통하여 우리 사회가 십년 이상 참조할 보고서만 내면 충분할 것이다.

조사위원회의 과제는 한국 사회 위험의 실태조사, 그 원인의 규명, 장·단기대책 마련이다. 먼저 위원회는 우리 사회가 얼마나 위험한지 실태를 조사해야 한다. 지금 우리는 우리 사회의 위험도를 모른다. 이러니 대책이 제대로 수립되지도 않고 그나마 나온 대책도 일관성 있게 추진되지 않는다. 현대사회는 복합위험사회이므로 항상 위험하지만 과연 얼마나 위험한지 정확한 통계를 가지고 논의할 수 있어야 한다. 위험도는 먼저 위험을 만들고 관리하는 주체 별로 검토되어야 한다. 국가, 지방자치단체, 기업, 가계, 개인 별로 각각 위험도를 측정하는 것이다. 위험을 만든 주체에 책임을 묻기 위한 기초이다. 위험도는 또한 사전·사후단계 모두 측정할 필요가 있다. 즉, 제품 제조나 건설의 사전단계, 시장에서 상품이 소비되는 시장단계, 사고발생 이후 단계 등 세 가지 단계에서 각각 이루어져야 한다.

세월호 참사의 근본원인 규명은 위원회의 두 번째 과제이다. 현대사회 위험의 특징과 함께 우리 사회가 다른 나라에 비하여 대형사고에 더 취약한 원인을 찾아야 한다. 한국 사회가 최근 더욱 위험해진 이유는 첫째, 물적 장비의 노후화, 둘째, 구조조정으로 인한 숙련 인력의 부족, 셋째, 규제완화 열풍 때문이다. 안전전문가인 박두용 한성대 교수의 지적이다.

물적 장비 노후화는 최근의 투자 부진으로 새로운 장비가 투입되지 않은 데에서 비롯됐다. 과거의 위험한 장비로 새로운 물건을 만들고 서비스를 제공하므로 사고가 자주 발생하는 것이다. 세월호는 도입 당시 만들어진지 이미 18년이나 된 배였다. 과거 같으면 여객선으로 운용할 수 없는 선박이었다. 숙련 인력의 부족은 최근 급격하게 이루어진 비정규직화, 외국인 근로자의 증가, 고령화, 외주화로 인한 것이다. 이로 인하여 현장에서 일하는 사람이 현장을 잘 모르는 사태가 벌어졌다. 위험에 대한 현장 대응력이 떨어진 것이다. 배에서 먼저 빠져나온 세월호 선장도 책임감 없는 1년짜리 계약직이었다. 청해진해운의 직원 안전교육비는 지난해 고작 54만1천원이었다고 한다.

규제완화는 한국 사회의 위험을 증가시킨 주범이다. 김영삼정부 때부터 시작된 규제완화는 박근혜정부에서 최고에 달했다. 박근혜 대통령이 직접 나서서 규제를 쳐부숴야 할 원수, 암 덩어리로 불렀다. 규제를 철폐하기 위한 제1차 규제개혁장관회의소위 규제개혁 끝장토론가 열린 것은 지난 3월 20일. 그로부터 1달이 되지 않아 세월호 참사가 터졌다.

한국 사회의 위험은 한국의 경제성장, 발전전략에 따른 결과이다. 한국 사회 전체를 분석하지 않고 개혁하지 않으면 세월호 같은 위험을 반복할 수밖에 없는 것이 현실이다.

마지막으로 조사위원회는 위험을 통제하기 위한 해결책을 마련해야 한다. 당장 필요한 개혁과제는 단기간에 마련, 시행해야 한다. 10년 이상 개혁해야 할 장기과제는 정권에 관계없이 꾸준히 추진되어야 한다. 정권을 뛰어넘어 안전을 최우선으로 하는 미래 한국의 모습을 설계하는 게 위원회의 임무다.

가장 중요한 것이 예산 확보다. 2014년 한국의 재난관리예산은 1조원에 못 미치는 9,440억 원이다. 한국의 1년 예산이 357조7천억 원이므로 재난관리예산은 0.26%다. 이것도 내년이면 8,610억 원으로 줄어들게 되어있었다. 전체 안전관리예산은 정부도 모른다. 기업들의 안전비용은 집계조차 안 되고 있다. 이들 경제주체들의 안전비용을 먼저 확인해야 한다. 그래야 위험을 만들고 관리하는 기관에게 안전비용을 부담시킬 수 있다.

여기서 나는 국가가 예산의 1%를 재난관리예산으로 편성할 것을 제안하고 싶다. 지금의 4배이다. 다른 안전관리예산도 정확한 통계를 바탕으로 안전이 확보되는 시점까지 순차적으로 확대할 것을 제안한다. 나아가 지방자치단체, 기업의 안전예산을 1%까지 우선 확보하고 이를 1%씩 10년간 증가시켜보자. 물론 1%는 어림잡아 하는 말이다. 정확한 비용은 향후 전문가들의 연구로 밝혀질 일이다. 하지만 국가, 지방자치단체, 기업 예산의 1%도 안전에 사용하지 않는다면 우리는 결코 안전한 사회에 살 수 없을 것이다. 현대 한국 사회는 그만큼 위험하다.

세월호 참사 원인 규명은 절박하고 중대하다. 한국의 모든 역량이 투입되어야 한다. 한국의 지성을 자처하는 모든 사람이 참여해야 위험의 실태, 원인, 해법을 그나마 마련할 수 있을 것이다. 이럴 때에만 겨우, 완전히 안전한 사회는 아니지만 덜 위험한 사회에 살 수 있을 것이다. 세월호 참사 원인 규명이 표류하고 있는 지금 범국가적 조사위원회를 제안하고 이끌 통 큰 리더십이 절실하다.

망각의 편,
기억의 편

세월호와 함께 가라앉은 피해자들이 우리에게 묻고 있다. 세월호 피해자 유가족들이 단식농성으로 시민들에게 묻고 있다. 생존한 학생들이 안산에서 서울까지 도보행진을 하면서 처절하게 묻고 있다. 당신들은 세월호 참사를 기억할 것인가? 기억한다면 무엇을 어떻게 기억할 것인가? 국가는 세월호 참사를 기억하기 위하여 무엇을 해야 하는가? 이 질문으로부터 자유로운 정치인, 관료, 학자, 언론인, 경제인은 없다. 일반 시민도 이 질문에서 자유롭지 못하다. 양심 때문이다.

문제는 진상규명과 기억작업이 특별법을 통해서만 가능한 현실이다. 국회의 낮은 정치력, 정부여당의 무능력과 무책임, 야당의 무능력, 관료의 무책임과 눈치 보기, 언론의 무책임, 경찰과 검찰의 무능력 등은 이들에게 진상규명을 맡길 수 없다는 점을 적나라하게 보여준다. 특별법 이외에 다른 방법은 없다. 필요한 모든 권한을 진상조사위원회에 부여하는 특별법이 절실하다. 기억은 남은 자의 최소한의 도리이다. 그리고 그 시작은 특별법 제정이다.

외면하려 해도 외면할 수 없다. 보지 않으려 해도 보이고 듣지 않으려 해도 들린다. 인간인 이상, 양심이 있는 이상, 아픔에 공감할 수 있는 감정이 있는 이상 눈을 감고 귀를 닫을 수 없다. 세월호 참사가 그렇다.

세월호와 함께 가라앉은 피해자들이 우리에게 묻고 있다. 세월호 피해자 유가족들이 단식농성으로 시민들에게 묻고 있다. 생존한 학생들이 안산에서 서울까지 도보행진을 하면서 처절하게 묻고 있다. 당신들은 세월호 참사를 기억할 것인가? 기억한다면 무엇을 어떻게 기억할 것인가? 국가는 세월호 참사를 기억하기 위하여 무엇을 해야 하는가? 이 질문으로부터 자유로운 정치인, 관료, 학자, 언론인, 경제인은 없다. 세월호 참사에 모두 직간접적으로 관련되어 있기 때문이다. 세월호 참사의 진상규명과 책임자 처벌, 기억작업에 책임 있는 사람들이기 때문이다.

일반 시민도 이 질문에서 자유롭지 못하다. 양심 때문이다. 특별법 제정에 350만 명이 서명했다는 사실은 아직도 우리 사회에 양심이 남아 있다는 증거이다. 시민들의 아픔을 푸는 일은 일차적으로 정치인의 몫이다.

사실 피해자 유가족들이 나서기 전에 국가가 먼저 진상규명과 책임자 처벌 등 세월호 기억작업을 벌였어야 했다. 정부여당이 빨리 방안을 마련했어야 했다. 박근혜 대통령부터 세월호 참사에 대한 진상규명과 책임자 처벌을 약속했지 않은가. 하지만 정부여당은 움직이지 않았다. 유가족들이 대책위를 구성해도, 유가족들이 단식농성을 해도, 시민들이 350만 명 이상 세월호 특별법 제정 서명을 해도 이들은 움직이지 않는다. 세월호 참사를 정치 일정에서 아니, 역사에서 지우고 싶어 안달하는 것 같다.

정부여당은 그러면서 다시 일상으로 돌아가고자 한다. 박 대통령은 세월호 참사 100일을 맞으며 이에 대해 한마디도 하지 않았다. 박 대통령은 당일 확대경제관계장관회의에서 경제 활성화만 언급했다. 그리고 공무원의 하계휴가를 권장했다. 오후에는 미국 상공회의소 임원단을 접견해 한미자유무역협정 이행방안 등을 논의했다.

박 대통령은 자신이 약속한 세월호특별법 제정이 난항을 겪고 있음에도 아무런 입장표명을 하지 않았다. 지난 5월 19일 "과거와 현재의 잘못된 것들과 비정상을 바로잡고 새로운 대한민국을 만들기 위해 저의 모든 명운을 걸겠다"는 대국민담화를 발표하면서 눈물을 흘리던 때와 너무나 대조적이다.

국무총리이지만 정치적으로는 아무런 힘이 없는 '영향력 제로' 정홍원 총리만 진도를 찾아갔다. 그는 세월호를 영원히 기억하겠다고 했지만, 정 총리의 말을 귀담아 듣는 사람은 없어 보인다. 여당인 새누리당 역시 세월호특별법 제정에 극히 소극적이다. 진상조사위원회에 수사권과 기소권을 부여하는 것을 문제 삼아 특별법 제정을 반대하고 있다. 하지만 법학자와 변호사들 대부분이 주장하듯 수사권과 기소권은 경찰이나 검찰에게만 전속된 권한이 아니다. 우리가 경험한 특별검사도 검찰청법에 의한 검사는 아니지만 수사권과 기소권을 가지고 있다. 진상조사위원회에 특별검사를 두어 문제를 해결하면 간단하다. 새누리당은 다른 방법은 찾아보지 않고 검찰이나 경찰이 하는 말만 옮기고 있을 뿐이다.

정부여당은 마치 세월호를 망각하고자 결심한 것처럼 행동하고 있다. 아니 정부여당은 처음부터 자신들이 세월호 참사에 책임이 없다고 했다. 대통령도 청와대도 책임이 없다, 정부도 책임이 없다, 책임은 해경과 유병언에게 있을 뿐이라고 말해왔다. 해경은 해체 위기에 처해 있고 유병언은 시체로 발견되었다. 이제 더이상 책임을 물을 곳도 없어져버렸다. 애초부터 이 사건을 무겁게 받아들이지 않은 정부여당에게는 세월호 참사에 대한 진상규명도, 세월호특별법도 시끄러운 소동일 뿐이다.

이렇듯 엄청난 사건이 생기면 기억과 망각의 싸움이 항상 벌어진다. 기억하려는 자와 잊으려는 자의 투쟁이다. 불행한 과거는 기억하면 기억할수록 고통스럽다. 그 과거가 개인이나 사회의 정체성을 흔들 정도로 아팠다면 현재 생활도 제대로 하기 힘들다. 이런 이유로 인간은 망각이라는 기능을 발전시켜왔다. 망각은 고통을 잊기 위한 피나는 노력의 결실이기도 하다.

하지만 고통스러운 과거는 기억되어야 한다. 그렇지 않으면 고통스러운 과거가 반복되기 때문이다. 과거와 역사를 잊으면 정체성과 정당성을 잃기 때문이다. 현재의 삶을 영위할 수도, 미래를 설계할 수도 없다. 과거에 지배받으면서 지금의 환경을 개선하는 인간의 능력이 위험해지기 때문이다. 이것이 고통스럽지만 과거를 기억해야 하는 이유이다.

프랑스, 독일, 남아프리카공화국, 스페인, 칠레, 아르헨티나, 페루 등은 바로 이런 이유 때문에 과거사를 기억하고 정리했다. 성공도 있었고 실패도 있었지만 많은 나라들이 과거사 정리를 하는 이유는 분명하다. 누구도 과거로부터 자유롭지 않으며, 잊는다고 없어지는 것이 아니기 때문이다.

우리가 일본에 대하여 성노예 문제를 포함한 과거사 정리를 줄기차게 요구하는 것도 같은 맥락이다. 일본과 정상적인 관계 정립을 위해서도 과거사는 정리되어야 한다. 그래서 김대중·노무현 대통령의 민주정부에서는 과거사 진상규명을 국가적 차원에서 진행했다.

과거는 기억되어야 하지만 올바로 기억되어야 한다. 고통만 기억해서는 안 된다. 고통의 실상, 원인, 뿌리를 기억해야 한다. 고통의 참모습을 보아야 한다. 과연 어떤 일이 벌어졌는지, 누가 얼마나 책임이 있는지를 기억해야 한다. 이렇게 될 때에만 과거 기억은 고통에서 벗어날 수 있다. 따라서 진상규명은 기억작업에서 가장 중요하다.

누구나 용서와 관용을 이야기한다. 하지만 용서 역시 진상규명 다음의 일이다. 용서를 하려고 해도 누구를 용서해야 하는지, 무엇을 용서해야 하는지 알아야 용서할 수 있다.

문제는 세월호 참사 진상규명과 기억작업이 특별법을 통해서만 가능한 현실이다. 안타까운 지점이다. 진상규명과 기억작업이 정상적인 시스템에서 이루어지는 게 바람직하다는 점은 누구나 안다. 그러나 현재 우리의 수준으로는 어림없다는 점 또한 누구나 안다. 국회의 낮은 정치력, 정부여당의 무능력과 무책임, 야당의 무능력, 관료의 무책임과 눈치 보기, 언론의 무책임, 경찰과 검찰의 무능력 등은 이들에게 진상규명을 맡길 수 없다는 점을 적나라하게 보여준다.

방법은 국가 차원의 역량을 동원하는 것밖에 없다. 대통령 결단을 통해 할 수도 있다. 대통령이 정치적 책임을 지고 전 국가적 진상조사위원회를 구성할 수도 있다. 하지만 대통령은 이미 세월호를 기억 속에서 지워버리기로 결심했다.

남은 것은 특별법을 통하여 전 국가적 진상조사위원회를 구성하는 것이다. 이미 말한 바와 같이 한국의 지성을 모두 동원해 세월호 참사의 진정한 원인을 규명해야 한다. 권한과 기간의 제약 없이, 정략에서 자유로운, 그러면서도 원인 규명과 대책 마련에 중심을 두는 위원회 구성이 필요하다. 특별법 이외에 다른 방법은 없다. 필요한 모든 권한을 진상조사위원회에 부여하는 특별법이 절실하다. 정부여당도 마땅히 망각의 편이 아닌 기억의 편에 서야 한다.

아직 10명의 실종자가 남아 있다. 최선을 다해 수색해야 한다. 국가는 이들을 찾아주기로 약속했다. 사람의 생명에 대한 국가의 약속은 어떤 경우에도 지켜져야 한다. 기억은 남은 자의 최소한의 도리이다. 그리고 그 시작은 특별법 제정이다.

'세월호 이후'…
시민의 힘으로 국가와 정치를 개혁하라

세월호 이후 우리 사회는 변하지 않았다. 오히려 더 모질고 더 강팍해졌다. 심포지엄의 주제 '세월호 이후, 한국 사회 어디로 가나'가 가지는 적절함은 참담한 현실의 다른 말일 뿐이다.

세월호 참사라는 전대미문의 사건도 덮고 넘어가기를 바라는 정부와 새누리당의 태도, 이 문제를 해결할 능력과 리더십이 없는 야당의 실상, 세월호 참사 이후 벌어진 혼란과 갈등은 우리 사회에서 정치가 여전히 중요한 문제임을 보여준다.

국가와 정치가 제대로 역할을 하려면 시민이 참여해야 한다. 참여하되 호소나 구걸이 되어서는 안 된다. 당당한 권리자로서 국가와 정치를 통제해야 한다. 국민주권주의를 바탕으로 국가와 정치의 구성, 활동, 평가에 이르는 전 과정에 권리자로 참여해야 한다. 정부와 시민사회 자체의 개혁도 중요하지만 시민사회의 힘으로 정부를 통제하고 개혁하는 것이 더 중요하다.

세월호 참사가 발생했을 때 나는 세상이 바뀔 거라고 생각했다. 아마 대부분의 사람들도 우리 사회가 세월호 이전과 이후로 확실히 구분되리라 생각했을 것이다. 그만큼 세월호 참사는 충격적이었고 대한민국의 밑바닥을 있는 그대로 보여주었다. 부동산과 자동차, 자본과 허세로 치장했지만 생명조차 지키지 못하는 우리 사회의 형편없는 수준을 드러낸 것이다. 이런 사회, 이런 나라에서는 살 수 없다고 생각했다. 무엇을 바꿔야 하는지 명확하지는 않지만, 대대적으로 바꿔야 한다는 사실을 피부로 느꼈다. 박근혜 대통령도 적폐를 거론하면서 국가개조 수준의 대대적인 변화를 약속했다. 그리고 철저한 진상규명을 약속했으며 유족들과 언제든지 만나겠다고 했다.

그 후 160일이 넘었다. 하지만 우리 사회는 변한 게 없다. 오히려 우리의 한심한 수준을 더 적나라하게 보여주고 있다. 피해자인 유족들이 목숨 걸고 단식을 해야 겨우 진상규명특별법이 논의되는 기막힌 현실, 유족들에 대한 최소한의 인간적인 대우도 외면하고 오히려 이들이 소수라는 이유로 폄하하는 참담한 현실, 해결 의지조차 보이지 않는 청와대와 여당이 정국을 주도하는 정치상황, 대통령이 자신의 약속을 뒤집고 세월호에 대해 언급조차 하지 않는 상황, 이것이 세월호 이후 우리의 현실이다. 무엇 하나 해결된 것은 없다. 더 심각한 바닥을 향해 달려가고 있다. 세월호 참사는 아직도 현재 진행형이다.

이런 현실에서 지난 9월 25일 '세월호 이후, 한국 사회 어디로 가나'라는 주제로 제5회 노무현 대통령 기념 학술심포지엄이 열렸다. 주제는 시의 적절했다. 물론 다른 중요한 주제도 있을 수 있다. 화불단행禍不單行이라, 어려운 일은 하나만 찾아오지 않고 여러 개가 한꺼번에 닥치는 법이다. 우리 사회의 현실을 정확하게 보여주는 표현이다. 당장 간첩조작 사건도 있고 국정원 선거개입 문제도 있다. 정당해산심판 청구 사건도 있다. 그러나 지금 가장 중요한 것은 세월호 문제다.

세월호 문제를 해결하지 않고 우리 사회는 한 발짝도 움직일 수 없다. 세월호 문제를 해결하지 않고는 우리 모두 4월 16일 그날에서 벗어날 수 없다.

노무현 대통령 기념 심포지엄의 주제는 그래서 시의 적절했으나 그런 만큼 서글펐다. 변화가 있어야 할 충분한 시간이 지났다. 변화를 촉구하는 단식과 시위, 서명과 선언이 이어졌다. 개혁, 개조가 이어져야 했다. 이번 심포지엄은 그런 개혁 조치를 평가하고 더 나은 개혁을 모색하는 자리여야 했다. 하지만 세월호 이후 우리 사회는 변하지 않았다. 오히려 더 모질고 더 강퍅해졌다. 심포지엄의 주제가 가지는 적절함은 참담한 현실의 다른 말일 뿐이다.

이정우 한국미래발전연구원 이사장은 학술심포지엄 인사말에서 벌컨헤드 사건을 소개했다. 1852년 2월 27일 아프리카 해안에서 벌컨헤드Birkenhead라는 배가 침몰했다. 당시 그 배는 472명의 남성, 166명의 부녀자와 아이들이 타고 있었다. 남자들은 케이프에 주둔 중인 연대 소속 군인들로 대부분 신병이었다고 한다. 새벽 두시쯤 배가 암초에 부딪혀 침몰하기 시작했다. 선장은 시드니 세튼 대령이었다. 세튼 대령은 즉시 부녀자와 아이들 166명을 배에 있는 구명보트 3개에 모두 태우도록 명령했다. 그와 함께 남자 군인들은 한명도 타서는 안 되고 갑판에 부동자세로 서있으라고 명령했다. 구명보트 세 개는 166명을 태우고 배를 떠났다. 세튼 대령의 명령을 받은 군인들은 부동자세로 떠나는 구명보트를 향해 경례를 붙이고 배와 함께 바다에 빠져 거의 다 죽었다. 평범한 사람들의 충실한 윤리의식을 보여주는 사건이었다.

이정우 이사장은 이 사건을 언급하면서 왜 우리 사회에는 시드니 세튼 대령의 기사도 정신을 찾을 수 없고 부패의 썩은 냄새, 교활한 책임회피, 차가운 몰인정만 넘치는지 반성이 필요하다고 질타했다. 벌컨헤드와 세월호, 사람 중심 세상과 물질만능 세상의 차이를 선명하게 보여주는 가슴 서늘한 지적이다.

심포지엄은 세월호 참사를 중심으로 정치의 문제, 정부의 문제, 시민사회의 문제를 차례로 살펴보았다. 이 가운데 특히 중요한 것은 정치이다. 세월호 참사라는 전대미문의 사건도 덮고 넘어가기를 바라는 정부와 새누리당의 태도, 이 문제를 해결할 능력과 리더십이 없는 야당의 실상, 세월호 참사 이후 벌어진 혼란과 갈등은 우리 사회에서 정치가 여전히 중요한 문제임을 보여준다.

세월호 참사를 교통사고 정도로 인식하는 정부와 새누리당에 더 큰 책임이 있다는 사실은 말할 것도 없다. 국정을 운영하고 시민의 자유와 권리, 안전과 평화를 최우선으로 하는 정치지도자로서 책임감을 찾아볼 수 없다. 깊은 반성과 개혁이 필요하다. 그러나 새정치민주연합의 실력과 리더십 부족 또한 사실이다. 여야를 통틀어 정치의 위기다. 민주주의의 위기이다.

정치의 위기는 정치에 대한 시각을 바꾸어야 극복할 수 있다. 국가와 시민을 보는 눈을 바꾸어야 한다. 지금까지 국가와 정치는 시민 위에 군림했다. 국가는 국가의 존립, 자신들의 목적을 앞세워 시민의 자유와 권리를 억압하고 안전을 위협했다. 전쟁도 불사했고 시민의 생명도 요구했다. 시민은 국가와 정치의 이해관계를 위한 수단이자 대상으로 취급되었다. 하지만 이러한 국가와 정치는 더 이상 유효하지 않다.

민주주의, 자유, 평등, 인권이 최고의 가치가 된 현대 세계에서 국가와 정치는 시민의 자유와 권리, 안전과 평화를 보장하기 위하여 존재할 뿐이다. 시민이 겪는 어려움을 현장에서 근본적이고 종합적으로 해결해주기 위하여 존재하는 것이다. 그렇다고 모든 문제를 국가와 정치가 직접 해결하라는 얘기는 아니다. 시민의 능력을 높이고 시민의 권리를 보장함으로써 시민 스스로 문제를 해결하도록 해야 한다. 이것이 민주주의이다.

문재인 의원은 심포지엄 기조연설에서 이러한 국가와 정치를 생활민주주의,

생활정치라고 불렀다. 그는 시민이 생활의 주권자가 되는 국가와 정치를 주장했다. 이를 위하여 시민의 삶 속으로 들어가는 생활정당, 정당을 시민과 당원에게 돌려주는 생활정당, 분권과 합의의 생활정당으로 개혁할 것을 제안했다. 과감한 발상의 전환을 바탕으로 대대적인 개혁이 필요함을 역설한 것이다. 문 의원의 이 제안은 야당에게만 해당하는 것이 아니다. 여야에 국한하지 않는 정치에 대한 호소이다.

현대 사회에서 발생하는 불확실과 불안은 공동체가 책임질 수밖에 없다. 공동체의 최대 크기는 지구촌이며 구체적으로는 국가이다. 공동체의 최소 크기는 기초자치단체 혹은 마을이다. 공동체의 협력이 없으면 인간생활은 유지할 수 없다. 그런데 공동체가 커지면 위험도 커진다. 개인이 감당할 수 없는 위험이 발생한다. 이러한 위험, 불확실과 불안은 공동체가 책임져야 한다.

현대 사회에서 불확실과 불안은 생활 전반에서 발생한다. 가정과 직장, 사회와 지역, 국가와 세계 차원에서 갈등과 분쟁, 사건과 사고는 끊이지 않는다. 이 모든 불확실과 불안은 국가와 정치가 해결해야 한다. 생활 속에서 발생한 불확실과 불안, 위험으로부터 시민을 보호하고 시민의 자유와 권리, 안전과 평화를 보장하는 것이 바로 국가와 정치의 임무이다. 문 의원의 제안은 이러한 인식을 바탕으로 하고 있다.

국가와 정치가 제대로 역할을 하려면 시민이 참여해야 한다. 참여하되 호소나 구걸이 되어서는 안 된다. 들러리로 참여해서도 안 된다. 당당한 권리자로서 국가와 정치를 통제해야 한다. 국민주권주의를 바탕으로 국가와 정치의 구성, 활동, 평가에 이르는 전 과정에 권리자로 참여해야 한다. 정부개혁과 시민사회의 문제를 심포지엄에서 함께 논의한 것은 이런 이유 때문이다. 정부와 시민사회 자체의 개혁도 중요하지만 시민사회의 힘으로 정부를 통제하고 개혁하는 것이 더 중요하다.

내년 노무현 대통령 기념 학술심포지엄의 주제는 무엇이 될까? 올해만큼 슬픈 주제가 아니었으면 좋겠다. 무언가 긍정적인 변화가 있고 그런 변화를 평가하는 자리가 되면 좋겠다. 그러나 그렇게 되지 않을 것이다. 모든 현상에는 경향이 있다. 어둡고 슬픈 경향은 더 심해질 것이다. 1년 사이에 한국 사회가 바뀌리라 예상하는 사람은 없을 것이다. 당장 세월호 참사에 대한 정부여당의 태도는 내년 주제도 슬프고 어두운 주제가 될 것임을 암시한다.

내년의 주제는 법치주의의 위기가 될 가능성이 크다. 증거조작, 간첩조작 사건이 발생하고 국정원 사건, 이석기 의원 사건 등 중요 사건에서 이상한 논리의 판결이 나오는 현재 상황은 분명 법치주의의 위기이다. 검찰 공안부의 활동이 수그러들 기미도 보이지 않는다. 내년의 주제를 미리 예상할 정도로 우리 사회는 위기에 처해 있다. 예상이 틀리기를 바라는 마음도 간절하다.

목숨 걸고 단식해야
관심 갖는 세월호

정부기관인 국가위원회 위원장의 단식 농성은 예사롭지 않다. 아니 정상적인 국가라면 있을 수 없는 일이다. 마치 정부 구성원인 법무부장관이 단식 농성을 하면서 정부에 무엇인가를 요구하는 것과 같다. 정부 구성원인 법무부장관의 단식 농성은 정부가 정부를 상대로 투쟁하는 모순을 안고 있다. 만일 문제가 있다면 법무부장관이 직접 문제를 해결하면 된다. 같은 장관급 정부기관 위원장의 단식 농성도 같은 모순을 안고 있다. 문제를 해결해야 하는 정부가 나서서 정부에게 요구를 하다니 모순도 이런 모순이 있을 수 없다.

원래 나라 일을 하는 사람은 문제나 갈등을 해결하는 사람들이다. 문제나 갈등을 만들거나 확대해서는 안된다. 공직자는 사회 문제, 사회 갈등을 조정하고 해결하여 사회를 안정시키는 것을 본분으로 삼는다.

광화문에 다녀왔다. 이석태 변호사님의 단식 농성 소식을 듣고 찾아뵙지 않을 수 없었다. 단식 7일째, 많이 쇠약해진 상태였다. 뜨거운 햇빛, 자욱한 차량 매연의 한 복판에 한 변호사가, 지식인이, 운동가가 단식 농성을 하고 있었다. 세월호 특별조사위원회 위원장의 자격으로 말이다. 비록 기한이 정해진 단식이지만 단식은 위험하다. 실제로 그는 자신의 건강과 목숨을 걸고 무엇인가를 시민들에게 이야기하고 있었다.

요구사항은 간단하다. "세월호 참사 진상규명 조사활동 보장을 위한 세월호 특조위 이석태 위원장 단식농성"이라는 긴 제목에서 알 수 있듯 요구사항은 조사활동 보장이다. 조사활동 보장에는 조사기간 연장도 포함되어 있다. 그동안 조사가 제대로 되지 않았고 조사권한과 조사기간도 부족했다. 그래서 더 조사를 하겠다는 것이다. 조사가 제대로 되지 않은 가장 큰 이유는 정부, 여당의 방해 때문이다. 그래서 조사기간을 연장하겠다는 것인데 정부, 여당은 이를 용납하지 않고 있다. 정부가 정부기관의 자유로운 활동을 방해하고 있는 것이다.

어쩌면 위원회 출범 전에 이런 일은 예상할 수 있었는지도 모른다. 지난 칼럼 (단비칼럼31, 헛발 짚는 정부 세월호 원인 규명, 범국가조사위로 풀어야, 2014.6.17.)에서에서 밝혔듯이 위원회는 권한과 기간의 제약이 없어야 했다. 불충분한 권한과 기간으로는 제대로 된 조사를 할 수 없다. 그럼에도 위원회는 부족한 권한과 짧은 기간으로 출발했다. 운영하면서 개선할 가능성을 믿은 것이다. 하지만 애초의 부족함을 메울 방법은 없었다. 정부의 방해를 받으면서 부족함을 메우는 것은 더욱 불가능했다.

갈등을 확대하고 문제를 악화시키는 정부의 무능

정부기관인 국가위원회 위원장의 단식 농성은 예사롭지 않다. 아니 정상적인 국가라면 있을 수 없는 일이다. 마치 정부 구성원인 법무부장관이 단식 농성을 하면서 정부에 무엇인가를 요구하는 것과 같다. 정부 구성원인 법무부장관의 단식 농성은 정부가 정부를 상대로 투쟁하는 모순을 안고 있다. 만일 문제가 있다면 법무부장관이 직접 문제를 해결하면 된다. 같은 장관급 정부기관 위원장의 단식 농성도 같은 모순을 안고 있다. 문제를 해결해야 하는 정부가 나서서 정부에게 요구를 하다니 모순도 이런 모순이 있을 수 없다.

원래 나라 일을 하는 사람은 문제나 갈등을 해결하는 사람들이다. 문제나 갈등을 만들거나 확대해서는 안된다. 공직자는 사회 문제, 사회 갈등을 조정하고 해결하여 사회를 안정시키는 것을 본분으로 삼는다.

사회 문제, 사회 갈등이 발생하기 전에 문제가 있다는 것을 알고 문제가 발생하기 전에 예방하는 것이 최고의 정부다. 사회 문제가 발생한 초기에 문제를 문제로 인식하고 적시에 문제해결 방안을 처방하여 문제를 해결하는 것이 중급의 정부다. 사회 문제가 발생 후 해결의 적기를 놓쳐 사회 문제가 심각해진 다음에 대규모의 인력과 자원을 동원하여 문제를 겨우 해결하는 것은 하급의 정부다. 그래도 여기까지는 정부라고 할 수 있다. 최소한 문제는 해결하기 때문이다. 의사로 치면 그래도 병을 고치는 의사다. 문제가 심각해진 다음에라도 문제를 해결하니 유능하다고 할 수도 있다.

하지만 정부의 형태는 여기에 그치지 않는다. 최악의 정부는 문제를 문제로 인정하지 않고 문제에 개입하지도 않고 아예 방치하고 문제를 더 키우는 정부다. 문제를 해결하기는커녕 갈등을 확대하고 방치하고 악화시킨다. 그리고 그 과정에서 수많은 사람들이 다치게 한다. 의사로 치면 병을 키우고 사람을 잡는 돌팔이다. 무능력하고 무관심한 최악의 정부다.

'최악의 정부' 징조, 세월호

이석태 위원장의 단식 농성은 비상사태다. 법률에 의하여 구성된 정부기관의 업무를 다른 정부기관이 방해하고 있으니 정부기관간, 국가기관간 비상사태다. 세월호 참사의 진상규명을 위하여 탄생한 특별조사위원회가 진상규명을 위해 활동하는 것은 법률이 요구하는 당연한 의무다. 이 의무를 제대로 이행하기 위해서는 다른 정부기관, 다른 국가기관이 위원회를 존중하고 그 활동을 보장해야 한다. 이 역시 국회가 여야합의로 제정한 법률이 요구하는 의무다. 하지만 현실이 항상 드라마보다 더 막장이듯, 지금의 현실은 정부, 여당이 위원회 활동을 조직적으로 방해하고 위원회가 조사활동 보장을 목숨을 걸고 주장해야 하는 상황이다. 세월호 문제를 해결해야 하는 정부기관이 세월호 문제를 더 악화시키고 있는 것이다.

세월호의 핵심 문제는 침몰 원인 규명이다. 그리고 이 만큼 중요한 핵심문제는 세월호 참사를 해결하는 과정에서 드러난 정부의 무능력이다. 후자를 규명하는 것이 필요한 이유는 정부의 무능력이 반복되면 앞으로도 참사는 계속 발생할 것이기 때문이다. 과학기술의 발달로 인간의 시간과 공간에 대한 지배능력은 늘었다. 그러나 그만큼 위험해졌다. 이 위험을 최소한 관리, 통제하느냐 하지 못하느냐에 따라 우리의 목숨과 안전이 달려있다. 앞으로 이런 경향은 더 심각해질 것이다. 그래서 정부의 대처가 중요하다.

세월호 문제에 관한 한 박근혜 정부는 철저히 무능했고 지금도 무능하다. 다만 다른 문제에 대해서도 무능하기 때문에 세월호 문제에 관한 무능함이 잘 보이지 않을 뿐이다. 애초 구조과정에서도 무능했고 진상규명에도 무능했다. 그래서 국회가 나섰다. 하지만 국회 역시 우리 정치현실을 반영하듯 특별조사위원회에 충분한 권한과 기간을 주지 못했다.

부족한 권한과 기간이라도 정부가 충분히 지원했다면 특별조사위원회에서 어느 정도 성과를 낼 수 있었을 것이다. 그런데 오히려 정부는 특별조사위원회의 활동에 충분한 지원을 하지 않았고 방해를 했다. 활동 시한이 남아 있음에도 오히려 활동시한이 종료되었다고 주장하고 있다.

이렇게 세월호 참사의 진상규명은 멀어지고 있다. 아니 누군가가 진상을 바다에서 건지는 것을 방해하고 있다. 진상규명을 해야 할 의무를 지고 있는 정부, 국회가 제정한 법률을 집행할 의무를 지고 있는 정부가 진상조사를 방해하는 놀라운 일이 벌어지고 있는 것이다. 기간이 만료되면 진상규명을 원하는 특별위원회는 이제 더 이상 진상규명을 할 수 없다. 국가위원회로서는 더 이상 활동을 하지 못하는 것이다. 마지막 남은 선택은 조사활동기간을 연장하는 것이다. 조사활동기간이 연장된다면 국가위원회로서 권한을 가지고 진상조사를 할 가능성이 열린다. 물론 정부, 여당의 방해는 계속 되겠지만 말이다.

세월호 해결 시험대 선 국회

국가위원회 위원장의 목숨을 건 단식은 큰 이슈다. 우리 사회가, 우리 정부가 정상적이지 않다는 것을 보여주는 증거다. 시급하게 바로 잡아야 한다. 국회에서 관심을 보이는 것은 당연하다. 원래 국회의 임무가 우리 사회의 중요 문제를 책임지고 해결하는 것이기 때문이다. 야3당이 세월호 특조위의 활동시한을 연장하기로 한 것은 늦은 일이지만 그래도 없는 것보다는 낫다. 문제가 커져서 국가위원회의 장관급 위원장이 목숨을 걸고 단식을 해야 겨우 움직이는 국회의 무관심과 무능력은 질책 받아 마땅하지만 지금은 야3당의 합의가 반가울 정도로 상황은 심각하다.

세월호 문제 해결 가능성은 이제 국회로 넘어갔다. 지금 활동하고 있는 세월호 특조위의 활동시한을 연장하지 않으면 세월호 진상규명은 실패할 것이다. 새로운 조사기관을 만드는 방안이나 정부가 진상조사를 하는 것은 대책이 될 수 없다. 새로운 조사기관을 만드는 것은 세월호 특조위 구성 때 겪었던 어려움을 다시 겪자는 것이다. 그리고 세월호 특조위 위원 구성에서 어려움을 겪었던 당시를 상기해보면 새로운 조사기관을 만들더라도 위원구성에 어려움이 예상된다. 지금의 위원장과 위원들보다 더 열심히 잘 할 수 있는 인물은 없다. 정부의 진상조사 역시 정부의 무능력과 진상조사 방해 경력에 비추어보면 기대할 수 없다.

세월호 진상규명을 위해 남은 유일한 해결방법은 이석태 위원장의 말대로 조사활동 기간을 연장하고 조사활동을 보장하는 것이다. 이러한 현실을 반영하여 국회에서 최우선으로 세월호 문제를 다루어야 할 것이다. 다행히 야3당은 8월 임시국회를 열어서 기한연장을 위하여 법률을 개정하기로 합의했다. 야3당의 합의가 여당과의 협치 속에 실현되어 세월호 참사 진상규명이 이루어지고 국회 자신도 문제해결 능력이 있다는 것을 증명하기를 간절히 바란다. 양심이 있다면 국가위원회 위원장의 목숨 건 단식을 마치 아무 일도 없다는 듯이 지나칠 수는 없는 일이다.

IV

정치개혁,
민주주의,
경제성장,
공정사회

삶의 여유와
상호 존중·연대의 상관관계

장시간 노동을 해야만 겨우 기업이 운영되고 장시간 장사를 해야 조그마한 식당도 겨우

유지된다. 제도적으로 보면 사회경제시스템의 낙후성에서 기인하는 것이고 지정학적, 심

리학적인 관점에서 보면 한국사회의 단일성과 밀집성에 기인하는 것이다.

상호 존중과 연대가 더욱 절실하다. 보다 나은 삶을 위해 파업하는 노동자를 존중해야

하고 보다 평등한 대우를 받으려는 자영업자들의 노력을 존중해야 한다. 이러한 상호 존

중과 연대의 정신이 삶의 여유를 만드는 가장 큰 인프라이다.

설을 맞았다. 모두가 고생스럽지만 고향을 찾아 반가운 가족과 친지들을 만난다. 나도 가족들과 함께 고향인 부산을 다녀왔다. 열차표를 구하지 못해 고속버스로 다녀왔다. 명절에 고속버스로 가는 것은 이미 오래된 일이다. 운전은 엄두도 나지 않는다.

나는 서울에서 생활한지 벌써 30년이 넘었지만 명절이나 부친 기일에 부산을 가지 않은 적은 없다. 가는 길이 쉽지는 않지만 그래도 고향에 가면 즐거움이 있다. 물론 이 즐거움이 여성들에게는 그리 크지 않고 오히려 고통이라고 할 수도 있겠으나 어쨌든 가족과 친지들을 만나는 건 즐거운 일이다. 이들을 만날 때마다 나는 매번 생각한다. 좀 더 여유롭게 살면서 가족과 친지들을 더 찾아봬야겠다는 생각이다. 그러나 현실은 그렇지 않다. 다시 부산을 벗어나 서울로 오면 나를 둘러싼 환경과 대결하느라 삶의 여유는 실종된다. 물론 원래 성격이 그리 여유롭지 못하고 강퍅한 점이 큰 원인이다. 가족이나 친지에 대한 사랑이 부족한 때문이기도 하리라. 하지만 이러한 현상이 나만이 아니라 대부분의 한국 사람들이 마주하는 문제라면 얘기는 달라진다. 개인 성격을 넘어 사회 시스템의 문제가 된다.

우리는 어느 순간 삶의 여유를 잃어버렸다. 모든 것이 각박하고 모든 것이 여유가 없다. 일례로 한국 사람들의 노동시간은 OECD 국가 중에서 두 번째로 많다. 2011년 현재 평균하여 2,090시간이다. OECD의 평균인 1,765시간보다 무려 325시간이 많다. 8.1주 이상 더 일하는 것이 된다. 한국 사람들의 노동시간은 10년 사이에 500시간 이상 줄어들었으나 여전히 세계 최고 수준이다.

학생들 역시 장시간 노동에 시달린다. 한국에서 공부는 단언컨대 노동이다. 장시간 노동을 통해서만 극복할 수 있는 시스템이 한국의 공부이다. 이러한 장시간 노동을 정규 학교에서는 제공하지 않으니 사설학원에 몰린다. 장시간 학습,

과도한 노동에 시달리는 고등학생들을 보면 그래서 너무 안타깝다.

자영업자들은 어떨까? 나의 형님은 부산에서 식당을 하신다. 식당의 역사도 30년 가까이 되고 맛집으로 소문도 났다. 그런데 하루에 거의 16시간을 일한다. 한 달에 두 번 쉬니 일하는 시간은 하루 16시간씩 28일, 매달 448시간이 되고, 1년이면 5,000시간을 넘는다. 타고난 체력으로 어려움을 극복하지만 하루하루가 힘들고 또 힘들다. 이런 형님을 뵈면 도저히 놀 엄두가 나지 않는다.

그런데도 사람들끼리 만나면 '열심히 살아라', '열심히 살자'고 하면서 서로 격려한다. 이 정도면 사회 전체가 거의 일 중독이라고 할 만하지 않을까? 삶의 여유나 질은 노동자나 학생, 자영업자 입장에서는 생각하기조차 힘들다.

이 문제는 분명 사회구조적인 문제이다. 장시간 노동을 해야만 겨우 기업이 운영되고 장시간 장사를 해야 조그마한 식당도 겨우 유지된다. 장시간 공부를 해야만 겨우 대학에 갈 수 있다. 제도적으로 보면 사회경제시스템의 낙후성에서 기인하는 것이고 지정학적, 심리학적인 관점에서 보면 김영명 교수가 분석한 바와 같이 한국 사회의 단일성과 밀집성에 기인하는 것이다.

사회경제시스템의 낙후성은 최근 '갑의 횡포'에서 확인하듯 점차 강해지는 승자독식의 사회 분위기를 낳았다. 자본의 힘은 강해지고 이를 통제할 만한 노동조합이나 사회조직은 약해지고 있다. 그리고 국가는 의식주와 교육 등 인간생활의 기본 욕구를 해결하지 않고 또 해결하지 못한다. 현재의 생활에서부터 미래의 투자까지 모두 개인이 책임져야 하는 사회가 된 것이다.

이를 극복하기 위하여 우리는 경제민주화, 복지라는 중요한 과제에 대해 합의를 했다. 경제민주화는 단순히 성장이 아닌 복지를 선택하는 문제가 아니다. 경제민주화는 사회경제시스템을 개혁하여 함께 사는 사회를 만드는 것이며 지속가능한 성장을 이루는 유일한 방법이다. 지난 대통령선거 당시 여야 후보 모두가 경제민주화를 가장 중요한 공약으로 내건 것은 바로 이런 이유 때문이다. 그런데 우리는 지금 경제민주화를 제대로 추진하지 못하고 시간만 허비하고 있다. 지난 이명박정부 5년 동안 4대강 사업을 한다면서 흘려버린 시간도 아까운데 다시 5년을 그렇게 생겼다. 안타까운 일이다.

사회경제시스템의 낙후성은 한국 사회의 특징인 단일성과 밀집성으로 증폭된다. 우리 사회는 다양한 가치관이 보장되지 않는 사회이다. 모든 것을 줄 세우는 사회이다. 자본이나 국가의 힘에 의해서 말이다. 최근 삼성이 총장추천제를 한다면서 전국의 대학을 평가하고 한 줄로 세운 것은 이러한 현상의 한 단면이다.

우리 사회는 단일성과 밀집성을 특징으로 하기 때문에 획일적, 집중적이며 극단적이고 조급하다. 이를 완화하기 위해서는 무엇보다도 제도개혁이 필요하다. 경제민주화로 대표되는 사회경제적 개혁이 시급한 것이다. 그리고 상호 존중과 연대를 강화해야 한다. 제도개혁이 중요하지만 제도개혁만으로는 삶의 여유를 찾기 어렵다. 더구나 박근혜정부 아래에서 경제민주화를 할 가능성은 거의 없다. 때문에 상호 존중과 연대가 더욱 절실하다. 인간이라면 자신을 포함하여 누구에게나 삶의 여유를 찾을 권리, 쉴 권리가 있다는 점을 인정하고 존중해야 한다. 삶의 여유를 위한 조건도 함께 만들어야 한다. 보다 나은 삶을 위해 파업하는 노동자를 존중해야 하고 보다 평등한 대우를 받으려는 자영업자들의 노력을 존중해야 한다. 이러한 상호 존중과 연대의 정신이 삶의 여유를 만드는 가장 큰 인프라이다. 명절 때만 이런 생각이 들지 않도록 상호 존중과 연대의 정신이 항상 우리 사회에 넘치기를 희망한다.

경찰서장은
왜 주민이 뽑지 않는가

국가적인 치안 수요는 국가경찰이 담당하므로 자치경찰은 지역의 치안 수요만 책임지면 된다. 이렇게 되면 경찰권력의 절반 이상이 정치권력으로부터 독립하고 분산된다. 분산되는 만큼 지역 주민에 의한 통제 역시 쉬워진다.

자치경찰제는 지방자치의 완성, 경찰개혁, 검·경수사권 조정, 민주주의 정착 등 여러 측면에서 볼 때 필요한 제도이다.

노무현 대통령은 자치경찰제를 추진했다. 비록 국회에서 좌절되기는 했지만 정부로서는 최선을 다했다. 민주주의와 지방자치에 대한 확고한 철학이 없으면 자치경찰은 추진될 수 없다. 지방자치는 경찰자치 없이 완성될 수 없다. 민주주의는 지방자치 없이 이루어지지 않는다.

버스를 타고 출근하다보면 파출소 위에 큰 간판이 보인다. '4대악 OUT'이다. 4대악이란 성폭력, 학교폭력, 가정폭력, 불량식품이다. 4대악 중에 불량식품이 포함된 것은 약간 의외이지만 박근혜 대통령이 정했다니 그럴 수도 있겠구나 생각된다. 경찰이 4대악 척결에 집중하고 있는 현실을 간판에서 확인할 수 있다. 4대악, 중요한 문제이다. 시민들의 삶과 직접 관련이 있다. 4대악을 해결하면 우리 삶의 질도 좀 높아질 수 있을 것 같다. 4대악 문제를 해결하려는 경찰들의 노력에도 경의를 표한다.

그런데 나는 4대악 OUT이라는 간판을 보면 불편하다. 전국의 모든 경찰이 일제히 4대악 척결에 뛰어드는 일사불란함이 어색하다. 다양한 지역, 다양한 사람의 다양한 의견이 반영되지 않아서이다. 지역마다 모든 경찰이 4대악 척결에만 나선다면 지역 치안은 문제가 되지 않을까? 4대악 척결과 같은 과제를 대통령이 정하는 것이 바람직할까?

지역마다 상황이 다르므로 치안 수요 역시 다를 수밖에 없다. 관광객이 많은 지역은 아무래도 관광객의 안전이 최우선일 것이다. 건설공사가 많은 지역은 노동자들의 안전이 최우선이어야 한다. 공단지역은 산업재해 예방, 임금체불 등이 중요 문제일 것이다. 농촌은 도시와 달리 농작물 도둑이나 노인들의 안전이 최우선이지 않을까? 이번 판교 환기구 붕괴사고에서도 볼 수 있듯이 도시에서 문화행사를 할 때에는 환기구 위치도 신경 써야 한다. 그러나 도시가 아닌 곳에서 행사를 할 때에는 환기구 자체가 없다. 배치되어야 하는 안전요원과 경찰의 수, 위치, 동선 자체가 다르다.

안전이란 일상생활에서 확보되어야 한다. 높은 곳에서 일방적으로 정한다고 해서 주어지는 것이 아니다. 세월호 참사 이후 국가는 안전을 소리 높여 외친다. 그러나 현실의 삶은 전혀 안전하지 못하다. 이번 판교 환기구 붕괴사고가 이를 증명한다. 안전은 현장의 문제인 것이다. 안전을 확보하는 치안은 그래서 지역 주민이 가장 잘 안다. 지역의 치안정책은 지역 주민이 결정해야 한다. 지역 주민, 자치단체의 몫이다.

지방자치는 행정자치, 교육자치, 경찰자치로 이루어진다. 행정자치를 위해서는 '지방자치법'이 있고, 교육자치를 위해서는 '지방교육자치에 관한 법률'이 있다. 그래서 우리는 자치단체장과 교육감을 지역 주민의 선거로 뽑는다. 그런데 경찰 자치는 아직 시행되고 않고 있다. 경찰서장은 지역 주민이 뽑지 못한다. 국가에서 임명한다. 지역 주민으로서는 다음에 누가 경찰서장이 될 것인지 알 수 없다. 경찰서장도 위에서 임명하므로 지역 주민의 눈치를 보지 않는다. 그렇다면 경찰 자치는 자치사무가 아닌가? 경찰자치도 당당한 자치사무이다. 경찰과 관련한 업무 중 국가사무는 사법 분야, 즉 범죄의 수사 분야일 뿐이다. 대표적인 지방자치 법률인 '제주특별자치도 설치 및 국제자유도시 조성을 위한 특별법'을 살펴보자.

이 법은 "종전의 제주도의 지역적·역사적·인문적 특성을 살리고 자율과 책임, 창의성과 다양성을 바탕으로 고도의 자치권이 보장되는 제주특별자치도를 설치 하여 실질적인 지방분권을 보장"하는 것을 목표로 한다. 실질적인 지방분권을 보장하기 위하여 우선 행정자치와 교육자치를 보장하고 있다. 여기까지는 지방 자치법과 다를 바 없다. 제주특별자치도특별법은 더 나아가 자치경찰을 설치하고 있다. 경찰업무가 자치업무임을 명확히 한 것이다. 자치경찰의 사무는 주민의 생활안전 활동에 관한 사무순찰, 방범, 안전사고, 사회적 약자 보호 등, 지역교통 활동에 관한 사무교통안전, 교통위반 단속 등, 지역경비에 관한 사무 등이 있다.

자치경찰단장은 도지사가 임명하므로 완전한 경찰자치는 아니다. 하지만 국가 가 임명하지 않는다는 점에서 자치경찰임은 틀림없다. 자치경찰제가 좀 더 발전 한다면 자치경찰단장, 자치경찰서장은 지역 주민의 손으로 선거할 수도 있다. 이것이 지방자치의 참모습이다. 단체장과 교육감을 지역 주민의 손으로 뽑는데 경찰서장을 그렇게 뽑지 못할 이유는 없다.

자치경찰제에 대한 의문도 있다. 자치경찰제를 도입하면 국가경찰이 없어지는 것 아닌가 하는 의문이다. 이 의문은 불안감으로 발전한다. 국가경찰이 없어지면 조직적이고 전국적인 범죄, 대규모이며 국제적인 범죄는 제대로 수사하지 못할 것이라는 불안감이다. 경찰업무 중 범죄수사는 기본 업무이다. 범죄수사는 지역과 전국을 포함한다. 최근 사회의 고도화, 조직화, 집중화, 도시화는 조직적이고 전국적인 범죄, 대규모 범죄를 낳고 있다. 심지어 국제적인 범죄도 자주 발생한다. 이러한 범죄는 국가경찰이 담당해야 한다. 자치경찰이 설치되어도 국가경찰의 임무는 오히려 늘어날 가능성이 농후하다. 국가경찰의 수도 증가할 수 있다. 그렇다고 국가경찰의 비중이 늘어나는 것은 아니다. 주민안전, 교통과 경비 업무 등 자치경찰 업무는 지역으로 이전되기 때문이다.

현장의 안전을 확보하기 위해서는 국가경찰과 자치경찰의 두 날개가 있어야 한다. 전국적이고 큰 규모의 범죄, 전국적인 치안 수요에 대응하기 위해서는 국가경찰이 필요하다. 하지만 지역차원의 범죄 수사, 치안 수요에 대응하기 위해서는 자치경찰이 필요하다. 자치경찰은 지역 주민의 치안 수요에 즉시 대응할 수 있다. 지역 차원의 안전 확보에 훨씬 효율적이다. 이렇게 국가경찰과 자치경찰의 양 날개로 치안정책을 시행해야 한다. 국가적 치안 수요와 지방의 치안 수요를 모두 충족시킬 수 있는 방안이다.

자치경찰제는 경찰권한을 분산함으로써 인권친화적인 경찰을 만드는 계기를 제공한다. 군을 제외하면 경찰은 가장 강력한 물리력이자 국가공권력의 핵심이다. 그 자체로 막강한 권력이므로 지역 별로 분산되어야 한다. 공권력은 한 곳에 집중되면 정치권력의 영향을 받기 쉽고 남용되기도 쉽다.

경찰이 독자적인 수사권을 행사하는 검·경수사권 조정을 위해서도 자치경찰제는 시행되어야 한다. 경찰이 독자적인 수사권을 행사하면 필연적으로 경찰의 권한이 확대된다. 지금처럼 중앙집권형의 경찰을 그대로 두면 경찰권한은 더욱 커질 것이다. 다른 국가권력을 압도하는 문제가 생길 수 있다. 경찰은 정치권력의 직접 지휘를 받기 때문에 정권의 하수인이 될 수도 있다. 이렇게 되면 시민의 자유와 인권이 위험에 처한다. 강화되는 경찰의 권한은 어떻게 견제할 것인가. 먼저 경찰에 대한 문민통제를 강화해야 한다. 경찰행정의 인권친화적 개혁 역시 계속 진행해야 한다. 그러나 제도적으로는 무엇보다 자치경찰제가 경찰권한에 대한 가장 확실한 견제방법이다. 자치경찰이 되면 지역 주민이 경찰의 주인이 된다. 자치경찰의 장은 지역 주민이 직접 선출하거나 지방자치단체의 장이 임명한다. 지역 주민의 치안 수요가 직접 반영되는 것이다. 국가적인 치안 수요는 국가 경찰이 담당하므로 자치경찰은 지역의 치안 수요만 책임지면 된다. 이렇게 되면 경찰권력의 절반 이상이 정치권력으로부터 독립하고 분산된다. 분산되는 만큼 지역 주민에 의한 통제 역시 쉬워진다.

자치경찰제는 지방자치의 완성, 경찰개혁, 검·경수사권 조정, 민주주의 정착 등 여러 측면에서 필요한 제도이다. 자치경찰제에 대한 요구도 오래되었다. 자치경찰에 대한 최초의 논의는 1960년 4.19 혁명 후 이루어진다. 당시 제4대 국회는 경찰중립화 기초특별위원회를 구성하고 경찰중립화법안을 기초했다. 이때 국립경찰과 자치경찰의 이원화 여부를 검토하고 심의했다. 그러나 불행하게도 이 논의는 5.16 쿠데타로 중단된다. 자치경찰제와 민주주의의 긴밀한 관계를 알 수 있는 대목이다.

자치경찰제에 대한 논의는 1998년 김대중정부에서 경찰제도개혁기획단을 구성할 때까지 중단되었다. 민주화가 되어서야 겨우 자치경찰제에 대한 검토가 재개된 것이다. 하지만 김대중정부에서 논의는 구체적인 성과를 내지 못하고 보류됐다. 이후 노무현정부는 자치경찰제 실현을 위하여 각계의 의견을 수렴, 2005년 자치경찰법안을 국회에 제출했다. 하지만 국회는 자치경찰제를 무산시켜버렸다. 국회 임기종료로 법안이 자동 폐기된 것이다. 그리고 지금까지 자치경찰제에 대한 논의는 없다. 이명박 대통령은 촛불집회로 국가경찰의 필요성을 절감했을 것이다. 박근혜 대통령 역시 일사불란하게 움직이는 국가경찰이 통치에 도움되는 것을 잘 알고 있을 것이다. 민주주의에 대한 철학이 약한 두 대통령으로서는 자치경찰제가 효율적인 통치를 방해하는 이질적인 요소로 보일지 모르겠다.

노무현 대통령은 국가경찰이 통치에 도움된다는 것을 몰랐을까? 노무현정부 시절 이라크 파병, 한미FTA 체결을 둘러싸고 대규모 집회가 열렸다. 쌀협상 비준반대 시위 도중 두 농민이 사망하는 사건도 있었다. 그러나 노무현 대통령은 자치경찰제를 추진했다. 비록 국회에서 좌절되기는 했지만 정부로서는 최선을 다했다. 민주주의와 지방자치에 대한 확고한 철학이 없으면 자치경찰은 추진될 수 없다. '감히' 경찰서장을 지역 주민의 손으로 선출한다는 생각조차 못한다.

지방자치는 경찰자치 없이 완성될 수 없다. 민주주의는 지방자치 없이 이루어지지 않는다. 당장 경찰서장을 우리 손으로 선출하는 꿈을 꾸고 실현시켜보자. 우리와 우리 아들, 딸의 안전을 위하여.

지금은 권역별 비례대표제에
집중할 때

현재 한국 정치상황에서 더 중요한 개혁과제는 권역별 비례대표제이다. 내용적으로 권역별 비례대표제가 투표가치의 평등성을 실현하고, 지역정당을 전국정당으로 만들 수 있고 정치신인과 소수정당의 국회진출을 쉽게 할 수 있기 때문이다.

현행 시스템은 30~40%의 유권자들이 평생 한 번도 자신을 대표하는 의원을 선출하지 못하는 것을 허용한다. 이쯤 되면 이것은 선거가 아니다. 민주주의도 아니다. 특정 정당의 세습이요 독재다.

지역주의는 망국병이다. 모든 것을 왜곡시키기 때문이다. 지역주의의 뿌리이자 열매는 지역정당이다. 지역에서 벗어나지 못하는 정당이 전국을 호령하고 있으니 정치가 제대로 될 수 없다.

소수당의 진출도 제도적으로 보장된다. 소선거구제 하에서 소수당은 항상 불안하다. 매번 선거 때마다 야권연합, 연대의 요구가 있기 때문이다. 야권연합은 훌륭한 선거정책이지만 성공이 힘들 뿐 아니라 결과는 소수당의 양보로 귀결될 가능성이 크다.

정치개혁을 위한 논쟁이 한창이다. 어떤 형태의 정치개혁 논쟁, 정치변화 토론도 환영이다. 현재 한국 정치계의 비정상적인 상황을 바꿀 수만 있다면 어떤 형태의 논쟁도 좋다. 더구나 최근 논의는 개혁의 방향을 띠고 있다. 권역별 비례대표제와 국민공천제오픈 프라이머리 논쟁이 그것이다. 두 정책 모두 한국 정치계의 적극적인 변화를 추구하는 점에서 공통점이 있다. 바람직한 논쟁임에 틀림없다.

권역별 비례대표제는 첫째, 소선거구제 하에서 발생하기 마련인 사표를 방지하여 국민의 의사를 제대로 반영한다. 둘째, 영남지역에서는 새정치민주연합 등 야당이, 호남지역에서는 새누리당인 여당이 당선하도록 함으로써 망국적인 지역주의를 종식시킬 수 있다. 셋째, 정치신인과 소수정당이 제도권에 진출할 수 있는 기반을 만든다. 이런 점에서 권역별 비례대표제는 매우 개혁적인 방안이다.

국민공천제오픈 프라이머리 역시 정당의 공천을 국민이 결정하도록 함으로써 정당민주주의 발전에 기여하는 면이 있다. 다만, 정치신인의 진출이 어려워지는 단점을 안고 있다. 경선에 정당원만이 아닌 국민까지 참여하므로 정치비용이 많이 드는 문제도 있다. 하지만 정당공천의 문제가 심각한 지금 이를 개혁하는 하나의 방안이 될 수 있다.

여야 대표가 모두 정치개혁을 위한 두 정책을 공개적으로 이야기하는 현상은 분명 바람직하다. 더구나 두 정책은 모두 중앙선관위가 정치개혁의 일환으로 제기한 것이므로 더욱 정당성이 있다.

비례대표제와 국민공천제는 대체재 아닌 보완재

그런데 이 논쟁이 조금 이상하게 흘러간다. 두 정책은 대체재가 아니고 보완재이다. 경제학에서 흔히 말하듯이 버터와 마가린, 식용유와 올리브유와 같이 하나를 선택하면 하나는 버려야 하는 대체재가 아니다. 오히려 빵과 버터, 자동차와 윤활유와 같이 함께 사용하면 더욱 좋아지는 보완재이다. 그럼에도 불구하고 하나만을 선택하고 다른 하나는 배제하려고 한다. 유의해야 할 부분이다. 두 정책 중 더 중요한 것은 있을 수 있지만 함께 채택하면 좋은 정책임은 틀림없다.

따라서 이 논쟁은 배제의 논리, 대체재의 논리가 아니라 결합의 논리, 보완의 논리에 따라 진행되어야 한다. 정당개혁과 정치개혁이 한 몸인 이상 이를 따로 추진하거나 혹은 하나를 배제해서는 안 된다. 모두 테이블에 올려놓고 논의를 해야 한다.

두 정책이 보완의 관계라는 점은 중앙선관위의 발표에서도 확인할 수 있다. 중앙선관위는 올해 2월 25일 정치관계법 개정의견을 발표하면서 두 정책을 함께 발표했다. 지금 두 정책이 서로 배척하는 관계, 혹은 흥정의 대상이라고 생각하시는 분은 당시 중앙선관위의 의견서를 읽어 보시기를 권한다. 특히 새누리당 대표와 의원들은 천천히 정독하시기를 권한다.

권역별 비례대표제가 더 중요한 개혁과제

권역별 비례대표 및 국민경선제가 모두 개혁적이기는 하지만 비중의 차이는 있다. 현재 한국 정치상황에서 더 중요한 개혁과제는 권역별 비례대표제이다. 내용적으로 권역별 비례대표제가 투표가치의 평등성을 실현하고, 지역정당을 전국정당으로 만들 수 있고 정치신인과 소수정당의 국회진출을 쉽게 할 수 있기 때문이다. 이에 비해 국민경선제는 공천개혁이기는 하지만 정당 내부의 문제이고 정치신인 진출을 막는 문제점이 있다.

이런 이유로 중앙선관위는 정치관계법 개혁방안에서 권역별 비례대표제를 주요 과제로 제안했다. 권역별 비례대표제가 '정당의 지역편중 완화방안과 함께 유권자의 정치적 의사를 충실히 반영'하기 때문이다. 그리고 선관위는 '정당의 후보자 추천의 민주성 확보를 위한 방안으로 국민경선의 논의가 보다 진전될 수 있도록 국민경선을 실제 실시할 기관의 입장에서 구체적인 완전국민경선 실시 방안'을 제안했다. 표현에서 알 수 있는 것처럼 두 정책의 차이는 확실히 있다. 현재 우리 정치에서 지역주의 정치 완화와 유권자의 의사 반영보다 중요한 과제는 없다.

권역별 비례대표제의 장점 ① : 투표가치의 평등성 실현

권역별 비례대표제는 소선거구제의 필연적 부산물인 사표를 방지한다. 소선거구제는 한 지역구에서 1명의 당선인만 낸다. 따라서 이론적으로 49%의 사표가 발생한다. 실제로 대구,경북, 부산,경남의 경우에는 30~40%의 야당 지지자들의 사표가 발생한다. 더 심각한 것은 이 사표가 계속하여 발생한다는 것이다. 호남 지역에서는 새누리당 지지자들이 이와 비슷하다.

이처럼 현행 시스템은 30~40%의 유권자들이 평생 한 번도 자신을 대표하는 의원을 선출하지 못하는 것을 허용한다. 이쯤 되면 이것은 선거가 아니다. 민주주의도 아니다. 특정 정당의 세습이요 독재다.

법적으로는 국민이 던지는 표의 가치는 절대 평등해야 한다. 선거의 평등은 모든 평등의 기본이다. 비록 현실에서 재벌과 실업자의 차이는 크지만 그래도 모두 1표를 행사한다. 이것은 양보할 수 없는 가장 기본적인 원칙이다.

그러나 현실은 그렇지 않다. 표의 가치는 차이가 있기 마련이다. 그래도 한계는 있다. 헌법재판소는 표의 가치가 차이가 있다고 하더라도 3분의 1을 넘어가면 안 된다고 본다. 현재 영남과 호남에서 벌어지는 일은 이러한 헌법재판소의 한계도 가볍게 무시한다.

국민의 의사가 선거과정에서 왜곡되는데 정치가 제대로 될 리 없다. 국민의 의사를 제대로 반영할 수 있는 제도는 좋은 정치의 필요조건이다. 권역별 비례대표제는 이러한 역할을 한다. 권역별 총 득표수에 따라 비례대표를 선출하므로 비례대표에 한해서는 국민의 의사가 반영된다.

권역별 비례대표제의 장점 ② : 지역정당을 넘어 전국정당으로

국민의 의사가 투표수에 비례하여 반영되면 현재의 지역주의 정당구조는 바뀔 수밖에 없다. 전국정당이 되는 것이다. 영남에서 새정치민주연합과 야당이 진출할 수 있고 호남에서 새누리당이 진출할 수 있다. 서울권역에서는 소수야당도 진출할 수 있다. 중앙선관위의 계산에 의하면 새누리당과 새정치민주연합 모두 전국정당이 될 수 있다. 물론 의석수는 양당이 줄어든다.

지역주의는 망국병이다. 모든 것을 왜곡시키기 때문이다. 지역주의의 뿌리이자 열매는 지역정당이다. 지역에서 벗어나지 못하는 정당이 전국을 호령하고 있으니 정치가 제대로 될 수 없다. 이것은 새누리당이나 새정치민주연합이나 같다. 새누리당의 김문수 전 경기지사가 대구로 지역구를 옮기고 박지원 전 대표가 호남을 배경으로 새정치민주연합에서 호령하는 것은 이 때문이다.

권역별 비례대표제는 권역별로 의원을 배출한다. 당연히 지역주의 정당 구조에서 벗어날 수 있다. 지역의 과다대표 문제를 해결할 수 있다.

권역별 비례대표제의 장점 ③ : 정치신인과 소수당의 진출

권역별 비례대표제의 장점은 여기에 그치지 않는다. 정치신인과 소수당의 진출을 제도적으로 보장한다. 지역에서 당선가능성이 생기면 지역에서 유능한 정치신인들이 진출할 것이다. 지금처럼 영남에서 야당으로 출마하면 최소한 3번 이상 낙선하고 그래서 청춘을 모두 바쳐야 하는 각오를 하지 않아도 된다. 인재

풀이 많아지면 제대로 된 경선도 할 수 있다.

소수당의 진출도 제도적으로 보장된다. 소선거구제 하에서 소수당은 항상 불안하다. 매번 선거 때마다 야권연합, 연대의 요구가 있기 때문이다. 야권연합은 훌륭한 선거정책이지만 성공이 힘들 뿐 아니라 결과는 소수당의 양보로 귀결될 가능성이 크다.

권역별 비례대표제는 소수당이 이러한 불안 없이 선거에 집중할 수 있도록 한다. 비례대표제가 주는 장점이지만 권역별로 이루어지므로 지역에 집중된 정책을 개발하는데 도움이 될 수 있다. 원자력 발전소 정책에서 원자력 발전소가 있는 부산,경남 지역과 수도권은 차이가 있다.

권역별 비례대표제 중심의 정치개혁은 가능하다

권역별 비례대표제는 현재 한국 정치를 개혁하는 핵심 과제이다. 현실적으로 최상의 안이다. 독일식 명부제가 제안되지만 이것 역시 문제가 없는 것은 아니다. 독일처럼 지방자치가 정착하지 못한 상태의 단일한 비례대표제는 수도권의 독재가 될 수 있다.

권역별 비례대표제는 국민경선제와 대체될 수 있는 제도가 아니다. 국민경선제는 정당내부의 문제다. 정당이 결정하면 가능하다. 공천과정을 투명하게 하는 효과는 있다. 그렇다고 사표 발생을 막을 수도 없고 지역정당을 벗어날 수도 없다. 정치신인의 진출은 더욱 어렵게 만드는 문제가 있다. 국민경선제가 권역별 비례대표제보다 중요하다는 모든 주장은 핵심을 흐리는 주장이다.

도입 과정에 어려움은 클 것이다. 여야를 막론하고 기득권을 공격하기 때문이다. 권역별 비례대표제와 국민경선제를 마치 대립하거나 배척하는 대체재인 것처럼 선전하는 것이 그 하나이다.

국회의원 증원도 이러한 반대 논리 중의 하나이다. 논리적으로 국회의원을 증원하면 비례대표제 도입이 쉬울 수 있다. 그러나 국민들의 감정은 그렇지 않다. 중앙선관위도 권역별 비례대표제를 제안하면서 국회의원 증원을 제안하지 않았다. 중앙선관위도 국민의 감정은 안다.

권역별 비례대표제 개혁은 가능하고 또 이번에 해내야 한다. 반대 주장을 논리적으로 돌파하고 국민의 여론을 모으고 정치개혁의 중요과제로 올리면 가능할 것으로 믿는다. 그리고 정치 지도자들이 사심을 버린다면 가능할 것이다. 언제까지나 국민의 의사를 왜곡하는 후진적인 제도에서 정치를 할 수는 없지 않겠는가? 권역별 비례대표제 반대론자의 인식전환을 촉구한다. 그리고 중앙선관위의 정치관계법 개정의견을 다시 한 번 읽어 볼 것을 권한다.

고용불안,
지켜만 볼 것인가

고용불안은 한국인의 삶을 위협하는 핵심요소다. 모두가 벌벌 떠는 공포의 대상인 것이다. 그럼에도 우리는 태연히 구조조정, 다른 말로 번역하면 대량해고, 정리해고를 벌여 왔고 지금도 조선업에서 벌이려고 하고 있다. 대량해고 없는 구조조정은 생각도 하지 않는다. 모순이다. 두려워하는 대상을 스스로 만들고 있으니 이보다 더 모순적인 행동이 있을 수 있을까.

독일의 2009년 글로벌 금융위기 대처방법은 '일자리 나누기 정책'이었다. 노동자와 기업이 합의하여 근로시간을 50% 줄이면 임금의 최대 30%를 정부가 지원하는 정책이다. 이에 의하면 노동자는 절반을 일하고 종전 임금의 80%를 받고 기업은 임금의 절반만 지급하므로 노동자를 해고할 필요가 없다. 독일의 대표적인 가전업체 지멘스는 2008년 경제위기를 거치면서 1만 명에 이르는 노동자를 이러한 단축노동 프로그램에 참여시켜 위기를 넘겼다고 한다. 이에 비해 미국 GM은 14개 미국 공장을 폐쇄하고 2만 1천 명을 해고했다.

이 결과 2009년 독일의 경제성장률은 −4.7%였지만 실업률은 거의 오르지 않았다. 그리고 청년들에게도 일자리가 마련되어 2013년 독일 청년 실업률은 7.6%로 유럽 전체 청년 실업률의 3분의 1수준이 되었다.

IMF 이후일 것이다. IMF 이후 우리는 늘 고용불안, 구조조정의 위험 속에 살고 있다. 우리에게 구조조정은 항상 정리해고다. IMF 당시, 절대로 무너지지 않을 것 같았던 재벌과 은행이 구조조정된 역사를 상기할 필요도 없다. 지금 당장 조선업에서 벌어지는 구조조정을 보면 충분하다.

한때 세계 최고였던 조선업이 구조조정의 위기에 봉착해 있다. 수만 명의 노동자가 정리해고의 위험에 처해있다. 앞으로 어떻게 될 것인가?

예상되는 경로는 다음과 같다. 수만 명의 노동자들이 직장을 잃는다. 그리고 정리해고의 부당성을 다투는 법적 분쟁이 이어진다. 법적 분쟁은 대법원까지 간다. 이것만 해도 몇 년이 걸린다. 평생을 조선소에서 일해 온 노동자들의 파업투쟁이 이어지고 간부급 노동자는 구속된다. 가족들도 이 투쟁에 동참한다. 이 과정에서 수많은 가족들이 위기에 봉착한다. 가정은 붕괴하고 이혼은 급증한다. 마지막에는 노동자들의 자살이 이어진다. 지역사회는 완전히 붕괴한다. 평론가들은 노동자들의 아픔에 공감하기 보다는 회사를 살려야 한다고 하면서 노동자를 비판하기 바쁘다. 정부와 정치권은 이 문제를 해결할 능력도 의지도 없이 지켜볼 뿐이다.

이미 익숙한 일들이다. 가슴 아프지만 예상할 수 있는 일들이다. 쌍용자동차 사태에서 이미 경험했던 일이기 때문이다. 이 파국적인 결말을 뻔히 알면서도 우리는 태연히 구조조정, 정리해고를 이야기하고 있다. 지금까지 해온 대로 구조조정, 정리해고만 하면 조선업의 문제는 해결된다고 생각한다. 앞으로 벌어질 일에 대해서는 의식적으로 눈을 감고 있다. 노동자를 위한 대책은 없다. 노동자와 그 가족을 길거리에 내팽개치는 느낌이다.

한국의 노동자에게 해고는 단순한 실직이 아니다. 삶의 기반의 붕괴, 가족의 해체, 인생의 종말을 의미한다. 실업보험이나 일자리 부족에 복지가 빈약하기 때문이다. 한국의 노동자에게는 직장 이외에 삶을 지탱하는 기반이 부족하다.

그래서 한국인에게 가장 중요한 이슈 중 하나는 고용불안이다. 미래창조과학부 미래준비위원회의 조사에 의하면 10년 후 중요한 10대 이슈 중 고용불안은 4위를 차지했다〈10년후의 대한민국, 미래이슈 리포트〉, 2015, 지식공감. 고용불안보다 중요하다고 본 이슈는 저출산·초고령화사회, 불평등문제, 미래세대 삶의 불안정성 등이다.

이 중 불평등문제와 미래세대 삶의 불안정성은 고용불안과 관련이 있다. 좋은 일자리가 많아 고용이 안정되면 불평등문제와 미래세대 삶의 불안정성 문제는 어느 정도 해결되기 때문이다. 이것은 이슈간 상호 연관관계에서 확인된다. 같은 조사에 의하면 다른 이슈와 높은 연관관계를 갖는 이슈 중 고용불안은 2위를 차지하고 있다. 고용불안보다 더 높은 연관관계를 갖는 이슈는 '삶의 질을 중시하는 라이프 스타일'이다. 라이프 스타일 이슈가 삶의 지향점을 상징한다면 고용불안은 현재의 공포를 상징한다. 라이프 스타일 이슈가 추상적이라면 고용불안은 현실의 문제다. 따라서 우리 사회가 최우선으로 해결해야 할 과제는 고용불안이다.

요컨대 고용불안은 한국인의 삶을 위협하는 핵심요소다. 모두가 벌벌 떠는 공포의 대상인 것이다. 그럼에도 우리는 태연히 구조조정, 다른 말로 번역하면 대량해고, 정리해고를 벌여 왔고 지금도 조선업에서 벌이려고 하고 있다. 대량해고 없는 구조조정은 생각도 하지 않는다. 모순이다. 두려워하는 대상을 스스로 만들고 있으니 이보다 더 모순적인 행동이 있을 수 있을까. 정부와 정치권만이 아니라 시민사회도 대량해고 없는 구조조정을 상상하지도 않고 주장하지도 않는다. 이러한 현실도 기이하다.

구조조정이 곧 정리해고, 대량해고를 의미하는 것은 아니다. 논리적으로 필연적인 관계가 아니다. 따라서 대량해고 없는 구조조정을 상상할 수 있고 실천할 수 있다. 물론 대부분의 국가에서 구조조정은 정리해고를 의미하지만 반드시 그럴 필요는 없다. 더구나 우리처럼 잔인한 정리해고를 동반할 필요는 더욱 없다.

실제로 독일은 대량해고 없는 구조조정의 방법을 선택했고 이 방법은 성공했다. 박종훈의 〈지상최대의 경제 사기극, 세대 전쟁〉21세기북스은 대량해고 없는 구조조정 정책으로 독일의 사례를 소개한다.

독일의 2009년 글로벌 금융위기 대처방법은 '일자리 나누기 정책'이었다. 노동자와 기업이 합의하여 근로시간을 50% 줄이면 임금의 최대 30%를 정부가 지원하는 정책이다. 이에 의하면 노동자는 절반을 일하고 종전 임금의 80%를 받고 기업은 임금의 절반만 지급하므로 노동자를 해고할 필요가 없다. 독일의 대표적인 가전업체 지멘스는 2008년 경제위기를 거치면서 1만 명에 이르는 노동자를 이러한 단축노동 프로그램에 참여시켜 위기를 넘겼다고 한다. 이에 비해 미국 GM은 14개 미국 공장을 폐쇄하고 2만1천 명을 해고했다.

이 결과 2009년 독일의 경제성장률은 -4.7%였지만 실업률은 거의 오르지 않았다. 그리고 청년들에게도 일자리가 마련되어 2013년 독일 청년 실업률은 7.6%로 유럽 전체 청년 실업률의 3분의 1수준이 되었다.

일자리 나누기 정책은 첫째, 불황 속에서도 내수시장을 견인하는 역할을 했다. 실직위험 없는 노동자들이 안정적으로 소비를 했고 일자리를 얻은 청년들도 수요를 창출했다. 둘째, 이 정책은 기업의 노동생산성을 유지할 수 있게 했다. 정리해고는 주로 임금이 높은 숙련노동자를 대상으로 하기 때문에 경기가 회복되면 미숙련노동자를 고용해 훈련과 교육을 시켜야 하는 문제가 있다. 일자리 나누기 정책은 숙련노동자들을 해고하지 않아 경기회복에 빨리 대응할 수 있다. 노동자의 숙련도는 노동생산성과 생산현장 안전성을 보장하는 열쇠 중의 하나다. 조선업에도 호황이 얼마든지 올 수 있다. 셋째, 이 정책은 기업의 생산성을 단절시키지 않고 다음 세대에게 물려줄 수 있게 했다. 정리해고는 숙련공의 해고와 청년의 미취업으로 구성된다. 이런 구조에서는 수십 년간 쌓아온 기업의 생산성, 숙련도는 단절된다. 일자리 나누기 정책은 현재세대에서 미래세대로 경험, 생산성, 숙련도를 전달한다.

일자리 나누기 정책으로 독일은 경제위기를 극복했다. 독일의 고용률은 2009년 70.3%에서 2012년 72.8%를 기록했다. 글로벌 금융위기 속에서 고용률이 4년 연속 오른 나라는 독일이 유일무이하다고 한다. 참고로 2013년 한국의 고용률은 65% 수준이었다.

독일의 정책을 도입할 것인가를 두고 논쟁이 있을 수 있다. 곧바로 우리에게 적용하기는 어렵다고 이야기하는 사람이 더 많을 것이다. 풍토와 역사가 다르기 때문이다. 우리는 노동조합과 시민세력이 약하다. 복지체계 역시 취약하고 사회민주주의 전통도 없다. 노동자를 버리듯 하는 역사적 경험은 이미 사회적으로 체질화되었다. 안타깝지만 모두가 동의하는 수준이 이르렀다. 전반적인 고용불안은 타인에 대한 배려마저 삼켜버렸다. 자신의 고용안정은 강력하게 요구하면서도 타인의 고용불안에는 둔감하게 된 것이다.

하지만 우리가 독일의 정책을 선택하지 못할 이유도 없다. 우리는 독일보다 고용불안에 더 민감하고 더 불안해한다. 대량해고의 결과는 독일보다 더 파국적이다. 고용을 안정시켜 안정된 삶의 환경을 만들 필요성도 더 높다. 고용안정으로 내수시장을 확대하고 생산성을 높게 유지할 필요성도 더 크다.

고용안정 없이는 개인의 안정적인 삶도 없고, 활력있는 경제도 없다. 고용안정 없이는 안정적인 사회도 없고 타인을 배려하는 공동체도 만들 수 없다. 고용안정 없이는 미래세대도, 미래도 없다. 고용안정을 최우선의 정책과제로 삼아야 할 이유는 수없이 많다.

현대 사회에서 구조조정은 어느 정도 불가피하다. 생산력이 너무 발전해 항상적 공황상태, 만성적 과잉생산 상태이기 때문이다. 하지만 구조조정이 반드시 대량해고를 동반할 필요는 없다. 고용안정과 함께 하는 구조조정도 있다. 독일의 사례에서 이미 실현가능성과 효과는 검증되었다. 시대의 과제인 고용안정, 일을 원하는 사람은 일을 할 수 있는 사실상의 완전고용을 위해서는 고용안정과 함께 하는 구조조정이라는 패러다임의 변화가 절실하다. 그래야만 고용안정을 외치면서 대량해고를 자행하는 모순, 고용불안이라는 괴물을 스스로 만드는 모순을 중단할 수 있다.

미래세대를 위한 3대 투자

교육·주거·일자리

미래세대가 건강한 사회 경제적 생활을 할 때, 국가경제는 정상적으로 작동한다. 국가경제가 정상적으로 작동해야 복지시스템도 정상적으로 발전한다. 미래세대의 전망이 어두우면 미래가 어둡고 미래의 복지시스템도 제대로 작동할 수 없다.

2015년 자녀 한명을 대학졸업 때까지 양육하는데 3억890만원이 든다. 그 중 교육비가 절반을 차지하고 그 교육비 중 대학의 4년 교육비가 7,708만원으로 절반이다. 청년이나 가정이 부담하기에 너무 큰 비용이다. 학자금 대출을 갚기 힘든 청춘도 5만9,000명에 이른다. 교육 문제는 전 세계 공통이다. 하지만 교육비를 우리처럼 철저하게 개인, 가정에 맡기는 선진국은 없다. 독일은 학비가 없고 대학생활을 하는 동안 생활비를 지원받아 빚더미에 시달리지 않는다. 핀란드는 대학 등록금이 무료인데다가 대부분의 대학생들에게 한달에 최고 500유로의 생활비를 무상으로 지원한다. 미국 교육부는 2016년 4월, 학자금 대출로 생업을 지속할 수 없는 38만7,000명의 학생대출자에게 탕감을 허용하는 편지를 보냈다. 빈곤의 악순환을 끊기 위해서다. 이때 들어간 비용은 77억달러8조8,900억원였다. 우리의 1년 노인관련 예산 액수다.

30:1과 5:1. 이것이 우리의 현실이다. 30과 5는 노인관련 예산이다. 1은 아동 청소년 복지지출이고 청년층 일자리 지원예산이다. 노인에게 30을 줄 때 아동과 청소년에게 1을 준다. 노인에게 5를 줄 때 청년들에게는 1을 준다. 불균형도 이 정도면 참기 힘들다.

더 구체적으로 보자. 30:1은 2016년 보건복지부 예산 비교다. 2016년 노인복지예산은 9조 1,826억원, 증가율은 3.8%이다. 이에 비해 아동청소년 복지관련 예산은 3,313억원, 증가율은 2.8%이다. 아동청소년 복지관련 예산에서 교육부의 교육급여, 교육복지 증진사업, 여성가족부의 청소년복지 예산은 포함되지 않았으나 큰 지장은 없다.

다른 기준을 살펴보면 2015년 예산에서 65세 이상 노인 예산은 1인당 130만원이고 전체는 8조7,789억원이었다. 이에 비하여 청년층 일자리지원 예산은 1인당 26만원이고 전체는 1조7,584억원이었다. 5:1이다. 65세 이상 노인 인구는 673만명이고 20대 인구는 668만명으로 거의 같다. 청년고용관련 예산은 대부분 전년대비 감액되었다.

아동과 청소년, 청년은 미래세대다. 미래를 상징하는 것이 아니라 미래 자체다. 그런데 우리는 이들에 대해 이렇게 인색하다. 여기에 그치지 않는다. 보이지 않는 비용도 무시무시하다. 교육비, 주거비를 개인이 부담해야 한다. 그리고 일자리도 부족하다.

오해해서는 안 된다. 비교지표로 노인 관련 예산을 들었지만 이것이 노인에 대한 복지가 충분하다는 것을 의미하지 않는다. 노인들도 헌법에서 보장하는 인간의 존엄성을 보장받아야 한다. 노인복지 시스템은 계속 확대되어야 한다. 초고령사회로 들어가는 한국에서 복지시스템 완비는 인간의 존엄성을 보장하는 핵심과제다.

문제는 미래세대에 대한 투자가 없다면 미래가 없고 복지시스템 지속과 확충이 불가능하다는 것이다. 미래세대가 건강한 사회 경제적 생활을 할 때, 국가경제는 정상적으로 작동한다. 국가경제가 정상적으로 작동해야 복지시스템도 정상적으로 발전한다. 미래세대의 전망이 어두우면 미래가 어둡고 미래의 복지시스템도 제대로 작동할 수 없다.

미래세대가 향후 한국경제를 이끌어 가려면 사회생활, 경제생활을 어려움 없이 시작해야 한다. 하지만 우리의 현실은 그렇지 않다. 청년세대를 짓누르는 무거운 짐이 있다. 그 중에서도 교육, 주거, 일자리는 너무나 큰 짐이다.

통계에 의하면 2015년 자녀 한명을 대학졸업 때까지 양육하는데 3억890만원이 든다. 그 중 교육비가 절반을 차지하고 그 교육비 중 대학의 4년 교육비가 7,708만원으로 절반이다. 청년이나 가정이 부담하기에 너무 큰 비용이다. 학자금 대출을 갚기 힘든 청춘도 5만9,000명에 이른다. 교육 문제는 전 세계 공통이다. 하지만 교육비를 우리처럼 철저하게 개인, 가정에 맡기는 선진국은 없다.

독일은 학비가 없고 대학생활을 하는 동안 생활비를 지원받아 빚더미에 시달리지 않는다. 핀란드는 대학 등록금이 무료인데다가 대부분의 대학생들에게 한 달에 최고 500유로의 생활비를 무상으로 지원한다. 미국 교육부는 2016년 4월, 학자금 대출로 생업을 지속할 수 없는 38만7,000명의 학생대출자에게 탕감을 허용하는 편지를 보냈다. 빈곤의 악순환을 끊기 위해서다. 이때 들어간 비용은 77억달러8조8,900억원였다. 우리의 1년 노인관련 예산 액수다.

주거비도 청년의 미래를 압박하는 요인이다. 전국 월소득 대비 주택임대료 비율은 2014년 평균 20.3%였다. 서울의 경우 일부지역이지만 그 비율이 50%가 넘는 곳도 있다. 지난 10년간 소비자 물가상승률은 27.6%이었지만 가계주거비 지출규모는 89% 올랐다. 내 몸 하나 누이는 곳 마련하는데 소득의 상당부분을 사용해야 하는 것이 현실이다.

청년 실업률은 더 기가 막히다. 2015년 8월 기준 청년실업률은 통계청 기준 9%이지만, 현대경제연구원 추산 청년체감실업률은 34%에 이른다. 이 정도면 청년 3명 중 1명이 실업자다. 청년들 대부분이 번듯한 대학을 나오고도 비정규직의 낮은 소득으로 경제생활을 시작하고 그 소득 중 상당 부분을 주거비로 쓰는 것이 우리 현실이다. 한마디로 빈곤의 악순환이고, 행복해 질 수 없고 미래를 꿈꿀 수 없는 구조다.

미래세대가 희망을 갖지 않으면 미래는 없다. 미래가 없다면 노인복지도 없다. 미래에 대한 투자는 결국 미래세대인 아동, 청소년, 청년에 대한 투자다. 그리고 그 핵심은 교육, 주거, 일자리다. 지금이라도 미래에 대한 투자에 나서야 한다.

* 이 글은 뉴스토마토 2016년 6월 29일자에 실렸습니다.

불완전하면서도 열린 개념,
'민주주의'

민주주의는 확실히 단순한 개념은 아니다. 왕이나 귀족과 같은 특정계급이 아닌 일반 시민이 통치를 한다는 단순한 개념으로 환원할 수는 없다. 민주주의를 이렇게 형식적으로 이해해 버리면 자유, 평등, 정의, 포용, 관용, 대화, 타협, 평화, 인권과 같은 가치가 민주주의 바깥에 있는 것처럼 보인다. 민주주의는 이러한 가치 이외에 사람 존중을 포함한다. 하지만 이러한 가치만으로 민주주의를 설명할 수도 없다. 그만큼 민주주의는 다양하고 또 열린 개념이다.

민주주의는 또한 위태로운 존재다. 민주주의는 개방적인 개념이므로 민주주의 적들도 포용한다. 민주주의 가치 중의 하나는 관용과 포용이다. 관용이 자신의 원칙을 지키기 위하여 불관용에 대하여 관용을 베풀어야 할까? 고전적인 딜레마다. 불관용에 대해서는 관용을 베풀 필요가 없다는 것이 정답이기는 하다. 불관용에 대한 관용이 지나치면 민주주의가 위태로워지기 때문이다. 하지만 불관용에 대한 불관용이 지나쳐도 민주주의는 위태로워진다.

민주주의는 참 까다로운 개념이고 제도다. 이해하기도 어렵지만 실천하는 것은 더욱 어렵다. 민주주의를 온몸으로 실현했다고 평가받는 노무현 대통령도 이해와 실천에 어려움을 겪었다. 지금이야 이해하는 사람이 많아졌지만 집권 당시 노무현 대통령은 오해도 많이 받았고 시행착오도 많이 겪었다. 민주주의자였던 노무현 대통령이 자꾸 거론되는 것은 현재 상황이 민주주의가 아니기 때문이다.

민주주의는 확실히 단순한 개념은 아니다. 왕이나 귀족과 같은 특정계급이 아닌 일반 시민이 통치를 한다는 단순한 개념으로 환원할 수는 없다. 민주주의를 이렇게 형식적으로 이해해 버리면 자유, 평등, 정의, 포용, 관용, 대화, 타협, 평화, 인권과 같은 가치가 민주주의 바깥에 있는 것처럼 보인다. 민주주의는 이러한 가치 이외에 사람 존중을 포함한다. 하지만 이러한 가치만으로 민주주의를 설명할 수도 없다. 그만큼 민주주의는 다양하고 또 열린 개념이다.

민주주의는 단순한 제도도 아니다. 선거제도, 정당제도, 지방자치제도가 민주주의의 핵심 제도라고 할 수 있다. 하지만 이들 제도를 완비한다고 해서 저절로 민주주의가 완성되는 것은 아니다. 우리에게 민주주의는 개념과 제도이면서 그너머 문화이기도 하고 철학이나 가치이기도 하고 생존의 조건이기도 한 근원적인 그 무엇이다. 민주주의 없는 삶, 민주주의 없는 미래는 상상하기 어렵다.

위태로운 존재 민주주의

민주주의는 또한 위태로운 존재다. 민주주의는 개방적인 개념이므로 민주주의 적들도 포용한다. 민주주의 가치 중의 하나는 관용과 포용이다. 관용이 자신의 원칙을 지키기 위하여 불관용에 대하여 관용을 베풀어야 할까? 고전적인 딜레마다. 불관용에 대해서는 관용을 베풀 필요가 없다는 것이 정답이기는 하다. 불관용에 대한 관용이 지나치면 민주주의가 위태로워지기 때문이다. 하지만 불관용에 대한 불관용이 지나쳐도 민주주의는 위태로워진다.

민주주의는 위태롭지만 그래도 우리에게 민주주의 이외에 다른 대안은 없다. 다시 왕정이나 귀족정으로 돌아갈 수는 없다. 계급제 사회, 신분제 사회로 돌아가는 것은 어떤 경우에도 허용될 수 없다. 군인이 통치하는 군부독재시대로 돌아가서도 안된다. 최근 수저계급론에서 확인할 수 있듯이 재벌을 비롯한 거대 자본가들의 항상적 지배를 허용해서도 안된다. 자유롭고 평등하고 정의로운 사회, 사람이 제대로 대접받는 사회를 만들려면 민주주의에 의존할 수 밖에 없다.

탐구하고 관리해야 하는 민주주의

그래서 민주주의는 항상 탐구되어야 하고 항상 관리되어야 한다. 민주주의 자체가 까다롭고 위태롭고 불완전하고 개방적인 존재이기 때문이다. 한마디로 손이 많이 가는 존재다. 이에 비하여 왕이 통치하는 체제는 간단하다. 왕을 선출할 필요도 없고 왕과 귀족을 견제할 필요도 없다. 시민들이 관여하여 사회를 만들고 유지할 필요가 없다. 얼핏 보기에 편할 것 같지만 이런 체제를 두고 우리는 독재라고 부른다.

우리 사회와 같이 정치 불신이 광범위하게 퍼져있고 정치인이나 언론이 정치 불신을 조직적, 계획적으로 퍼뜨리는 곳에서는 민주주의는 더 탐구되어야 하고 더 관리되어야 한다. 너무나 위태로운 기반위에 서 있기 때문이다. 이점에서 민주주의는 인권과 비슷하다. 인권도 계속 탐구되어야 하고 계속 관리되어야 한다. 어쩌면 인류가 발견한 위대한 사상은 모두 이런 처지에 있을지 모른다.

당장 이명박, 박근혜 정부 들어서서 민주주의가 위기에 처했다. 한국에서 민주주의가 위기가 아닌 때는 없었지만 최근의 민주주의 위기는 이전과 비교할 수 없을 정도로 심각하다. 더 많은 탐구, 더 많은 관리가 필요하다.

미국 대통령 기념관에서 생각한 민주주의자 노무현

이런 시기에 민주주의에 관한 책 읽기는 책 읽기 특유의 재미에 더해 의미까지 전해주므로 일석이조다. 한여름에 위기에 처한 민주주의에 관한 책이라면 재미와 의미를 한꺼번에 잡을 수 있지 않을까 싶다.

김상철이 쓴 〈성공의 가치, 좌절의 가치〉생각의길는 노무현 대통령 기념관 건립을 추진 중인 필자의 노무현 대통령에 대한 생각을 알 수 있게 한다. 노무현 대통령의 민주주의에 대한 생각을 직접 육성으로 듣는 효과도 있다. 다음은 노무현 대통령의 민주주의에 대한 생각이다. 이런 철학을 이야기하는 지도자가 한때 우리에게도 있었다.

"민주주의는 자기 이론의 근거, 자기 가치의 근거에 대하여 스스로 불완전성을 인정하고 있기 때문에 위대하다. 민주주의 사상은 사상과 이론이 포용성이 있고 상대성이 있기 때문에 어떤 변화도 수용할 수 있고 어떤 사상도 그 안에 수용할 수 있다. 민주주의는 그 안에 변화의 가능성이 내재되어 있는 사상이다. 그러므로 계속 진보할 것이다."

"시민의 범위를 넓혀 나가자는 것이 진보주의, 시민의 범위를 넓혀 나가는 과정을 민주주의라고 할 수 있을 것이다. 역사의 진보라고 할 때 그 진보의 개념을 가지고 얘길 한다면 민주주의가 진보다, 지금 현재 민주주의는 아직 멀었다. 이런 얘기를 하고 싶다. 진보는 계속되어야 한다. 주체는 누구인가? 시민이다."

이 정도로 민주주의에 대한 생각을 압축적으로 표현하기는 쉽지 않다. 민주주의자, 민주주의를 온몸으로 실천하는 자만이 할 수 있는 표현이지 않을까 싶다.

6개 사건과 노무현의 민주주의

'민주주의, 리더십 연구회'에서도 민주주의에 대한 책을 펴냈다. 〈노무현의 민주주의〉인간사랑는 노무현의 민주주의를 학문적으로 분석한다. 이 책은 김종철의 노무현과 정치인 대통령론, 박용수의 노무현과 권력기관 정상화, 정태호의 노무현과 정부형태 원포인트 개헌론, 이송평의 노무현의 정부혁신론, 채진원의 노무현과 당정분리론, 조기숙의 노무현과 선거제도 개혁론으로 구성되어 있다. 하나같이 노무현의 민주주의에 대한 인식을 깊이있게 분석한 글들이다. 이 글들은 노무현에 대해 수많은 오해를 낳았던 주제를 분석한다. 그만큼 논쟁적이고 그만큼 박진감있다. 그리고 이를 통해 노무현에 대한 오해를 해소하려고 하고 있다.

개인적으로 오해를 해소할 수 있었던 부분은 정태호의 노무현과 정부형태 원포인트 개헌론, 이송평의 노무현의 정부혁신론이었다. 노무현에 대한 분석은 항상 논쟁적이지만 이 글들은 기존의 인식에 정면으로 맞서 노무현을 분석하고 있다는 점에서 더욱 논쟁적이다. 연구회 내부에서도 의견일치를 보지 못했다고 서문에서 인정할 정도이니 매우 논쟁적인 글임을 알 수 있다. 그만큼 많은 깨달음을 준다.

재판으로 민주주의를 지킬 수는 없지만 재판이 없으면 민주주의도 없다

민주주의에 대한 묵직한 생각을 전달하는 또 다른 책은 한승헌 변호사의 〈재판으로 본 한국현대사〉창비다. 한국 현대사를 결정지을 정도로 중요했던 재판이야기다. 그러면서 민주주의를 지키기 위하여 법정에 섰던 피고인들의 이야기이며 이들을 탄압했던 국가권력의 이야기이기도 하다. 재판만 해도 여운형 암살사건, 반민특위 사건에서 시작해 동백림 사건, 인혁당 사건을 거쳐 노무현 대통령 탄핵심판 사건까지 이어져 있다.

정치에서 법률이 어떤 역할을 하는지, 민주주의를 지키기 위해서 법률이 무엇을 해야 하는지를 생각하게 하는 책이다. 한국 현대사를 보면 재판으로 민주주의를 지키지는 못했다. 판사는 민주주의의 투사가 아니었고 인권의 최후의 보루도 아니었다. 하지만 재판이 없으면, 법률이 없으면 민주주의도 없다. 사법제도를 정비하고 법치주의를 공고히 해서 정당한 법이 정치권력까지 통제할 수 있어야 민주주의는 가능해 진다. 한승헌 변호사는 역사를 통해 민주주의와 법치주의 관계를 철학을 담아 전해준다.

민주주의가 더 필요한 시기다. 이명박, 박근혜 정부를 거치면서 민주주의와 인권에 대한 갈증이 더 높아졌다. 민주주의와 인권이 더욱 필요한 현 시기에 민주주의에 대한 탐구를 위해서 김상철, 김종철 등, 한승헌의 책을 추천하고 싶다. 직접 거리에서 민주주의를 외치는 것도 중요하지만 서재에서 민주주의에 대한 철학과 생각을 가다듬는 것도 중요한 실천이다. 이 책을 읽으면서 민주주의 생각에 더위를 잊을 수 있는 것은 보너스일 것이다.

미래를 결정할 3대 정책

경제, 안보, 반특권

대한민국은 새로운 경제 모델을 찾아야 한다. 새로운 경제모델을 통해 국민 개인이 먼저 잘살고, 기업과 국가가 함께 부강해지는 길을 모색해야 한다. 개인이 중시되고 더불어 사는 경제가 정착되면 우리는 지금보다 풍요롭고 여유로운 나라에 살 수 있다.

대한민국은 새로운 안보평화모델을 찾아야 한다. 새로운 안보평화모델을 통해 국민 개인도 안전하고 국가도 안전하고 나아가 동아시아와 세계도 안전해지는 길을 모색해야 한다. 평화를 정착시키는 노력을 통해 대한민국, 한반도, 동아시아 구성원들은 더 안전하게 살 수 있다.

대한민국은 반특권·반부패 청렴사회를 정착시켜야 한다. 지금 벌어지는 권력형 비리, 정경유착, 부정부패, 재벌의 파렴치함, 검찰과 법원의 비리, 기득권의 횡포는 추방되어야 한다. 최근 김영란법 시행으로 청렴한국의 새로운 시대가 열렸다. 이를 계기로 반특권·반부패 청렴사회를 확실히 정착시켜야 한다. 우리는 지금보다 훨씬 깨끗한 나라에 살 자격이 있다.

불확실한 대한민국의 앞날을 결정할 정책은 세 가지다. 첫째는 경제, 둘째는 안보와 평화, 셋째는 반특권·반부패다.

대한민국은 새로운 경제 모델을 찾아야 한다. 새로운 경제모델을 통해 국민 개인이 먼저 잘살고, 기업과 국가가 함께 부강해지는 길을 모색해야 한다. 개인이 중시되고 더불어 사는 경제가 정착되면 우리는 지금보다 풍요롭고 여유로운 나라에 살 수 있다.

대한민국은 새로운 안보평화모델을 찾아야 한다. 새로운 안보평화모델을 통해 국민 개인도 안전하고 국가도 안전하고 나아가 동아시아와 세계도 안전해지는 길을 모색해야 한다. 평화를 정착시키는 노력을 통해 대한민국, 한반도, 동아시아 구성원들은 더 안전하게 살 수 있다.

대한민국은 반특권·반부패 청렴사회를 정착시켜야 한다. 지금 벌어지는 권력형 비리, 정경유착, 부정부패, 재벌의 파렴치함, 검찰과 법원의 비리, 기득권의 횡포는 추방되어야 한다. 최근 김영란법 시행으로 청렴한국의 새로운 시대가 열렸다. 이를 계기로 반특권·반부패 청렴사회를 확실히 정착시켜야 한다. 우리는 지금보다 훨씬 깨끗한 나라에 살 자격이 있다.

미래를 결정할 3대 정책은 지금 당장 해결되어야 할 과제다. 현 정부에서 해결해야 했고 해결하기 위해 노력했어야 하는 문제다. 하지만 현 정부는 무능하고 의지도 없다. 경제 문제, 안보와 평화 문제, 반특권과 반부패 문제를 해결하기에는 무능할 뿐 아니라 오히려 상황을 악화시키고 있다. 현 정부와 집권여당은 경제와 평화를 악화시킨 당사자들이다. 부패문제도 같다. 청와대가 관여했다고 하는 미르재단 사태를 현 정부가 스스로 해결할 수 있다고 하니 누가 믿겠는가.

현 정부는 문제를 해결하는데 무능할 뿐 아니라 문제를 악화시킨다. 최근 청와대와 국회의 관계가 그 예다. 이번 20대 국회의 여소야대는 국민의 선택이다.

대통령의 권력은 그대로지만 국회 내에서는 권력교체가 일어났다. 대통령보다 국회가 중심인 우리 헌법체제에서 국회의 권력 변화는 대통령을 포함한 전체 정치권, 행정부의 태도 변화를 요구한다.

하지만 현 정부는 요지부동이다. 역대 정부의 국회 무시는 여러 차례 보았지만 이번처럼 철저한 무시는 없다. 국회를 해산시키고 싶은 심정이라고 해석해도 충분할 정도다. 국회 해산은 불가능하니 국회 마비를 바란다. 사상 최초 청와대의 장관해임건의안 거부, 여당 대표의 단식과 국정감사 거부는 국회 마비를 노리는 것으로 보인다. 국회 해산에 버금가는 국회 마비인 것이다. 국회가 마비되면 정치가 마비되고 정치가 마비되면 정책 역시 마비된다.

현 정부가 무능하고 부패한 사이에도 위기는 계속된다. 그리고 위기를 극복하기 위한 모색 역시 계속된다. 대한민국의 미래를 결정할 문제 해결은 이제 국민의 몫, 야당의 몫이다. 당장 미래를 결정할 정책에 대한 활발한 토론과 모색이 필요하다. 정치권, 기업가, 시민사회, 교수, 전문가, 현장활동가들의 개별적이면서 집단적인 토론과 모색이 필요하다.

지난 9월 21일 열린 제7회 노무현 대통령 기념 학술 심포지엄은 3대 정책 중 경제와 반특권 문제를 다루었다. 경제는 '국민이 잘사는 대한민국'이라는 제목으로 신성장동력에 대해 토론했다. 혁신하고 사회통합적 발전전략을 채택한다면 한국 경제는 여전히 성장할 수 있고, 성장과 함께 양극화, 비정규직, 일자리 등 문제점을 해결할 수 있다는 점을 논의했다.

그리고 반특권·반부패는 '깨끗한 대한민국'이라는 제목으로 검찰개혁과 방산비리를 다루었다. 청렴국가가 되기 위한 선결과제인 검찰개혁과 방산비리는 해묵은 과제이면서 시급한 과제이기도 하다. 이 두 문제만 제대로 해결해도 우리의 청렴도는 획기적으로 개선될 것이다.

남은 정책인 안보와 평화는 10월 3일, 10.4 남북정상선언 9주년 기념행사에서 다룬다. '사드와 동북아, 운명의 2016'이라는 주제로 새로운 안보와 평화의 모델을 모색한다. 무력대결을 기반으로 한 안보가 아닌 상호 존중과 인정을 바탕으로 한 평화모델을 찾아보는 계기가 될 것이다.

정치권과 시민사회, 전문가와 현장활동가의 정책 검토는 이미 시작되었다. 정책검토는 더 풍성하게 진행되어 내년 대통령 선거에서 집중 점검되어야 한다. 경제, 안보, 반특권의 3대 정책을 제대로 마련하는 집단이 선거를 주도하고 대한민국을 주도해야만 우리에게 미래가 있다.

* 이 글은 뉴스토마토 2016년 9월 30일자에 실렸습니다.

좋은 성장의 전략,
공정성장과 약자성장

성장은 우리가 안전하고 평화롭고 행복하고 풍요롭게 살기 위해서 반드시 필요하다. 따라서 보통 좋은 것이다. 하지만 사람을 착취하는 성장, 환경을 파괴하는 성장, 일부 계층을 소외시키고 파멸시키는 성장, 일부 대기업만 이윤을 남기는 성장, 미래세대에게 부담을 지우는 지속 불가능한 성장은 좋은 성장이 아니다. 경제 성장의 결과를 국가와 기업만이 누리는 성장은 좋은 성장이 아니다. 이런 성장은 일부 기득권세력, 일부 자본가들에게만 좋을 뿐 노동자, 농민, 시민, 소상공인, 중소기업인 등 국민 대다수에게 좋지 않다. 나쁜 성장은 대한민국에도 좋지 않고 지구에도 좋지 않다. 인간을 파괴하고 환경을 파괴하고 지구를 파괴하기 때문이다.

좋은 성장, 일하는 사람들이 정당한 대우를 받는 성장을 위해서는 두 가지 성장전략이 필요하다. 공정성장과 약자성장이 그것이다. 공정성장은 반칙과 특권이 없는 성장이다. 약자 성장 전략도 필요하다. 성장과정에서 노동자, 농민, 중소기업, 자영업, 여성 등 사회적 약자의 지위와 주체적 역량을 강화하여 구조적으로 공정하고 평등한 성장이 되도록 해야 한다.

성장은 보통 좋은 것이다. 그러나 모든 성장이 좋은 것은 아니다. 통일과 비슷하다. 통일은 민족의 염원이고 냉전체제의 극복이고 항구적인 평화의 길이다. 따라서 보통은 좋은 일이다. 하지만 그 과정에 전쟁이나 파괴, 인간성 말살, 국가범죄가 수반되어서는 안된다. 파괴와 전쟁을 수반하는 통일은 좋은 통일이 아니다.

성장은 우리가 안전하고 평화롭고 행복하고 풍요롭게 살기 위해서 반드시 필요하다. 따라서 보통 좋은 것이다. 하지만 사람을 착취하는 성장, 환경을 파괴하는 성장, 일부 계층을 소외시키고 파멸시키는 성장, 일부 대기업만 이윤을 남기는 성장, 미래세대에게 부담을 지우는 지속 불가능한 성장은 좋은 성장이 아니다. 경제 성장의 결과를 국가와 기업만이 누리는 성장은 좋은 성장이 아니다. 이런 성장은 일부 기득권세력, 일부 자본가들에게만 좋을 뿐 노동자, 농민, 시민, 소상공인, 중소기업인 등 국민 대다수에게 좋지 않다. 나쁜 성장은 대한민국에도 좋지 않고 지구에도 좋지 않다. 인간을 파괴하고 환경을 파괴하고 지구를 파괴하기 때문이다.

성장을 하되 좋은 성장을 해야 한다. 열심히 일을 하고 성장을 했는데 주위가 갑자기 지옥이 되어 있으면 안된다. 열심히 노력해서 성장한 결과가 '헬조선'이라면 차라리 아무것도 하지 않는 게 좋다.

대한민국의 노동자들이 오래 일하고 임금을 적게 받는 것은 이미 잘 알려져 있다. 2015년 한국의 취업자 1인당 평균노동시간은 2,113시간이고 시간당 실질임금은 15.67달러이다. 노동시간은 OECD 국가 중 뒤에서 두 번째로 길다. 구체적으로 비교해 보면 한국 노동자는 OECD 평균보다 1년에 두 달 더 일한다. 그러면서 시간당 실질임금은 3분의 2 밖에 안된다. 한국 노동자는 독일 노동자보다 4.2달 더 일하고 시간당 실질임금은 절반이다. 미국과 비교해 보면 1.8달 더 일하고 시간당 실질임금은 역시 절반이다. 한국보다 노동시간 짧은 나라에는 그리스, 칠레, 폴란드, 헝가리, 에스토니아, 체코, 슬로바키아 등이 있다.

이런 성장은 좋은 성장이 아니다. 선진국은 물론이고 선진국이 아닌 나라도 하는 노동시간 단축을 제대로 못하는 성장은 좋은 성장이 아니다. 단단히 잘못된 성장이다. 그 결과가 헬조선, 흙수저론, 청년실업, N포세대, 분노사회다. 유사이해 최고의 스펙을 가진 청년들의 대량실업, 취업되자마자 구조조정의 위협을 받는 노동자, 조기퇴직으로 노후를 질 나쁜 노동시장에서 보내야 하는 어르신, 귀여운 아기 낳기를 꺼리는 젊은이, 이것이 우리가 보고 있는 현실이다.

결과가 모든 것을 말해준다. 이 정도면 지금까지의 성장정책에 대해 책임을 물어야 한다. 그리고 새로운 성장 방향을 설정해야 한다. 대기업, 재벌 중심의 경제정책을 집행하면서 경제를 망친 이명박, 박근혜 정부의 경제정책을 완전히 바꾸어야 한다.

좋은 성장, 일하는 사람들이 정당한 대우를 받는 성장을 위해서는 두 가지 성장전략이 필요하다. 공정성장과 약자성장이 그것이다. 공정성장은 반칙과 특권이 없는 성장이다. 재벌의 특권을 통제하고 대기업과 중소기업의 공정한 거래를 보장하는 성장, 비정규직과 정규직의 차이를 해소하는 성장, 일자리를 많이 만드는 성장, 기업도 잘 되지만 일하는 자들이 일한 만큼 대접받는 성장, 지역이 골고루 잘 사는 성장이 그것이다.

공정성장 전략도 훌륭하지만, 약자 성장 전략도 필요하다. 성장과정에서 노동자, 농민, 중소기업, 자영업, 여성 등 사회적 약자의 지위와 주체적 역량을 강화하여 구조적으로 공정하고 평등한 성장이 되도록 해야 한다. 공정한 경쟁 규칙은 그 자체로 의미가 있지만 사회적 약자의 불리한 위치를 대등하게 바꾸지는 못한다. 노동자를 협상의 대상으로 인정하지 않으려는 자세를 바꾸지는 못한다. 자본에 대항하여 노동이, 강자에 대항하여 사회적 약자가 스스로 자신의 권리를 지키고 나아가 기득권을 통제하고 견제하여 좋은 성장, 지속가능한 성장, 함께 잘사는 성장을 만들어야 한다. 사회적 약자의 지위와 주체적 역량이 높아져야만 기득권에 대응할 수 있고 좋은 성장을 만들 수 있다.

유경준과 강창희의 연구에 의하면 100명 이상 기업에 노조가 있으면 평균임금이 2.1%~12.1% 더 증가한다. 사회적 약자의 지위와 역량이 강화되어야 사회적 협약이나 노사정 대타협도 가능하다. 정부의 개입도 최소화할 수 있고 정책의 일관성과 지속성도 보장된다. 공정성장, 약자성장 전략으로 좋은 성장을 이끌어야 한다.

* 이 글은 뉴스토마토 2016년 10월 25일자에 실렸습니다.

대통령의 어리석은 질문에
국회가 답하는 법

상식에는 상식으로 답해야 한다. 하나도 어려울 게 없다. 죄를 지었으면 벌을 받아야 한다. 범죄를 저지른 공직자는 물러나야 한다. 대통령을 포함한 범죄자 집단은 수사와 탄핵에 앞서 먼저 자신들의 범죄행위를 사실대로 말해야 한다. 그리고 국민의 처분을 기다려야 한다. 국민의 처분이 용서를 의미하는 것은 아니다. 법적인 책임은 피할 수 없다. 다만 국민의 분노가 법적인 처벌로 그친다는 점에서 이들은 다시 이 땅에 살 기회를 가지게 될 것이다.

이 쯤 되면 상식과 비상식의 대결이다. 수백만의 국민들이 촛불을 들고 범죄자 대통령의 퇴진을 요구하고 있다. 국회는 국민의 의사를 받아 탄핵을 추진하고 있다. 나라야 망하든 말든 권력과 돈을 추구한 범죄자 집단으로부터 나라를 구해야겠다는 생각이 낳은 행동이다. 국민을 속이고 국가의 세금으로 재산을 불린 집단에 대한 분노가 낳은 반응이다. 이것을 우리는 상식이라고 부른다. 건전한 사회생활, 가정생활, 학교생활을 하는 시민들의 소박하지만 확실한 생각이다. 상식이 아니라면 수백만의 시민들이 토요일마다 광장에 모여 평화집회, 촛불집회를 할 수 없다. 국민적 상식인 것이다.

상식에는 상식으로 답해야 한다. 하나도 어려울 게 없다. 죄를 지었으면 벌을 받아야 한다. 범죄를 저지른 공직자는 물러나야 한다. 대통령을 포함한 범죄자 집단은 수사와 탄핵에 앞서 먼저 자신들의 범죄행위를 사실대로 말해야 한다. 그리고 국민의 처분을 기다려야 한다. 국민의 처분이 용서를 의미하는 것은 아니다. 법적인 책임은 피할 수 없다. 다만 국민의 분노가 법적인 처벌로 그친다는 점에서 이들은 다시 이 땅에 살 기회를 가지게 될 것이다. 물론 범죄인은 진술을 거부할 권리가 있고 무죄추정의 권리를 가진다. 그래도 이번 사건에서는 빠져나갈 수 없다. 증거와 공범이 명백하고 더구나 당사자가 대통령이지 않은가.

그런데 이 시점에 대통령은 잘못한 것이 하나도 없으나 나라가 시끄러우니 자신의 진퇴를 국회에 맡기겠다고 한다. 대통령 3차 담화는 아무리 읽어보아도 상식으로는 이해할 수 없다. 최소한의 논리적 완결성도 갖추지 못했다. 잘못이 없으면 물러나지 않는 것이다. 물러나야 한다면 잘못을 저지른 것이다. 하야할 정도의 범죄행위를 저질렀으니 하야와 탄핵을 외치고 있다. 대통령의 담화는 전제와 결론이 틀렸다. 논술시험이라면 낙제점이다.

이중에서 가장 비상식적이고 비논리적인 것은 자신의 거취를 국회에 맡긴 것이다. 대통령보다 중요한 자리는 없다. 대통령은 계속 하든지 아니면 하야를 하든지 대통령이 결정해야 한다. 그 누구도 대신할 수 없는 것이다. 만일 범법행위가 있는데도 계속 대통령을 한다면 국회는 탄핵을 하고 국민은 퇴진을 요구할 것이다. 그 결과에 대해서도 오로지 대통령이 책임을 져야 한다.

자신의 거취를 국회에 맡긴 대통령의 비상식적인 담화에 대한 답은 상식적이어야 한다. 상식은 애초에 결정한 대로 탄핵을 진행할 것을 요구한다. 상황은 변하지 않았다. 대통령과 그 일당이 뇌물, 공갈, 강요, 국가비밀누설, 매관매직, 국정농단, 개인치부 등의 범죄를 저지른 것은 변함없다. 스스로 퇴진할 생각도 없다. 범죄자가 대통령으로 앉아있는 상황은 그대로다. 국회가 결정하면 물러나겠다는 대통령의 담화는 조금이라도 대통령을 더 하겠다는 술수다. 이때를 대비해 헌법은 국회의 임무를 미리 규정해 놓았다. 탄핵이다.

탄핵만이 국회의 유일하고도 헌법적인 해결책이다. 국회의 결의안은 헌법이 정해 놓은 방안이 아니다. 국회의 결의안은 구속력이 없다. 그리고 여야의 합의도 불가능하다. 여당만의 결의가 국회의 의견이 아닌 것은 말할 것도 없다. 국회가 법률을 만들 수도 없다. 헌법이 정해놓은 대통령의 임기를 단축하는 법률안은 그 자체로 위헌이다. 그렇다고 헌법을 개정할 수도 없다. 이미 탄핵이라는 정상적인 절차를 두고 있는데 이를 회피하기 위하여 임기를 단축하는 헌법을 개정한다면 그 자체로 반헌법적이다. 범죄자 대통령을 탄핵하는 것은 정의의 요구다. 정의는 거래나 협상의 대상이 아니다. 비상식적인 대통령의 떠넘기기에 대한 상식적인 답은 탄핵일 뿐이다.

* 이 글은 이데일리 2016년 12월 6일자에 실렸습니다.

위기의 저출산,
위기의 대한민국

경제의 위기로 시작된 청년의 위기는 청년들에게 일하는 즐거움, 연애의 설레임, 결혼의 행복, 애기와 함께 하는 행복을 원천적으로 빼앗는다. 대한민국 청년은 직장, 연애, 결혼, 출산이라는 행복을 누리지 못하는 불행의 악순환에 빠져있다. 사랑하는 이와 함께 지혜롭고 행복하게 늙어간다는 것, 얼마나 멋진 일인가? 이런 경험을 하지 못한다면 개인으로서 너무 많은 것을 잃어버리는 것이다.

대한민국은 이미 저출산 고령화 사회다. 출산율은 1.23명으로 세계 국가 중에서 4번째로 낮다. 세계 평균은 2.5명이다. 이 결과 우리의 인구는 2015년 5천1백만명에서 2060년 4천4백만명으로 감소할 것으로 전망된다. 이 중 65세 이상 비중은 2015년 13.1%에서 2060년 40.1%로 증가할 것으로 전망된다. 세계 인구는 같은 기간 동안 26억명이 증가한다.

이 정도면 위기도 이만저만한 위기가 아니다. 대통령 선거를 앞두고 후보들이 앞다퉈 저출산 고령화 사회 대책을 내놓는 것도 다 이유가 있다. 통계를 더 살펴보자. 45년 동안 370만명이 줄어든다. 그리고 그 대부분은 유소년0~14세과 생산가능인구15~65세다. 생산가능인구 구성비는 더욱 충격적인데 2015년 세계 10위에서 2060년 199번째로 떨어진다. 이에 비해 고령인구 비중은 2060년 2번째가 된다. 회복되거나 역전될 가능성은 없다. 유소년과 청년들의 비중이 갈수록 줄어들기 때문이다. 통계청의 2015년 통계다.

대한민국의 위기다. 하지만 대한민국의 위기만이 아니다. 개인의 위기이기도 하다. 출산율이 낮다는 것은 자식을 낳지 않는다는 것이고 자식을 낳지 않는다는 것은 결혼을 하지 않는다는 것이고, 결혼을 하지 않는다는 것은 연애를 하지 않는다는 것이고, 연애를 하지 않는다는 것은 직장이 없다는 것이고, 직장이 없다는 것은 일자리가 없다는 것이고, 일자리가 없다는 것은 경제가 형편없다는 것을 의미한다. 경제의 위기로 시작된 청년의 위기는 청년들에게 일하는 즐거움, 연애의 설레임, 결혼의 행복, 애기와 함께 하는 행복을 원천적으로 빼앗는다. 대한민국 청년은 직장, 연애, 결혼, 출산이라는 행복을 누리지 못하는 불행의 악순환에 빠져있다. 사랑하는 이와 함께 지혜롭고 행복하게 늙어간다는 것, 얼마나 멋진 일인가? 이런 경험을 하지 못한다면 개인으로서 너무 많은 것을 잃어버리는 것이다.

위기는 다른 각도에서 생각해 볼 수 있다. 45년 동안 370만명이 줄어든다. 매년 8만 2천 명이 줄어드는 것이다. 이 수치를 자살자와 비교해 보자. 자살을 반드시 개인의 선택이라고 볼 수는 없지만 자살에는 선택의 요소가 있다. 줄어드는 인구 역시 세대의 선택이라는 요소가 있다. 2015년 자살자수는 13,513명이다. 자살자수는 2014년보다 조금 줄었으나 여전히 세계 최고 수준이다. 더욱 우울한 것은 10대부터 30대까지 사망원인 1위가 자살이라는 점이다. 하지만 줄어드는 인구는 자살자보다 6배 이상이다. 우리를 가슴 아프게 하는 자살자보다 무려 6배 많은 사람들이 의식적으로 인구감소의 길을 선택한다는 것이다. 이 정도면 인간이라는 종의 생존을 위협하는 수준이다.

더 심각한 것은 아무도 이 원인을 정확히 모른다는 것이다. 경제가 제대로 풀려 일자리만 늘어나면 이 문제는 해결될 것인가? 그렇지 않는데 문제의 심각성이 있다. 지금보다 훨씬 못살고 직장이 없어 모두가 농사를 지어야 할 때에도 사람들은 부지런히 연애를 하고 결혼을 하고 애를 낳았다. 자기 먹을 것은 가지고 태어난다는 말이 괜히 생긴 것이 아니다. 이 사실은 당장 통계로 확인된다. 못사는 나라의 출산율이 잘사는 나라보다 훨씬 높다. 아프리카 출산율은 4.68명이고 유럽의 출산율은 1.58명이다. 북한의 출산율은 남한의 1.23보다 높은 2.00명이다. 1970년 초반 남북한 출산율은 모두 4명이었다.

저출산의 문제는 경제의 문제이면서 사회의 문제이고 개인의 문제이면서 심리의 문제이기도 하다. 경제의 문제라는 점은 이미 밝혀졌다. 청년들에게 좋은 일자리를 주어 자유롭게 연애하고 결혼하고 애를 낳도록 하는 시스템을 만드는 것은 당연히 필요하다.

그러나 여기에 그쳐서는 안된다. 회피성 성격장애라는 심리의 문제도 해결해야 한다. 의도적으로 연애와 결혼, 출산을 회피하는 사람들이 증가하고 있기 때문이다. 오카다 다카시는 현대 일본 사회에서 회피성 인간이 증가하는 점에 주목한다. 회피성 인간은 애착 장애로 인간관계에서 발생하는 책임을 회피하는 사람을 말한다. 실패할까봐 시도조차 하지 않는 인간형이다. 오카다 다카시는 〈나는 왜 혼자가 편할까〉동양북스라는 책에서 회피성 인간에 대해 분석하면서 회피성 인간이 폭발적으로 증가하는 현대사회의 문제점을 지적한다. 저출산 문제를 해결하려면 개인의 심리와 그 심리를 만드는 사회의 전반적인 구조까지 검토되어야 함을 잘 보여준다. 이 책을 통해서 다시 확인했지만 역시 저출산 문제는 종합적인 대책이 필요한 국가적인 과제다.

* 이 글은 뉴스토마토 2017년 1월 19일자에 실렸습니다.

촛불혁명이 확인한
대한민국 바로세우기 과제

차기 정부, 차기 대통령의 과제는 2개혁, 1관계, 1자리로 정리할 수 있다. 검찰개혁과 재벌개혁, 남북관계, 일자리다.

권력기관 모두를 개혁해야 하지만 그 시작은 역시 검찰개혁이다. 이번 박근혜, 최순실 사태에서 권력전횡의 핵심에는 검찰이 있었다. 검찰은 정치권력과 결탁하여 박근혜, 최순실의 부정부패를 눈감아 주었을 뿐 아니라 이들과 함께 국정농단, 국정전횡을 적극적으로 벌였다. 한국 경제를 바꾸려면 재벌개혁이 필요하다. 권력기관을 바꾸기 위해서 검찰개혁이 필요한 것과 같다. 재벌개혁은 재벌 소유권 개혁, 재벌 행태 개혁, 재벌 범죄 엄단으로 구분된다.

우선해야 할 것은 남북관계다. 남북관계가 정상화되면 외교관계 역시 정상화된다. 외교는 독자성이 있지만 우리의 외교에는 남북관계가 큰 영향을 미친다. 남북관계가 정상적이고 평화와 교류가 활성화되면 외교에서 우리의 목소리는 커진다. 평화와 안보를 서로에게 구하므로 다른 나라에 의존할 필요가 줄어들기 때문이다.

차기 대통령은 아무리 생각해도 일자리 대통령이어야 한다. 경제를 살릴 줄 아는 사람이어야 한다. 직접 일자리를 챙기는 대통령이어야 한다. 이렇게 되려면 정책에 밝아야 한다. 준비를 많이 해야 한다. 일자리가 어떻게 만들어지는지 경제구조를 잘 알아야 한다. 정치에도 강해야 하지만 정책에 강한 대통령, 경제에 강한 대통령이 필요하다.

대통령 선거전이 사실상 시작됐다. 대통령을 선택해야 하는 순간이 다가오고 있다. 우리는 이번 박근혜, 최순실 사태를 거치면서 대통령이 얼마나 중요한 사람인가를 뼈저리게 느꼈다. 대통령 한사람이 나라를 망칠 수 있는 현실을 본 것이다. 그런데 과연 어떤 기준으로 차기 정부의 대통령을 뽑을 것인가. 우리의 기준은 무엇인가.

선거의 기준은 하나다. 차기 정부, 다음 대통령은 우리나라가 당면한 문제를 해결해야 한다. 위기에 빠진 대한민국을 구해야 한다. 위기의 대한민국을 보다 안전하고 평화롭고 자유로우며 여유있게 살 수 있는 나라로 만들어야 한다. 촛불 혁명이 요구하는 것이다. 천만명이 넘는 사람들이 거리에서 촛불을 들고 외친 이유에 답해야 하는 의무를 차기 정부, 다음 대통령은 지고 있다.

촛불혁명은 우리나라가 나라라고 부를 수 없을 정도로 망가진 것에 대한 분노 때문에 벌어졌다. 나라가 망가졌으니 여기에 사는 우리는, 서민은 괴롭기 짝이 없다. 그런데 철저하게 망가진 나라지만 우리와 우리 자손은 이 나라에서 계속 살아야 한다. 지금도 살아야 하고 앞으로도 살기 위해서 우리는 나라를 완전히 새롭게 만들지 않으면 안된다. 이것은 우리와 우리 자손의 생사가 걸린 일이다. 절체절명의 과제다. 결국 차기 정부, 다음 대통령이 새로운 나라를 만들 수 있는 사람인지 아닌지, 이것만이 선거의 기준이 될 수 있다. 대한민국 바로세우기는 촛불혁명이 확인한 과제다. 하지만 새로운 것은 아니다. 만연한 부정부패, 형식화된 민주주의, 공허한 산업화로 고통을 받는 시민들이 오래 전부터 요구해온 것이다. 짧게는 박근혜 정부, 길게는 1987년 이후 쌓여온 시민들의 분노와 요구가 박근혜, 최순실 사태를 계기로 폭발한 것이다. 차기 정부는 이 오래된 분노와 요구에 답해야 한다.

두 개의 개혁, 검찰개혁과 재벌개혁은 대한민국 바로세우기의 출발점

차기 정부, 다음 대통령의 과제는 수없이 많다. 당장 촛불혁명에서 주장된 요구들을 수행해야 한다. 이렇게 요구가 많은 것은 분노가 깊기 때문이다. 분노가 깊은 것은 우리의 발전과정이 민주와 인권, 행복과 사람을 지향하지 않고 오로지 돈과 출세, 자본과 권력만을 지향했기 때문이다. 가깝게는 이명박, 박근혜 정부의 실정이 이런 결과를 낳았다.

하지만 차기 정부가 촛불의 모든 요구를 충족할 수는 없다. 시간의 제약이 있고 우선순위도 있다. 여러 요구 중에서 선택을 해야 한다. 선택의 기준은 해당 과제가 첫째, 촛불혁명의 요구에 부응하는지, 둘째, 다른 과제의 기초가 되는 근본적인 과제인지, 셋째, 시간상으로 시급한 과제인지 여부에 따라 결정될 것이다.

이 기준에 비추어 보았을 때 차기 정부, 차기 대통령의 과제는 2개혁, 1관계, 1자리로 정리할 수 있다. 2개혁, 1관계, 1자리는 검찰개혁과 재벌개혁, 남북관계, 일자리다. 과제의 중대성과 시급성, 촛불의 요구 등을 고려했을 때 안전하고 평화롭고 자유로우며 여유있는 나라를 만들려면 반부패 반특권 개혁과 안보, 그리고 경제의 문제를 해결해야 한다.

개혁은 가장 시급한 과제다. 이명박, 박근혜 정부 동안 민주주의는 형식화되었고 부정부패는 창궐했다. 정경유착, 권력형 비리가 늘어나다 못해 국가의 중심이 부패 집단이 되었다. 기업을 협박하여 돈을 뜯고 예산을 마음대로 사용해 치부했다. 개인의 창고는 넘치는데 국민과 국가는 가난해졌다. 국민을 분열시키다 못해 블랙리스트를 만들어 아예 비국민으로 만들었다. 불법과 부정부패에 청와대, 민정수석, 검찰, 전행정부가 동원되었다. 국민이 만들어준 권력으로 국민을 탄압하고 이용했던 것이다. 여기에서 권력기관의 개혁 요구와 경제체제 개혁 요구가 나온다.

권력기관의 개혁은 촛불혁명이 가장 먼저, 가장 강하게 주장한 것이다. 권력기관이 국민을 보호하지 않고 오히려 부정부패 세력을 도와 국민을 핍박했기 때문이다. 권력기관 개혁은 검찰, 경찰, 국정원 모두를 포함한다.

검찰개혁은 권력기관 개혁의 핵심

권력기관 모두를 개혁해야 하지만 그 시작은 역시 검찰개혁이다. 이번 박근혜, 최순실 사태에서 권력전횡의 핵심에는 검찰이 있었다. 검찰은 정치권력과 결탁하여 박근혜, 최순실의 부정부패를 눈감아 주었을 뿐 아니라 이들과 함께 국정농단, 국정전횡을 적극적으로 벌였다. 청와대 비서실장, 민정수석, 검찰로 이어지는 정치검사들이 박근혜, 최순실 일당과 공모하고 공동 실행했다. 부패한 정치권력과 결탁하여 다른 권력기관을 지휘했다. 김기춘, 우병우로 이어지는 검찰라인은 대한민국의 권력기관을 철저하게 타락시켰다.

검찰 개혁은 검찰에 초집중된 권한을 분산하고 견제하는 것에서 시작해야 한다. 수사권과 기소권의 분리가 그것이다. 검찰은 수사권과 기소권을 모두 가지고 있어 형사사법을 지배한다. 나아가 경찰과 법원, 정치까지도 지배한다. 선진국과 같이 수사권과 기소권을 분리하여 검찰의 권한을 견제할 때 우리는 정치검찰, 부패검찰로부터 벗어날 수 있다.

수사는 경찰이 담당하고 검찰은 기소권을 담당하는 것이 원칙이다. 다만 검찰은 영장청구시, 공소제기시에 부족한 수사를 보충하거나 아니면 수사지휘를 할 수 있어야 한다. 보충적, 이차적 수사권이다. 이로써 경찰과 검찰은 서로 평등한 관계가 될 수 있다.

검찰을 통제하기 위해서는 고위공직자비리조사처를 도입해야 한다. 정치검찰은 필연적으로 부패검사를 낳는다. 부패검사를 수사하고 기소하고 처벌하려면 검사를 수사할 수 있는 독자적인 기관이 필요하다. 검사의 부패는 대부분 권력형 비리이므로 정치적 중립성이 보장되는 고위공직자비리조사처가 이를 담당해야 한다. 그 외에 법무부를 통한 검찰의 견제, 형사공공변호인제도를 통한 검찰 견제 등의 방법이 있다.

경찰과 국정원 개혁도 동시에

경찰도 예외는 아니다. 촛불집회에서는 경찰이 평화롭게 집회에 대응했다. 그 결과 경찰에 대한 평가는 나아졌다. 하지만 불과 1년 전 백남기 농민은 경찰이 쏜 물대포에 의하여 쓰러졌고 최근 사망했다. 경찰의 근본적인 변화는 없다.

경찰 개혁은 자치경찰로부터 시작된다. 국민의 인권을 탄압하는 군대형 경찰이 아닌 시민의 안전을 보장하는 봉사형 경찰은 자치경찰에서 시작된다. 자치경찰을 통하여 주민의 요구에 부응하는 경찰, 지방자치를 완성하는 경찰이 될 수 있다. 그리고 군대형 경찰에서 벗어나기 위하여 민간인으로 구성된 경찰위원회가 경찰을 통제해야 한다. 권력친화적이지 않고 인권친화적 경찰개혁이 필요하다.

국가정보원 개혁도 시급하고 중요하다. 국정원은 2012년 대통령 선거 개입, 2014년 서울시 공무원 간첩 조작사건, 2016년 블랙리스트 작성과 같은 대형 범죄를 주기적으로 저질렀다. 국내정치에 깊숙하게 개입했고 무고한 시민을 간첩으로 만들었고 국민들을 사찰했다. 국정원은 국내사찰, 국내정치업무에서 손을 떼야 한다. 그리고 정보와 수사의 분리라는 원칙에 기초해 수사기능을 경찰에 이관해야 한다. 비밀주의를 타파하기 위하여 국회에 의한 통제를 강화해야 한다. 이렇게 함으로써 국정원은 순수한 해외, 북한 정보 전문기관으로 다시 태어날 수 있다.

재벌개혁은 경제개혁의 출발점

한국 경제를 바꾸려면 재벌개혁이 필요하다. 권력기관을 바꾸기 위해서 검찰개혁이 필요한 것과 같다. 재벌개혁은 재벌 소유권 개혁, 재벌 행태 개혁, 재벌 범죄 엄단으로 구분된다. 재벌의 소유권은 재벌 문제의 뿌리다. 작은 자본으로 대규모 기업집단을 운영하는 것은 민주주의 원칙에 맞지 않을 뿐 아니라 자본주의 원칙에도 맞지 않는다. 재벌 소유권 때문에 일감몰아주기, 하도급 착취와 같은 불공정거래행위와 뇌물, 횡령, 배임과 같은 범죄행위가 발생한다.

불공정거래 행위 등 재벌의 행태는 서민경제에 직접 영향을 미친다. 나아가 국가적 차원에서 공정한 경쟁을 해친다. 기회는 평등해야 하고 과정은 공정해야 한다. 그리고 결과는 정의로워야 한다. 시장이 공정하지 않고 경쟁이 공정하지 않으면 특권과 반칙이 판을 치게 되고 결국 부정부패를 낳는다.

뇌물, 횡령, 배임 등 재벌의 범죄행위도 심각하다. 이번 박근혜, 최순실 게이트에서 재벌은 박근혜, 최순실 일당에 의한 피해자이기도 하지만 뇌물공여죄의 주체이기도 하다. 한 푼의 돈도 아까워하는 재벌이 박근혜, 최순실에게 돈을 바친 것은 이권이 있기 때문이다. 허가권을 독점하기 위하여 국가에 잘 보인 것이다. 이것은 마치 조선말 외국자본이 왕실에 돈을 바치고 철도부설권, 광산채굴권을 얻은 것과 같다. 전형적인 나라 팔아먹기, 자본의 이익챙기기다. 박근혜, 최순실의 행태를 보고 망국의 기억이 떠오른 것은 우리 역사에서 뇌물과 이권팔아먹기의 상관관계를 조선말에 보았기 때문이다.

재벌 개혁은 원칙적으로 전체 재벌이 대상이다. 하지만 정책의 우선 순위상 핵심적인 재벌을 대상으로 해야 한다. 이것은 권력기관 개혁이 필요하지만 검찰개혁을 우선해야 하고 검찰개혁 중 수사권·기소권 분리를 우선하는 것과 이치가 같다. 4대 재벌 개혁에 초점을 두어야 재벌개혁의 성공 가능성이 높아진다.

검찰개혁은 김영삼 정부의 하나회 척결과 비슷하다. 하나회 척결로 대한민국이 군부독재의 위험으로부터 벗어났듯이 검찰개혁을 통하여 검찰공화국, 검찰독재로부터 벗어나야 한다. 재벌개혁은 김영삼 정부의 금융실명제와 비슷하다. 금융실명제로 대한민국이 검은 돈, 부정부패로부터 벗어날 계기를 만들었듯이 재벌개혁을 통하여 부정부패, 불공정시장으로부터 벗어나야 한다. 이 두 가지 개혁은 개혁 중에서도 가장 먼저 해야 하는 개혁이다. 대한민국의 개혁을 위해서 가장 중요한 개혁이다.

하나의 관계, 남북관계의 정상화로 안전과 성장을

관계는 정상화되어야 한다. 대한민국은 주변 국가와 관계를 정상화해야 한다. 서로 안전하고 평화로운 그래서 국민들이 모두 자유롭게 살 수 있는 관계를 만들어야 한다. 지금은 북한과는 핵문제로, 일본과는 과거사로, 미국과는 대외무역으로, 중국과는 사드문제로 갈등 중이다. 하나의 갈등만 해도 불안한데 4중의 갈등이니 불안하기 짝이 없다. 한국과 북한, 미국, 일본, 중국과의 관계는 정상화되어야 한다.

차기 정부, 다음 대통령이 정상화해야 할 1관계는 남북관계다. 모든 관계가 정상화되어야 하지만 우선해야 할 것은 남북관계다. 남북관계가 정상화되면 외교관계 역시 정상화된다. 외교는 독자성이 있지만 우리의 외교에는 남북관계가 큰 영향을 미친다. 남북관계가 정상적이고 평화와 교류가 활성화되면 외교에서 우리의 목소리는 커진다. 평화와 안보를 서로에게 구하므로 다른 나라에 의존할 필요가 줄어들기 때문이다. 하지만 남북관계가 비정상적이고 대결일변도이면 외교에서 우리는 소외된다. 남북한 모두 평화와 안보를 상대방에서 구하지 않고 주변 강대국에서 구하기 때문이다.

남북관계는 전통적인 안보의 관점에서도 정상화되어야 하고 새로운 경제의 관점에서도 정상화되어야 한다. 전통적인 안보 정상화는 남북한 대결구도의 완화, 평화체제의 정착으로 나타난다. 당장의 과제는 북한 핵문제 해결, 남북정상회담 성사, 개성공단 및 금강산 관광 재개 등이다. 차기 정부는 안보 과제를 우선 해결하여 안전하고 평화로운 한반도를 실천해야 한다. 우리도 전쟁의 위험으로부터 벗어나 안전하게 살 권리가 있다. 차기 정부는 7천만 민족의 안전과 평화를 보장하는데 모든 노력을 다해야 한다.

새로운 경제라는 측면에서 보면 남북한 협력을 통한 한반도 경제성장 도모가 중요하다. 한국은 현재 경제성장의 벽에 부딪힌 상태다. 저성장이 구조화되고 있고 활력도 떨어졌다. 이를 타개할만한 거의 유일한 방안이 바로 한반도 신경제다. 한반도를 단위로 하는 경제공동체를 만들어 적극적으로 성장의 동력을 찾는다는 구상이다. 남한의 자본력과 기술력, 북한의 노동력과 지하자원이 합쳐지면 한반도의 새로운 성장 동력이 될 수 있다. 한반도 신경제 구상은 단순히 한반도가 아니라 한반도를 넘어 중국과 러시아, 그리고 저 멀리 유럽까지 연결된다.

북한 입장에서도 경제문제를 해결하려면 남한과 함께 해야 한다. 아무리 적대적이라고 해도 외국의 자본보다는 같은 민족의 자본이 나은 법이다. 물론 이렇게 되려면 같은 민족인 남한이 먼저 보다 장기적이고 안정적이며 체계적인 남북관계를 만들어야 한다.

남북관계 정상화는 노태우 정부의 남북기본합의서 채택, 중국, 소련과의 관계 정상화를 떠올리게 한다. 노태우 정부는 군부독재라는 태생적인 한계를 가지고 있었다. 하지만 북방정책, 즉 남북관계 정상화, 중국, 소련과의 수교를 통하여 한국 경제의 전기를 마련한 점만은 정당하게 평가받아야 한다. 지금 중국과 우리의 관계를 생각해보면 당시 중국과의 수교는 훌륭한 정책적 선택이었음을 쉽게 알 수 있다. 남북관계 정상화는 제2의 북방경제, 한반도 신경제성장 동력으로 부상할 것이다.

하나의 자리, 일자리는 성공한 대통령의 필수조건

차기 정부의 마지막이자 가장 중요한 과제는 경제다. 그리고 경제문제 해결의 지표는 일자리다. 일자리는 경제성장의 원동력이자 결과물이다. 일자리를 만들어 경제를 살리고 경제를 살려 다시 일자리를 만들어야 한다. 차기 대통령은 아무리 생각해도 일자리 대통령이어야 한다. 경제를 살릴 줄 아는 사람이어야 한다. 직접 일자리를 챙기는 대통령이어야 한다. 이렇게 되려면 정책에 밝아야 한다. 준비를 많이 해야 한다. 일자리가 어떻게 만들어지는지 경제구조를 잘 알아야 한다. 정치에도 강해야 하지만 정책에 강한 대통령, 경제에 강한 대통령이 필요하다.

김영삼 정부는 많은 업적이 있었지만 최악의 정부로 평가받는다. 왜냐하면 IMF 경제위기를 초래했기 때문이다. 미국의 오바마 대통령도 퇴임 당시 가장 자랑스러운 일이 일자리를 만든 것이라고 자평했다. 결국 모든 것의 근본에는 경제가 있다. 성공한 대통령이 되려면 경제문제를 해결해야 한다. 현대의 경제문제는 일자리로 집중된다.

차기 대통령은 우선 일자리를 만들어야 한다. 그것도 좋은 일자리를 만들어야 한다. 좋은 일자리는 공공부문에서 만들 수 있다. 우리나라의 공무원 수는 선진국에 비하여 엄청나게 부족하다. 3%만 증원해도 80만개 이상의 일자리를 만들 수 있다. 그리고 노동시간 단축으로도 새로운 일자리 50민개를 만들 수 있다. 일자리를 만들되 대기업과 중소기업의 임금격차, 정규직과 비정규직의 임금격차를 줄여 모든 일자리가 좋은 일자리가 되도록 해야 한다.

촛불민심으로 나타난 국민들의 분노와 요구는 검찰개혁, 재벌개혁이라는 2개혁, 남북관계 정상화로 표현되는 1관계, 일자리로 대표되는 경제개혁인 1자리로 나타난다. 이 모든 것에 답할 준비가 되어있고 유능한 사람이 차기 정부를 이끌어야 한다. 대한민국을 위해서, 그리고 이 땅에서 계속 살아갈 우리와 우리 자손을 위해서 선택의 기준은 하나다.

하향곡선을 바꿀
시민의 힘과 공정사회

이번 촛불은 한국 사회를 상향곡선으로 바꿀 만큼 강력하다. 우리 역사에서 축적된 민주역량이 한꺼번에 분출된 것이기 때문이다. 돌이켜보면 1960년 4월 혁명, 1969년 삼선개헌반대투쟁, 1979년 부마항쟁과 1980년 광주항쟁, 1987년 6월 항쟁, 1997년 민주정부 수립, 2008년 광우병 촛불시위를 거치면서 우리는 민주역량을 축적해왔다. 10년의 소주기와 30년의 대주기 동안 축적된 민주역량이 이번 국정농단 사태를 통하여 폭발했다.

핵심은 국민들의 높은 민주역량을 현실화하는 것이다. 정치, 경제, 사회, 문화 등 모든 영역에서 국민들이 마음 놓고 활동할 수 있는 공간을 마련하는 것이 중요하다. 공정한 경쟁의 기회를 부여하는 것이 그것이다. 공정사회가 되어야 국민의 민주역량을 바탕으로 적폐청산과 제도개혁을 할 수 있다. 그리고 대한민국 진로의 변곡점을 만들 수 있다.

절망과 희망이 교차하는 곳, 부끄러움과 자랑스러움이 공존하는 곳. 깃발은 다르지만 요구는 같고 출신은 다르지만 신뢰가 있는 곳. 이곳은 광장이다. 대한민국의 광장이다. 촛불로 타오르는 대한민국의 광장이다. 이 광장에서 오늘도 우리는 대한민국의 추락하는 현실과 희망을 재확인한다.

대한민국은 하향곡선을 그리고 있다. 망국에 가까운 추락은 아니지만 모든 객관적인 사정은 좋지 않다. 세계 최고의 저출산 고령화, 낮은데다 더 낮아질 것으로 예상되는 성장률, 극심한 빈부격차, 부와 가난의 세습, 재벌의 경제력 집중, 일자리 실종, 세대간 대결, 상시적인 구조조정과 불안한 노동시장, 몰락하는 자영업자, 골목상권 침해, 불공정 경쟁, 중산층의 몰락, 비정규직의 폭발적 증가, 세계 최장의 노동시간, 노동조합 조직율 저하, 북핵문제 등 남북관계 불안정, 주변 강대국과의 불화 등 객관적 지표는 우리나라가 하락세로 접어들었음을 보여준다.

여기에 더해 박근혜 정부의 권력사유화와 부정부패는 대한민국을 아예 추락하게 만들었다. 박근혜 정부의 실패는 박근혜 대통령과 최순실에게서 비롯된 것이다. 하지만 추락은 이명박 정부 때부터 시작되었다. 민주주의 후퇴의 가장 추악한 결과물은 서울시 공무원 간첩조작사건과 블랙리스트 사건이다. 시민의 자유와 인권을 지켜야할 국가 권력이 정치적 목적을 위해 시민의 자유와 인권을 유린한 것이다. 그런데 정치적 목적이라는 것이 거창한 것도 아니었다. 권력을 사유화해 국가예산으로 재산을 불리는 것이었다. 참으로 한심한 일이다. 왕조 말기에나 볼 수 있는 현상이다.

하지만 우리는 대한민국 상향곡선의 가능성도 보고 있다. 희망이라는 추상적인 구호가 아니다. 우리가 보고 있는 상향곡선은 객관적으로 확인되는 국민의 힘이다. 벌써 1천만명을 넘어선 시민들이 매주 쉬지 않고 광장으로 나오고 있다. 남녀노소 구분도 없다. 깃발은 다양하고, 그래서 구체적인 요구는 다르지만 요구는 하나로 모아진다. 정상적인 나라를 만드는 것이 이들의 목표다. 이 힘은 박근혜 정부의 국정농단과 부정부패, 이명박 정부 이후 벌어진 민주주의 후퇴, IMF 이후 불평등해진 경제성장에 대한 반발, 분노에서 나오는 것이다. 촛불시위의 원인은 깊고 오래되었다. 촛불시위는 박근혜 대통령의 탄핵으로 일단 끝날 것이다. 하지만 촛불의 요구는 계속될 것이다. 부정부패를 뿌리 뽑고 민주주의를 실질화하고 산업화의 성과를 시민들이 공유할 때까지 촛불의 요구는 충족된 것이 아니다.

이번 촛불은 한국 사회를 상향곡선으로 바꿀 만큼 강력하다. 우리 역사에서 축적된 민주역량이 한꺼번에 분출된 것이기 때문이다. 돌이켜보면 1960년 4월 혁명, 1969년 삼선개헌반대투쟁, 1979년 부마항쟁과 1980년 광주항쟁, 1987년 6월 항쟁, 1997년 민주정부 수립, 2008년 광우병 촛불시위를 거치면서 우리는 민주역량을 축적해왔다. 10년의 소주기와 30년의 대주기 동안 축적된 민주역량이 이번 국정농단 사태를 통하여 폭발했다.

축적된 민주역량은 집회참가자의 수나 평화적인 집회 방식으로도 표현된다. 하지만 여기에 그치지 않는다. 촛불의 요구는 정권교체에 머무르지도 않는다. 정권교체를 원하지만, 정권교체만큼 정권교체를 통한 대한민국의 개혁을 원하고 있다. 개혁의 내용도 과거 그 어느 때보다 구체적이고 본질적이다. 깊고 오래된 분노, 오랫동안 축적된 민주역량은 하향국면에 들어선 대한민국을 다시 상향국면으로 바꿀 수 있을 만큼 강력하다. 다만 여전히 가능성일 뿐이다. 촛불이 성공한다고 하여 갑자기 상황이 좋아지는 것은 아니다. 좋아질 가능성이 높아질 뿐이다.

이것이 우리를 둘러싼 현실이다. 객관적인 지표상 대한민국은 뚜렷이 하향곡선을 그리고 있다. 하향곡선을 반전시킬 객관적이고 외부적인 계기는 없다. 갑자기 경제성장률이 높아질 리 없고 재벌이 스스로 해체할 이유도 없고 검찰이 개과천선할 가능성도 없다. 하지만 국민의 민주역량은 대한민국의 하향곡선을 반전시킬 만큼 강력하다. 대한민국의 적폐를 청산하고 제도를 개혁하기에 충분하다.

핵심은 국민들의 높은 민주역량을 현실화하는 것이다. 정치, 경제, 사회, 문화 등 모든 영역에서 국민들이 마음 놓고 활동할 수 있는 공간을 마련하는 것이 중요하다. 공정한 경쟁의 기회를 부여하는 것이 그것이다. 공정사회가 되어야 국민의 민주역량을 바탕으로 적폐청산과 제도개혁을 할 수 있다. 그리고 대한민국 진로의 변곡점을 만들 수 있다.

* 이 글은 뉴스토마토 2017년 2월 13일자에 실렸습니다.

V

평화와
인권을
생각하다

북한, 일본의 사형집행과
동아시아 인권

주변 요소를 모두 제외하면 단 하나의 사실만이 남는다. 바로 사형 그 자체이다. 국가가 개인의 생명을 빼앗았다는 것이다. 사형을 아무리 다른 말로 미화해도 사람의 목숨을 빼앗는다는 본질, 살인이라는 본질은 변하지 않는다.

사형제가 폐지될 때 벌어질 상황을 예상하는 것은 쉽지 않다. 그러나 우리의 경험은 이에 대한 단서를 제공한다. 주지하는 바와 같이 한국은 사실상 사형제를 폐지한 국가이다. 벌써 16년 이상 사형을 집행하지 않았기 때문이다. 과연 우리 사회가 우려한 대로 더 잔혹하고 흉악한 범죄가 많아졌을까? 통계는 그렇지 않다는 사실을 말해준다.

생명권은 인권의 기초이다. 한 나라의 인권 수준은 다른 나라에도 영향을 미친다. 북한과 일본의 사형집행이 동아시아의 인권을 위태롭게 하는 사건이라고 보는 이유는 여기에 있다.

지난 12월 12일, 공교롭게도 같은 날 동아시아의 다른 장소에서 사형이 집행되었다. 한 곳은 북한, 사형수는 장성택이었다. 북한의 초고위급 인사인데다가 그동안 막강한 권한을 휘둘렀던 권력자에 대한 사형집행이어서 안팎에 큰 충격을 주었다. 다른 한 곳은 일본, 사형수는 살인범 후지시마 미쓰오와 가가야마 료지 두 사람이었다. 두 사람 모두 연속살인 사건의 범인으로 잔혹한 범죄를 저질렀던 것으로 알려져 있다.

같은 날 사형이 집행되었다는 사실을 제외하면 두 사건은 공통점이 거의 없다. 장성택은 북한의 초고위급 인사로서 오랫동안 북한의 지도부를 구성해왔다. 북한의 권력구조 변화를 상징적으로 보여주는 엄청난 사건이다. 한국을 포함한 세계에 미치는 영향도 엄청나다. 이에 비해 일본의 사형수들은 잔혹한 연속살인범일 뿐이었다. 사회에 미치는 영향은 크지 않았다. 그리고 장성택은 사형이 선고되었음에도 불구하고 한 번만 재판을 받았고 즉시 사형이 집행되었다. 반면 일본의 사형수는 1986년과 2000년의 살인 사건 이후 1심과 2심 재판, 일본의 최고재판소^{대법원} 판결까지 모두 거친 후 사형이 확정됐다. 사형집행도 한참의 시간이 지난 뒤 이루어졌다.

장성택의 재판 및 사형집행 과정은 정상적인 법률집행 과정이라고 볼 수 없다. 원래 중대한 사건일수록 신중하게 재판을 하고 신중하게 집행해야 한다. 혹시 있을 수 있는 오판을 염려해서이다. 그래서 대부분의 국가에서는 상소제도를 두고 원칙적으로 세 번 재판을 하는 삼심제를 채택하고 있다. 우리 헌법도 군사법원이라 하더라도 상고심은 대법원에서 관할한다고 규정하고 있다. 나아가 비상계엄 하의 군사재판은 단심제를 채택할 수 있게 하면서도 사형을 선고한 경우에는 단심을 배제하고 대법원에서 상고를 받아 심리하도록 하고 있다.

판결 후 즉시 사형을 집행한 것은 우리의 인혁당^{인민혁명당} 사건을 연상시킨다.

1975년 유신정권 하 사법부는 인혁당 관계자 8명에 대하여 사형을 선고했고 정부는 18시간 만에 이를 집행했다. 한국 사법 역사상 가장 부끄러운 판결이고 집행이다. 법관들이 가장 부끄러워하는 판결이 바로 이 판결이다. 인혁당 사건은 재심을 거쳐 무죄가 되었고 배상도 받았다. 다시는 이런 일이 반복되어서는 안 된다는 교훈을 얻었다. 하지만 이와 유사한 사례가 북한에서 벌어진 것이다. 사형 선고와 집행 과정을 보면 인혁당 사건이 떠오르는 게 당연하다. 아무리 반국가사범, 파렴치범이라 하더라도 인권은 보장되어야 한다. 장성택의 재판과 사형 집행은 이러한 기본원칙이 지켜지지 않았다.

이에 비해 일본의 사형수들은 최소한 법률이 보장하는 절차는 모두 보장받았다. 하지만 일본의 특징은 여기에 있지 않다. 아베정권 출범 이후 벌써 4번째, 8명의 사형을 집행했다는 점이 중요하다. 1년도 채 되지 않았는데 벌써 8명이 사형되었으니 아베정권 하에서 얼마나 많은 사형집행이 있을지 걱정된다. NHK 보도에 따르면 현재 일본에는 129명의 사형수가 있다고 한다. 아베정권에서 앞으로 얼마나 더 많은 사형집행이 있을지 세계가 걱정하고 있다.

그런데 이러한 주변 요소를 모두 제외하면 단 하나의 사실만이 남는다. 바로 사형 그 자체이다. 국가가 개인의 생명을 빼앗았다는 것이다. 사형을 아무리 다른 말로 미화해도 사람의 목숨을 빼앗는다는 본질, 살인이라는 본질은 변하지 않는다. 누가 목숨을 빼앗는지는 중요하지 않다. 살인에서 중요한 것은 '누가' 살인을 했는가가 아니라 '사람의 목숨'이 빼앗겼다는 사실이다.

현대 법률은 생명권을 가장 중요한 법익이라고 본다. 생명이 없다면 그 어떤 권리도, 미래도 보장될 수 없기 때문이다. 그래서 생명권을 절대권이라고 한다. 어떤 위험이나 위협, 침해로부터도 지켜져야 한다는 뜻이다. 위협의 주체가 누구인가는 묻지 않는다. 죽어가고 있는 사람을 제대로 치료하지 않은 경우에도, 고통스럽게 죽어가는 사람의 고통을 줄이기 위하여 의학적 조치를 취한 경우에도 살인죄는 성립한다. 심지어 판례는 보호자의 요청으로 퇴원해서는 안 되는 환자를 퇴원시켜 사망한 경우 의사들을 살인죄의 방조범으로 인정한 바 있다. 유명한 1997년 '보라매병원 사건'이다.

누구도 생명을 침해해서는 안 되는 이유는 살인이 잔혹하고 비인간적이고 반문명적이기 때문이다. 국제인권법 체계에서는 사형이 "잔인하고 비인간적이며 모욕적인 형벌"세계인권선언이라고 보고 있다. 그래서 문명국의 상징인 유럽에서는 오래전 사형을 폐지했다. 1985년 유럽인권협약 제6의정서로 사형 폐지를 국제조약으로 발효시킨 것이다. 이처럼 유럽은 국가라고 하여 예외를 인정하지 않는다.

사형제를 폐지해야 하는 이유는 또 있다. 형벌은 범죄인에 대한 교정, 교화과정이다. 형벌이 문명과 인권의 입장에서 정당화되는 건 단순히 복수가 아니기 때문이다. 그런데 사형은 이러한 가능성을 완전히 봉쇄한다. 오심으로 인한 피해를 되돌릴 수도 없다. 오심은 형사재판 과정에서 극히 예외적으로 발생하는 것이 아니라 시스템에 내재해있는 문제이다. 위에서 본 인혁당 사건과 조봉암 사형 판결은 의도적인 사형 판결이었지만 무의식적인 오판도 많이 있다.

많은 분들은 사형이 폐지되면 범죄가 더 흉악해지고 범인이 더 날뛰지 않을까 걱정한다. 사람의 목숨은 사람의 목숨만으로 속죄할 수 있다고 생각하기도 한다. 도저히 인간으로서 저지를 수 없는 범죄를 저지른 범죄인이 있고 이들에 대한 용서는 무의미하다고 볼 수도 있다. 모두 일리 있는 이야기이다. 사형제는 어쩌면 우리 DNA에 포함되어 있는지도 모른다. 그만큼 역사도 오래되었다.

사형제가 폐지될 때 벌어질 상황을 예상하는 것은 쉽지 않다. 그러나 우리의 경험은 이에 대한 단서를 제공한다. 주지하는 바와 같이 한국은 사실상 사형제를 폐지한 국가이다. 벌써 16년 이상 사형을 집행하지 않았기 때문이다. 한국의 마지막 사형집행은 1997년 12월, 김영삼정부 말기였다. 그로부터 벌써 16년이 지났는데 과연 우리 사회가 우려한 대로 더 잔혹하고 흉악한 범죄가 많아졌을까? 통계는 그렇지 않다는 사실을 말해준다.

사형집행을 하지 않았음에도 불구하고 사형과 무기형을 선고받은 수는 오히려 줄었다. 사형이 집행되고 있었던 1990년대 중반에는 사형 선고 인원이 10~30명 내외였다가장 많을 때가 1994년 35명, 가장 적을 때가 1997년 10명. 그리고 무기징역은 80~110명 내외였다가장 많을 때가 1996년 113명, 가장 적을 때가 1994년 76명. 그런데 사형이 사실상 폐지된 이후 10년이 지난 2008년에는 사형 선고 인원이 3명, 무기징역은 58명이었다. 작년인 2012년은 사형 2명, 무기징역 23명이었다. 사형은 2002년부터 한 자리 수를 계속 유지하고 있다이상은 사법연감 통계. 사형과 무기징역은 대부분 살인, 강도, 성폭력 등 중대 범죄에서 인정된다. 사형과 무기징역이 줄어들었다는 사실은 이러한 범죄가 줄었거나 혹은 최소한 늘어나지는 않았음을 보여준다.

사회가 흉포화되지 않았다는 것은 다른 통계를 통해서도 알 수 있다. 법원의 구속영장 발부 수는 계속 감소해왔다. 1998년 법원은 14만397건의 구속영장을 발부했다. 중대한 사건이어서 구속재판이 필요하다고 판단한 경우이다. 그런데 그 수는 2002년 9만9,995건으로 10만 건 밑으로 떨어진 후 2007년에는 4만6,274건으로 5만 건 이하가 되었다. 2012년에는 2만7,341건을 기록했다. 15년이 지나면서 무려 11만 명 이상이 구속되지 않게 된 것이다. 달리 말하면 15년 전에 비하여 11만 명 이상이 구속되지 않고 길거리를 돌아다니고 있다는 말이다. 그렇다고 우리 사회가 그만큼 불안해지고 흉포화되었다고 볼 근거는 없다. 일부 성폭행 범죄나 아동 상대 범죄가 증가하기는 했으나 전체 사회가 불안해졌다는 조사나 보고는 아직 없다.

사형제가 사실상 폐지된 이후 우리 사회에서 벌어진 사태는 사형제를 공식적으로 폐지한다고 하더라도 별다른 문제가 없다는 점을 잘 보여준다. 사형제가 폐지되면 범죄자는 폭증하고 범죄는 잔혹해지고 사회는 광란의 상태에 빠진다는 선전은 사형제를 유지함으로써 이익을 얻는 쪽에서 주장하는 허구일 뿐이다.

생명권은 인권의 기초이다. 그런데 북한과 일본이 공교롭게도 같은 날 사형을 집행함으로써 동아시아의 인권을 흔들고 있다. 한국은 예외가 될 수 있을까? 일본의 사형집행은 한국에도 큰 영향을 미친다. 예를 들면 한국인이 일본에서 범죄를 저지른 다음 한국에 돌아왔다고 가정해보자. 일본은 재판을 위해 범죄인 인도요청을 할 수 있다. 피해자가 일본에 있고 모든 증거도 일본에 있으니 일본의 요구는 정당하다. 원래 정의는 범죄가 발생한 장소에서 구현되어야 한다. 그런데 일본에서 재판을 받으면 사형을 선고받을 확률이 높고 또 사형이 집행될 수도 있다. 반면 한국에서 재판을 받으면 사형이 선고되더라도 집행될 가능성은 없다. 이때 우리는 우리 국민인 범죄인을 일본에 인도해야 할까? 이처럼 복잡한 문제가 생기는 것이다.

생명권을 존중한다면 당연히 인도를 거부해야 하겠지만 이렇게 되면 외교적 마찰도 생길 수 있다. 이는 사실 일본이 사형을 폐지하든지 아니면 최소한 한국과 같은 수준으로 사형을 집행하지 않으면 쉽게 해결할 수 있는 문제이다. 이처럼 한 나라의 인권 수준은 다른 나라에도 영향을 미친다. 북한과 일본의 사형집행이 동아시아의 인권을 위태롭게 하는 사건이라고 보는 이유는 여기에 있다.

한국은 벌써 16년째 사형을 집행하지 않고 있다. 사실상 사형제 폐지국가로서 동아시아에서는 유일하다. 국가인권위원회도 활동하고 있다. 이런 면에서 한국은 그동안 동아시아 인권의 수준을 높여 왔다고 할 수 있다. 하지만 이명박정부

이후 한국의 인권상황은 위태로워졌다. 촛불집회에 대한 탄압이 대표적인 사례이다. 나아가 박근혜정부 들어서서는 더욱 심각한 인권침해 상황이 벌어지고 있다. 표현의 자유, 집회와 시위의 자유, 정치적 반대의 자유가 탄압받고 있다. 정당의 자유도 침해되고 있고 전교조나 전공노, 철도노조와 같은 노동조합 활동도 탄압받고 있다.

이처럼 국내의 인권상황이 악화되고 있으므로 동아시아의 인권 문제를 신경쓸 여력이 없게 느껴진다. 하지만 국내 인권상황 개선을 위해서도 국제적인 연대노력은 필요하다. 국내의 어려움은 국내 여러 민주세력의 연대로, 국제적인 어려움은 세계 여러 인권세력의 연대로 풀어야 한다. 인권이야말로 진정한 국내적, 국제적 주제이다.

병영문화와
한반도 평화의
함수관계

평화와 안전을 보장받고 또 요구할 수 있는 시민에는 군 장병이 포함된다. 군인도 제복을 입은 시민이기 때문이다. 그리고 북한 주민을 포함한 동아시아의 시민들도 포함된다. 이 땅에서 평화롭고 안전하게 살아가야 하는 사람들은 이들 시민이다. 정치지도자들은 시민들과 함께해야 한다.

한반도는 남한 63만, 북한 120만의 군인이 있다. 남북한을 합치면 중국 다음 세계 2위이다. 미군과 러시아군을 가볍게 넘는다. 군 병력 인구밀도를 계산하면 세계 최고다. 앞으로 줄어드는 인구를 생각하면 지금 수준의 병력을 유지하는 것은 불가능하다. 전환기에는 청사진이 필요하다. 그 청사진은 국방개혁과 평화체제 구축이다.

좁은 한반도에 과도한 비용을 무릅써가며 180만이 넘는 군 병력을 유지하는 것을 누가 원하겠는가. 많은 군 병력으로 사고가 계속되길 원하는 사람은 또 어디 있겠는가. 당장 군 장병의 안전을 위해서도 남북대화에 적극 나서기를 희망한다.

한국의 정치지도자는 한반도에 사는 모든 사람들의 자유와 권리, 평화와 안전을 보장해야 할 의무가 있다. 그리고 시민들에게는 정치지도자들에게 이를 요구할 권리가 있다. 평화와 안전을 보장받고 또 요구할 수 있는 시민에는 군 장병이 포함된다. 군인도 제복을 입은 시민이기 때문이다. 그리고 북한 주민을 포함한 동아시아의 시민들도 포함된다. 지도자와 시민이 함께 열어가는 평화와 안전은 개인의 삶의 질도 바꾼다. 이러한 당연한 진리를 깨닫는 행사가 최근 있었다.

지난 10월 3일 열린 10.4 남북정상선언 7주년 토론회와 기념식이 그것이다. 이날 토론회는 '평화와 통일, 시민의 힘으로'라는 제목 아래 두 가지 문제를 논의했다. 제1주제는 '자주국방과 한반도 평화의 길'이었다. 전시작전통제권 전환을 둘러싼 논쟁, 동북아 위기와 한반도 평화가 주제였다. 제2주제는 '시민의 참여로 바꾸는 병영문화'였다. 최근 임 병장 사건, 윤 일병 사건으로 드러난 병영문화를 진단하고 개선방안을 논의했다.

두 주제 모두 중요한 쟁점이다. 그리고 최근 상황을 반영한 적절한 주제이다. 그런데 이 중 병영문화 문제는 약간 생소하다. 자주국방, 전시작전권 전환, 한반도 평화, 동북아시아 신질서 구축 등은 오랜 기간 논의해온 전통적인 주제이다. 우리의 운명을 좌우하는 큰 주제로서 매년 논의하지 않을 수 없는 담론이다.

이에 비해 병영문화는 조금 작은 주제이다. 지금까지 군 생활 문제는 항상 한반도 평화라는 거대담론의 하위 주제, 부차적인 문제였다. 병영생활은 국방의 하위개념이었고 군 인권은 국방개혁의 종속변수였다. 논의가 없었던 것은 아니지만 국가적 과제로 부상하지는 못했다. 이번 토론회에서는 이러한 수준에서 벗어나 병영문화가 정식 주제가 되었다. 국가적 과제로 부상하고 있는 것이다. 새로운 현상이다. 표면적인 이유는 우리에게 충격을 준 임 병장, 윤 일병 사건 때문이다. 표면적인 현상 뒤에는 항상 거대한 구조가 있다. 63만의 병력을 유지할 수 없는 시대적, 구조적 변화가 군 사건·사고의 근본원인이다. 병영문화를 국가적 관심사로 만드는 이유이기도 하다.

김종대 〈디펜스 21+〉 편집장의 이날 발표에 따르면 2014년 기준으로 8만6천 명의 군대 내 관심병사, 연간 2만 명의 입실환자, 연간 7천 명의 범죄자, 연간 6백 명의 근무 이탈자, 연간 1백여 명의 자살자, 연간 400명의 자살우려자가 있다고 한다. 이러한 심각한 상태는 교육이나 처우 개선으로 완화될 것인가? 불행하게도 그렇지 않다.

다시 김종대 편집장이 소개한 통계를 보자. 징집대상인 18살 남성인구는 2010년 36만 명 수준에서 2020년 26만5천 명으로 대폭 줄어든다. 63만 명의 한국군 병력을 유지하기 위해서는 2022년이면 징집대상자의 98%가 군에 입대해야 한다. 이를 김종대 편집장은 외형적으로 구분되는 장애인을 제외하고는 저학력자, 정신이상자, 신체허약자, 전과자, 동성애자까지 모두 군에 가야 한다는 뜻이라고 해석했다. 이 정도면 군 조직의 유지 자체가 목적이 되지 않을 수 없다. 앞으로 군 사고가 늘어나면 늘어났지 줄지는 않을 것임을 강력하게 시사한다.

우리 군 병력은 너무 많다. 2007년 참여정부의 국방개혁정책보고서에 의하면 미군은 147만 명인구 3억1천만 명, 중국군은 225만 명인구 13억6천만 명, 러시아군은 103만 명인구 1억4천만 명, 일본 자위대는 24만 명인구 1억2천만 명, 영국군은 28만5천 명인구 6천3백만 명 수준이다. 이에 비해 한반도에는 남한 63만, 북한 120만의 군인이 있다. 남북한을 합치면 중국 다음 세계 2위이다. 미군과 러시아군을 가볍게 넘는다.

군 병력 인구밀도를 계산하면 세계 최고다. 아무리 생각해도 이 정도의 병력을 유지해왔다는 것은 거의 기적에 가깝다. 앞으로 줄어드는 인구를 생각하면 지금 수준의 병력 유지는 불가능하다. 양적으로 풍부하고 질적으로 뛰어난 군은 과거에도 희귀했지만 앞으로는 존재할 수 없다. 양은 선택하려 해도 선택할 수 없다. 줄어드는 양은 질로 보충해야 한다. 세계 최고 대우를 한다는 미군도 병사 모집에 어려움을 겪는다.

전환기에는 청사진이 필요하다. 향후 10년, 20년을 내다보는 철학과 전망이 필요하다. 그 청사진은 국방개혁과 평화체제 구축이다. 먼저 선진정예강군이 되기 위한 국방개혁을 단행해야 한다. 이를 위한 계획은 이미 법률로 마련되어 있다. 2006년에 제정된 '국방개혁에 관한 법률'이 그것이다. 국방개혁에 관한 법률은 ①국방정책을 추진함에 있어서 문민 기반의 확대 ②미래전 양상을 고려한 합동참모본부의 기능 강화 및 육·해·공군의 균형 있는 발전 ③기술집약형으로 군 구조개선 ④국방관리체제를 저비용·고효율로 혁신 ⑤사회변화에 부합하는 새로운 병영문화 정착을 국방개혁의 방향으로 잡고 있다.

국방개혁에 관한 법률은 2020년까지 50만 명 수준의 상비병력 규모를 목표로 하고 있다제25조. 이를 반영하여 2014년의 국방계획은 2022년까지 군 병력을 현재 63만3천 명에서 52만2천 명으로 줄이는 국방개혁기본계획을 수립했다. 참여정부의 애초 계획인 2020년 50만 명보다 적은 감축이지만 추세는 거스를 수 없다는 점을 확인할 수 있다. 아무래도 숫자가 줄면 장병의 기본권이 보장될 가능성은 조금 높아진다. 이런 면에서도 군 병력 감축은 환영할 만한 일이다.

군 병력 감축과 함께 가야하는 정책은 국방예산 증가이다. 한반도를 둘러싼 동북아 평화체제가 안정되지 못한 지금 군 병력 감축에 따른 국방예산 증가는 어느 정도 불가피하다. 그런데 국방예산 증가율은 참여정부 이후 계속 하락하고 있다. 2005년의 국방예산 증가율은 11.4%였으나 2014년 증가율은 3.5%에 지나지 않는다. 국방개혁기본계획은 연평균 7.2%를 제시하고 있다. 필요한 재원의 절반도 투자되고 있지 않은 것이다.

국방예산의 증가 없이 국방개혁을 하는 가장 확실한 방법이 있다. 한반도 평화체제를 만드는 것이다. 항구적인 평화체제는 군 병력을 적정 수준으로 유지하게 만든다. 세계 그 어떤 나라에 비해서도 많은 한반도의 군 병력을 줄이는 가장 확실한 방법이다. 남북한 사이에 교류와 협력이 활발해지면 군축은 따라오기 마련이다. 역사적인 남북기본합의서1992년 발효는 남북군사공동위원회에서 대량살상무기와 공격능력 제거를 비롯한 단계적 군축 실현 문제를 협의·추진하기로 합의한 바 있다제12조. 당장 남북 사이의 대화로도 군축은 얼마든지 가능하다는 점을 보여준다.

여기에 더해 미국과 중국, 일본과 러시아 등 한반도를 둘러싼 강대국들이 남북한과 함께 평화체제를 만든다고 상상해보자. 남북한 군축에 더해 동아시아 차원의 군축이 이루어질 것이다. 이때가 되면 우리는 과도한 안보위험으로부터 벗어날 수 있다. 과도한 국방비도 다른 예산으로 활용할 수 있다. 지금보다 훨씬 적은 군 병력으로 평화롭고 안전하며 윤택한 삶을 영위할 수 있다. 그리고 군인은 더욱 안전하고 행복하게 군 생활을 할 수 있다.

한국 정부와 정치인은 북한만을 상대해서는 안 된다. 한반도를 둘러싼 동북아의 평화체제를 제창하고 이를 실현해야 하는 책무가 있다. 평화만이 안전을 가져올 수 있고 평화가 정착되어야 통일도 가능하다. 한반도에 사는 모든 사람들이 안전하고 평화롭게 살 수 있도록 주위 환경을 만들어야 한다. 여기에는 당연히 군 장병과 북한 주민도 포함된다. 나아가 동북아에 사는 모든 사람들이 포함된다. 이 땅에서 평화롭고 안전하게 살아가야 하는 사람들은 이들 시민이다. 정치지도자들은 시민들과 함께해야 한다.

토론회 다음날인 10월 4일, 10.4 남북정상선언이 있은 날 북한 고위급인사들이 인천아시안게임 폐막식에 참석했다. 국무총리와 통일부장관을 비롯한 우리

측 고위급 인사들을 만났다. 남북관계 발전을 기대할 만한 사건이다. 정부가 적대적인 대북정책을 버릴 기회가 찾아왔다. 우리 측이 먼저 대범한 제안과 접근을 했다면 더 좋았겠지만 상관없다. 이번 기회를 살려 남북대화를 진행하고 신뢰를 쌓기 바란다. 평화체제가 가시화되면 군축도 논의해야 한다. 좁은 한반도에 과도한 비용을 무릅써가며 180만이 넘는 군 병력을 유지하는 것을 누가 원하겠는가. 많은 군 병력으로 사고가 계속되길 원하는 사람은 또 어디 있겠는가. 당장 군 장병의 안전을 위해서도 남북대화에 적극 나서기를 희망한다.

12세기 '이슬람-기독교 강화조약'과 21세기 한반도 평화

폭력적인 지도자들은 전쟁을 일으키지만 민중은 평화를 원한다. 민중은 평화 속에서 안전을 확인하고 자신의 가치를 실현할 수 있다. 평화는 그 자체로 가치가 있다. 평화를 유지하기 위한 노력이 필요한 이유는 평화를 통하여 무엇을 달성하려는 것이 아니라 평화 자체가 인간의 생존조건이기 때문이다. 모든 지도자들에겐 평화에 대한 인식이 그래서 필요하다.

한반도를 포함한 일본, 중국 등 동아시아 차원의 평화도 절실하다. 핵 문제, 미사일 문제, 일본의 재무장 문제, 군비경쟁 문제 등 평화를 위협하는 수많은 문제가 있다. 남북정상회담이 이루어지고 6자회담이 계속되던 시대보다 훨씬 위험해졌다. 평화정착을 위한 노력은 사라지고 보이지 않는다.

험악했던 중세시대에도 서로 불신자로 불렸던 인물들 사이에서 강화조약이 체결되었다. 거의 불가능해 보이는 일을 성사시킨 동력은 지도자들의 상호 존중과 반드시 문제를 해결해내겠다는 의지였을 것이다. 대한민국 대통령을 비롯한 동아시아의 지도자들은 행동해야 한다.

1192년 9월 2일 중동에서 제3차 십자군전쟁을 끝내는 강화조약이 성립됐다. 강화문서의 서명자는 이슬람 쪽은 살라딘, 기독교 쪽은 리처드였다. 1096년에 시작되어 약 180년 동안 진행된 십자군전쟁에서 가장 유명한 인물들이다.

살라딘은 분열되었던 이슬람권을 통일한 후 예루살렘을 다시 이슬람 지배로 확보한 걸출한 영웅이었다. 리처드는 이슬람 쪽에서 '사자의 심장을 가진 왕'이라 부른 기독교 쪽의 영웅. 이 둘은 3년을 끌어온 제3차 십자군전쟁의 주역이었다. 사자왕 리처드의 몇 차례 승리 후 이 둘은 전쟁을 끝내는 강화조약을 체결한다. 그 전까지 상황은 막혀있었고 처리해야 할 일은 분명했다. 리처드는 영국으로 돌아가야 했다. 살라딘은 강화 체결 후 6개월 만에 숨을 거두었다. 양측 모두 미래를 보고 내린 결정이었다.

십자군전쟁 이후 이 강화조약으로 중동에는 평화가 찾아왔다. 강화조약 기간은 애초 3년 8개월이었지만 제5차 십자군전쟁이 일어나기 전까지 26년 동안 이어졌다. 26년은 중동의 역사에서 결코 짧지 않은 시간이다. 최근 팔레스타인과 이스라엘의 분쟁은 72시간의 휴전도 어렵다는 점을 보여줬다. 올 8월 신문보도에 의하면 이스라엘과 팔레스타인은 인도적인 이유로 겨우 72시간의 휴전에 합의했다. 그러나 이스라엘은 사흘 후 다시 가자지구 공격을 계속할 것임을 밝혔다고 한다. 지금 중동에서 26년의, 휴전도 아닌 평화는 거의 무기한이라고 느껴질 것이다.

살라딘과 리처드의 강화조약 기간 중에도 몇 차례 사고는 있었지만 평화가 유지된 것은 평화 그 자체가 필요했기 때문이다. 예루살렘은 이슬람 영토에 속했지만 기독교 쪽의 예루살렘 순례는 허용되었고 안전을 보장받았다. 국경은 확정되었고 경제교류에 한해 자유로운 왕래가 이루어졌다. 평화를 바탕으로 중동은 안정을 찾아갔다.

폭력적인 지도자들은 전쟁을 일으키지만 민중은 평화를 원한다. 민중은 평화 속에서 안전을 확인하고 자신의 가치를 실현할 수 있다. 평화는 그 자체로 가치가 있다. 평화를 유지하기 위한 노력이 필요한 이유는 평화를 통하여 무엇을 달성하려는 것이 아니라 평화 자체가 인간의 생존조건이기 때문이다. 모든 지도자들에겐 평화에 대한 인식이 그래서 필요하다.

상식적으로 이슬람 쪽과 기독교 쪽의 강화조약은 불가능해 보였다. 서로 불신자로 부르면서 깊이 경멸하고 있었다. 그러나 리처드와 살라딘은 달랐다. 중세 종교의 범위를 벗어나지 않았지만 더 큰 그림을 볼 수 있었다. 각 진영의 리더로서 다른 진영의 리더를 인정하고 존중할 정도의 인품과 리더십을 갖추고 있었던 것이다. 이들이 보여준 리더십과 성과는 서로의 존재를 인정하기에 충분했다. 상대방에 대한 인정은 대화의 전제이다.

정체된 상황을 돌파할 현실적인 필요성도 있었다. 서로가 버티고 있는 한 전쟁으로는 상황을 근본적으로 바꿀 수 없었다. 전쟁은 너무나 큰 희생을 요구했다.

이로써 교섭의 전제는 마련되었다. 교섭은 난항을 겪었지만 우호적인 분위기에서 이루어졌다고 한다. 이를 보여주는 에피소드가 두 가지 있다. 사자왕 리처드는 자신의 누이와 살라딘의 동생인 알 아딜을 결혼시키자고 했다. 이슬람 술탄의 동생인 알 아딜이 기독교 왕의 동생과 결혼한 다음 개종하여 예루살렘의 왕이 되게 하자고 제안한 것이다. 도저히 있을 수 없는 제안이고 어떻게 보면 모욕적인 것이었지만 둘은 크게 웃고는 불문에 부치고 말았다.

두 번째 에피소드. 리처드는 알 아딜의 아들을 좋아했다고 한다. 어느 날 리처드는 협상에 동행한 소년에게 무릎을 꿇으라고 명령했다. 소년은 순순히 따랐다. 리처드는 칼을 빼 소년의 어깨 위에 올리며 말했다 "너를 기사에 봉하노라." 소년도 웃었다. 이 소년이 나중에 이슬람 술탄이 된 알 아딜의 아들 알 카밀이다. 물론 알 카밀은 기독교로 개종하지도, 리처드에게 충성을 바치지도 않았다. 그는 37년 후 제6차 십자군전쟁에서 신성로마제국 프리드리히 2세와 강화조약을 체결한다. 알 카밀이 강화조약을 체결하는 데 어린 시절 리처드와의 에피소드가 조금이나마 도움이 되진 않았을까.

평화는 상호 존중의 분위기, 역지사지에서 생겨난다. 서로 불신자로 불렀고 종교로 갈라져 인정조차 하지 않았던 진영 사이에도 평화조약은 성립했다. 그것도 26년간의 평화조약이다. 지금 팔레스타인과 이스라엘에 이 정도의 평화조약을 성사시키는 사람이 있다면 그에게 노벨평화상을 주어도 아깝지 않을 것이다.

한반도를 포함한 일본, 중국 등 동아시아 차원의 평화도 절실하다. 핵 문제, 미사일 문제, 일본의 재무장 문제, 군비경쟁 문제 등 평화를 위협하는 수많은 문제가 있다. 남북정상회담이 이루어지고 6자회담이 계속되던 시대보다 훨씬 위험해졌다. 평화정착을 위한 노력은 사라지고 보이지 않는다. 한반도나 동아시아 차원에서 평화를 정착시킨다면 그 인물 역시 노벨평화상 감이 될 것이다.

평화는 그 자체로 충분한 가치가 있다. 인간 생존과 안전, 존엄과 가치의 기본 조건이기 때문이다. 평화를 정착하기 위하여 대한민국 대통령을 비롯한 동아시아의 지도자들은 행동해야 한다. 평화정착을 위한 로드맵을 만들고 실행해야 한다. 최근 터져 나오는 군 비리, 군인 폭행 문제 역시 평화가 정착되지 않으면 종국적으로 해결되지 않는다.

열강 사이에 낀 대한민국만으로 평화를 정착시키기는 쉽지 않다. 그러나 험악했던 중세시대에도 서로 불신자로 불렀던 인물들 사이에서 강화조약이 체결되었다. 거의 불가능해 보이는 일을 성사시킨 동력은 지도자들의 상호 존중과 반드시 문제를 해결해내겠다는 의지였을 것이다. 한반도와 동아시아의 평화가 절실한 지금 살라딘과 리처드의 지혜가 아쉽다.

"안중근이 범죄자"라는 일본…
갈 길 먼 동아시아 평화인권공동체

모두가 원하는 것이 동아시아의 평화와 인권이다. 영토분쟁과 역사논쟁으로 긴장이 높아지는 현재 평화와 인권의 가치는 더욱 중요하다. 동아시아의 평화와 인권을 지키고 발전시키려면 호혜평등과 존중의 철학이 필요하다. 협소한 민족주의로는 불가능하다. 더구나 일본식의 공격적, 제국주의적 민족주의는 말할 것도 없다. 동아시아 평화와 인권공동체를 위해서는 우선 전쟁과 식민, 내전과 국가폭력으로 얼룩진 동아시아의 과거사를 청산해야 한다. 나아가 동아시아 평화와 인권공동체의 청사진을 제시해야 한다.

한국은 이 과정에서 리더십을 발휘할 충분한 자격이 있다. 가장 큰 피해자이면서 또한 동아시아 평화공동체의 선구자인 안중근 의사의 사상이라는 큰 자산이 있기 때문이다. 이를 위해서는 국내에서 먼저 민주주의와 인권을 보장해야 한다. 지금처럼 공안통치, 안보정치로 일관하면 동아시아 평화인권공동체 구상에서 리더십을 행사할 수는 없다.

일본의 스가 관방장관은 11월 19일 "일본에서 안중근은 범죄자"라는 입장을 밝혔다. 격동의 시대, 위기의 시대인 20세기 초 동아시아 3개국에 깊은 영향을 미친 안중근 의사에 대한 일본 정부의 공식 입장이다. 한국과 중국은 즉각 반발했다. 특히 우리로서는 심각한 사안이라 생각하지 않을 수 없다. 안중근 의사의 사상과 철학, 행동이 대한민국의 기초를 이루고 있기 때문이다. 일제 하 독립운동가들의 사상과 철학, 행동은 대한민국의 정체성에 닿아있다. 비록 사상, 행동, 출신이 다르다 하더라도 독립운동가들이 꿈꾸었던 나라는 새로 만들어진 대한민국에 반영되었다. 그 중에서도 안중근 의사는 특별하고 특별하다. 독립운동 초기에 가장 한국적이면서도 가장 국제적인 시각을 가졌기 때문이다. 우리가 실제로 안중근 의사의 뜻을 제대로 실천하고 있는지는 다른 문제이지만 말이다.

안중근 의사는 단순히 '한국의 독립을 위해서만' 이토 히로부미^{이등박문}를 쏜 것이 아니었다. '동양의 평화'라는 큰 시각을 가지고 있었다. 안중근 의사는 법정에서 이렇게 말한다.

"이번 거사는 나 개인을 위해 한 것이 아니고 동양 평화를 위한 것이다. 만약에 이등박문이 생존한다면 한국뿐 아니라 일본도 드디어 멸망하리라고 생각한다. 이등박문이 사망한 이상 앞으로 일본은 충분히 한국 독립을 보호하여 실로 한국으로서는 크게 행복하고 금후 동양 기타 각국의 평화를 보존하리라고 생각한다."

그러나 일본은 안중근 의사의 사상을 이해하지 못했다. 그 결과 한국은 식민지로 전락했고 일본은 전쟁국가가 되어 만주사변, 중일전쟁, 태평양전쟁 등 전 세계를 상대로 전쟁을 일으켰다. 세계 평화를 위협했고 결국 전쟁에서 패배해 이토 히로부미가 꿈꾸었던 일본은 멸망했다. 무서울 정도로 정확한 예측이다. 이토 히로부미의 사상은 전쟁을 초래했고 안중근 의사의 사상은 평화를 불러온다. 영토분쟁과 역사논쟁으로 동아시아의 위기가 높아지고 있다. 이런 위기의 시대에 평화를 갈파한 안중근 의사가 다시 등장한 것은 우연이 아니리라.

일본 정부가 안중근 의사를 범죄자로 폄하하는 이유는 간단하다. 내용적으로는 동양의 평화를 파괴했던 과거를 반성하지 않기 때문이고 형식적으로는 안중근 의사에 대한 법원 판결이 있기 때문이다. 이 대목에서 법원·정부의 평가와 역사의 평가가 갈라지고 있음을 알 수 있다.

장기적으로야 역사의 평가가 항상 우위에 선다. 남아프리카공화국을 미개한 국가에서 일시에 인권선진국으로 만든 넬슨 만델라 대통령의 경우도 유죄 판결을 받고 26년 동안 감옥생활을 하지 않았던가. 민주정부 10년을 이끈 김대중·노무현 대통령도 유죄 판결을 받은 적이 있다.

역사의 평가는 법원의 평가보다 근원적이다. 그러나 법원의 판결문이 남아 있는 한 이를 핑계로 역사의 평가를 거부할 수 있다. 개인에 대한 국가범죄를 정당화하고 개인의 명예회복을 가로막을 수 있다. 이런 의미에서 법원의 판결도 재정리되어야 한다. 과거사의 대상인 것이다.

나치 독일이 한창 기승을 부릴 때인 1943년 2월 뮌헨대 학생이었던 한스 숄, 소피 숄, 슈모렐에 대한 재판이 있었다. 혐의는 나치를 반대하는 전단지를 살포하고 대학교 내에 '타도 히틀러, 히틀러는 집단학살자, 자유' 등을 낙서한 것이었다. 결과는 사형. 어처구니없지만 당시에는 당연하다고 여기는 결과였다. 이것이 그 유명한 '백장미단 사건'이다. 우리에게 〈아무도 미워하지 않는 자의 죽음〉이란 책으로 잘 알려 있다. 청년시절 누구나 한번쯤 가슴을 조이면서 읽었을 것이다. 이후 나치는 패망했지만 법원의 판결은 그대로 남았다.

독일 패망 이후 연합국은 나치 판결의 불법과 무효를 즉각 선언했지만, 독일 내 목소리는 1980년대부터 시작되었다. 독일 연방하원은 1985년 '독일 민족재판소의 판결들은 어떤 법적 효력도 갖지 않는다'는 결의안을 통과시켰다. 그리고 1998년 형사재판에서 '나치 불법판결 파기법률'을 제정해 최종적으로 나치시대의 불법판결을 무효화했다. 이로써 백장미단 판결은 무효가 되었고 이들의 명예는 회복되었다. 독일인의 손으로 명예를 회복시킨 것이다.

독일의 과거사 정리는 일본과 항상 비교된다. 판결의 무효화라는 법적인 조치에서도 엄청난 차이가 있다. 일본은 법원의 판결이라는 얄팍한 변명으로 과거사를 회피한다. 하지만 법원의 판결은 영원하지 않다. 잘못된 판결은 과거사 청산의 대상일 뿐이다.

안창호 선생은 1907년 이토 히로부미에게 "한·중·일 삼국의 친선이 동양 평화의 기초라는 것은 동의하는 바다. 그러나 우리를 진정으로 돕고 싶으면 한국은 한국인의 손으로 혁신하게 하라"고 요구했다. 모두가 원하는 것이 동아시아의 평화와 인권이다. 영토분쟁과 역사논쟁으로 긴장이 높아지는 현재, 평화와 인권의 가치는 더욱 중요하다. 동아시아의 평화와 인권을 지키고 발전시키려면 호혜평등과 존중의 철학이 필요하다. 협소한 민족주의로는 불가능하다. 더구나 일본식의 공격적, 제국주의적 민족주의는 말할 것도 없다. 동아시아 평화와 인권공동체를 위해서는 우선 전쟁과 식민, 내전과 국가폭력으로 얼룩진 동아시아의 과거사를 청산해야 한다. 나아가 동아시아 평화와 인권공동체의 청사진을 제시해야 한다. 동아시아 국가 모두에게 지워진 책무이다.

한국은 이 과정에서 리더십을 발휘할 충분한 자격이 있다. 가장 큰 피해자이면서 또한 동아시아 평화공동체의 선구자인 안중근 의사의 사상이라는 큰 자산이 있기 때문이다. 이를 위해서는 국내에서 먼저 민주주의와 인권을 보장해야 한다. 지금처럼 공안통치, 안보정치로 일관하면 동아시아 평화인권공동체 구상에서 리더십을 행사할 수는 없다. 이처럼 국내 정치와 국제 평화는 긴밀하게 결합되어 있다. 민주주의를 지키기 위한 투쟁이 곧 국제 평화와 인권을 위한 투쟁이기도 한 이유이다.

동아시아 평화와 인권의 출발점
'제주 4.3사건'

한반도 평화가 위협받고 있는 지금 '제주 4.3사건'의 평화와 인권의 정신은 더욱 절실하다. 현재 한반도는 한미합동군사훈련과 북한의 미사일 발사로 군사적 긴장이 최고조다. 이 두 사건은 최근 남북한 대화의 실종, 북한의 핵실험, 개성공단 폐쇄로 이어지는 대립 속에서 진행되어 과거 어떤 때보다 위험하다. 이번 한미합동군사훈련은 사상최대이고 북한의 대응도 그 어느 때보다 직접적이다.

한반도 군사 대결이 우리의 뜻대로만 해결될 수 없는 것은 아직도 동아시아가 과거에서 벗어나지 못했기 때문이다. 현재의 긴장 국면은 짧게는 남북한의 군사적 대결과 북한의 핵실험으로 촉발되었다. 하지만 거시적으로 보면 2차 세계대전 이후 미국과 소련의 냉전 대결의 결과다. 더 크게 보면 청일전쟁으로 시작된 동아시아 충돌의 산물이다.

4월은 화려한 봄의 계절이다. 그러나 우리 역사에서 4월이 항상 밝고 화려한 것은 아니었다. 4월에는 4.19 혁명이 있다. 민주정부를 수립하고자 했던 학생과 시민들의 함성과 희생이 슬픔과 함께 생각난다. 그리고 너무 슬퍼 잊고 싶지만 잊을 수 없는 세월호 사건도 있다. 벌써 2년이 지났지만 진상은 밝혀지지 않았고 사회는 바뀌지 않았다.

4월의 역사에서 잊을 수 없는 것 중에 또 하나가 '제주 4.3사건'이다. '제주 4.3 사건'은 과거 국가폭력의 상징이었다. 당시 제주 인구 10%인 약 3만 명이 희생되었다. 신고 된 희생자 14,028명 중 10세 이하 어린이가 814명5.8%, 61세 이상 노인이 860명6.1%, 여성이 2,985명21.3%이었다. 좌우의 대립이든, 냉전의 산물이든 어떤 이유로도 이 정도 사람의 희생을 정당화할 수는 없다. 끔찍한 국가 폭력과 인권침해였다.

그러나 우리는 고통스러운 '제주 4.3사건'의 진상을 조사했고 과거사로 정리했다. 일본 식민지배시대, 냉전시대 누적되어 온 전쟁과 식민, 내전과 국가폭력을 정리하고 '제주 4.3사건'은 평화와 인권의 가치로 거듭 났다. 그리고 이를 기념함으로써 한반도와 동아시아의 새로운 가치로 평화와 인권을 제시하고 있다.

한반도 평화가 위협받고 있는 지금 '제주 4.3사건'의 평화와 인권의 정신은 더욱 절실하다. 현재 한반도는 한미합동군사훈련과 북한의 미사일 발사로 군사적 긴장이 최고조다. 이 두 사건은 최근 남북한 대화의 실종, 북한의 핵실험, 개성공단 폐쇄로 이어지는 대립 속에서 진행되어 과거 어떤 때보다 위험하다. 이번 한미합동군사훈련은 사상최대이고 북한의 대응도 그 어느 때보다 직접적이다.

한반도 군사 대결은 공간적으로 수많은 시민들의 인권과 안전을 위협한다. 한반도에 살고 있는 남북한 7천만 시민의 위험을 넘어 중국, 일본, 러시아 등 동북아시아 수십억 시민의 안전을 위협한다. 나아가 미중의 대결로 지구적 차원의 불안요소가 되어 버렸다. 이 때문에 한반도 군사대결은 우리가 중심이 되어 해결해야 하지만 우리 뜻대로 진행되지는 않는다. 냉정한 현실이다.

한반도 군사 대결이 우리의 뜻대로만 해결될 수 없는 것은 아직도 동아시아가 과거에서 벗어나지 못했기 때문이다. 현재의 긴장 국면은 짧게는 남북한의 군사적 대결과 북한의 핵실험으로 촉발되었다. 하지만 거시적으로 보면 2차 세계대전 이후 미국과 소련의 냉전 대결의 결과다. 더 크게 보면 청일전쟁으로 시작된 동아시아 충돌의 산물이다.

조선, 중국, 일본은 근대화과정에서 전쟁과 식민, 내전과 국가폭력을 경험했다. 한중일의 전쟁만 해도 청일전쟁, 조선독립전쟁, 중일전쟁이 있다. 이 과정에서 조선과 만주는 일본의 식민지가 되었다. 불행은 여기에 그치지 않았다. 일제 패망 이후 한국과 중국은 내전을 겪었고 내전 이후 찾아온 것은 분단이었다. 분단으로 인해 국가는 절대권력이 되었고 이로 인해 수많은 인권침해가 발생했다. 동아시아 과거사는 정리되지 못했고 과거 질서를 대체할 새로운 질서, 가치는 제시되지 않았다.

전쟁과 식민과 같은 직접적인 폭력은 끝났지만 동아시아 평화와 인권은 찾아오지 않았다. '제주 4.3사건'이 대표적인 사례이고 오키나와, 대만에서도 폭력은 계속되었다. 위안부 문제 역시 전쟁과 식민 시절에 자행된 잔인한 인권침해의 한 사례다. 위안부 문제는 위안부 개인의 문제가 아니다. 그리고 일본의 사과와 배상으로만 끝날 일도 아니다. 전쟁과 식민시절의 자행된 광범위한 폭력과 인권침해를 정리하지 않는 이상 위안부 문제는 해결되지 않는다. 보편적인 인권의 문제로 재조명되고 있기 때문이다. 과거는 여전히 한반도와 동아시아를 지배하고 있고 동아시아 평화와 공동번영을 방해하고 있다.

국가 넘어 동아시아 차원의 과거사 정리 있어야

동아시아의 평화와 인권은 과거사 정리와 맞물려 있다. 이들 가치는 청일전쟁 이후의 동아시아 대립을 청산해야 정착될 수 있다. 최근의 군사훈련과 북한의 반발도 크게 보면 동아시아의 과거를 청산하지 못했기 때문이다. 국가적 차원을 넘는 동아시아 차원의 과거사 정리가 필요한 것은 이 때문이다.

동아시아 국가 중 과거사 정리를 시도한 나라는 우리뿐이다. '제주 4.3사건' 과거사 정리는 우리의 과거사이면서도 전쟁과 식민, 내전과 국가폭력이라는 동아시아 과거 질서에 대한 정리이기도 했다. 평화와 인권이라는 새로운 가치를 '제주 4.3사건'에서 발견한 것은 당연한 결과다. 군사적 대결이 격화되는 동아시아에서 평화와 인권을 지키는 '제주 4.3사건'의 가치를 다시 생각하는 4월이다.

* 이 글은 뉴스토마토 2016년 3월 21일자에 실렸습니다.

차별과 배제가 없는
인권사회를 위하여

저성장, 불평등 구조에서는 자신의 이익을 지키고 늘리기 위해서 타인을 희생시킨다. 단순히 타인의 이익만이 아니다. 타인의 주체성, 존엄성까지 희생시킨다. 타인을 노예화하는 것이다. 심하면 목숨까지 희생시킨다. 희생되는 자는 약자이기 때문에 자신을 지킬수 없다. 정치적 힘도 약하다.

그리고 저성장, 불평등 구조에서는 눈앞의 이익을 위해서 미래를 희생시킨다. 국가차원에서 보면 과도한 빚을 내고 불필요한 토목사업을 벌여 흥청망청 돈을 쓴다. 부담은 온전히 미래세대에게 넘어간다. 미래세대는 아예 투표권이 없기 때문에 아무런 반항도 하지 못한다.

약탈적 성장은 한계에 도달했다. 기존의 약탈적 성장은 외부에 대한 약탈이었다. 그래서 내부인들은 모두 혜택을 누렸다. 하지만 약탈적 성장이 최고조에 달하면서 외부의 약탈 대상이 없어졌다. 그러자 약탈적 성장은 그 대상을 외부가 아닌 내부의 사람으로 바꾸었다. 최근 극심한 차별과 배제는 바로 내부 약탈의 과정이자 결과다.

현재 한국 사회의 핵심문제는 무엇일까? 많은 사람이 절실히 변화를 원하는 지금, 가장 고통스러운 문제이면서 다른 문제도 쉽게 해결될 수 있는 핵심문제를 찾는 것은 우리의 선결과제다. 핵심문제가 무엇인지 명확해지면 우리는 많은 문제를 해결할 실마리를 찾을 수 있을 것이다. 이 해결의 실마리는 다른 말로 시대정신이라고 한다. 변화를 바라는 사람들의 요구가 집약된 시대정신은 현 시대 핵심문제의 인식에서 시작된다.

모든 사람, 사회는 많은 문제를 안고 있다. 국가와 국제사회도 같다. 하지만 모든 문제가 똑같이 중요할 수는 없다. 일에는 순서가 있듯이 문제도 중요도에 따른 순서가 있다.

핵심문제는 세 가지 요소를 갖추어야 한다. 첫째, 핵심문제는 사회구성원에게 가장 고통스러운 문제다. 고통의 핵심이 문제의 핵심이다. 둘째, 다른 문제의 해결에 결정적인 역할을 해야 한다. 해결의 핵심 역시 문제의 핵심이다. 셋째, 현재의 역량으로 해결할 수 있는 문제여야 한다. 역량의 핵심이어야 하는 것이다.

한편 한국 사회의 핵심문제는 세계 시민들의 핵심문제이기도 하다. 한국 사회가 세계 사회의 일부라는 당연한 이유 때문에 하는 말이 아니다. 우리 사회가 개방형 사회이고 또 개방형 사회이어야 하기 때문이다. 한국은 개방형 성장전략을 선택했고 이 선택은 옳은 것이었다. 산업화와 민주화를 달성하여 사람이 사람으로 대접받는 선진 사회가 되려면 개방형 전략이 필수적이다. 다만 개방형 구조가 완전한 대외의존을 의미하지는 않는다. 내수시장에 충분히 의존하면서도 개방형 구조를 취해야 한다.

김대중과 노무현의 정신

핵심문제를 제대로 정의하고 이를 시대정신으로 승화시키는 작업은 언제나 필요한 일이다. 특히 정치와 학문의 세계는 이에 민감해야 한다. 많은 사람들의 미래를 제시해야 할 의무가 있기 때문이다. 하지만 핵심문제와 시대정신의 탐구가 가장 필요한 시기는 역시 어렵고 고통스러운 시기다. 시민들 대부분이 현재의 상태에서 고통을 받고 새로운 변화를 요구할 때 핵심문제와 시대정신 탐구는 더욱 필요하다.

지난 5월 20일 핵심문제와 시대정신을 탐구하는 토론회가 열렸다. "통합의 길, 시민의 힘"이라는 토론회였다. 김대중 도서관과 노무현재단이 공동으로 주최하고 한국미래발전연구원이 주관한 토론회였다. 주최단체와 주관단체에서 알 수 있듯이 의미 있고 묵직한 토론회였다.

토론회를 "통합의 길, 시민의 힘"이라고 붙인 것은 두 가지 의미다. 하나는 향후 한국사회의 변화 방향이 통합이고 통합을 이끌 힘은 시민에서 나온다는 것이다. 극심한 분열과 내부 갈등을 겪고 있는 우리 사회의 초라한 모습은 시민의 힘에 의한 통합을 강하게 요구하고 있다.

다른 하나는 김대중 대통령과 노무현 대통령의 만남을 상징한다. 김대중 대통령은 국민통합을 위해 평생을 살았다. 노무현 대통령은 시민의 힘에 기초한 민주주의를 꿈꾸었다. 통합과 시민은 두 분 대통령을 상징하는 말이다. 김대중 도서관과 노무현 재단이 처음으로 공동 토론회를 개최하면서 통합과 시민을 선택한 것은 자연스럽고 적절했다고 생각된다.

구체적으로 이 토론회는 2016년 총선의 의미를 탐구하기 위해 마련됐다. 총선의 의미를 밝히되 단순히 정치지형의 변화라는 수준에 머무르지 않고 시대정신의 단계에서 그 의미를 모색하려고 한 것이다. 그래서 토론의 발표문은 '2016년 한국사회 진단과 시대정신'김호기 교수과 '20대 총선결과는 어떠한 정치적 변화를 초래할 것인가?'정해구 교수였다.

토론자로는 박명림 교수연세대, 백승헌 변호사, 성한용 기자, 조대엽 교수고려대였다. 묵직한 주제를 다룰 만한 묵직한 인사들이었다. 나는 과분하게도 이 토론회에서 1부 '2016년 한국사회 진단과 시대정신'의 사회를 보았다.

타인을 희생해서 이익을, 미래를 희생해서 현재를

이 토론회에서는 시대정신과 총선 결과에 대한 많은 이야기가 오갔다. 특히 이번 총선에서 지역주의 완화를 확인했다는 정해구 교수의 지적이나 우리 사회에서 공론의 장이 사라지고 있어 높은 수준의 토론이 없어지는 현상을 우려한 백승헌 변호사의 지적은 깊이 새겨야 할 부분이었다. 다만 이 글에서는 우리 사회의 핵심문제와 시대정신에 한해서 살펴보고자 한다.

김호기 교수는 한국 사회의 핵심문제를 저성장, 불평등, 위기라고 규정했다. 한국과 같은 중견국가가 선진국으로 도약하려면 3% 정도의 성장률이 요구되는데 저성장이 고착된 것이 첫 번째 문제다. 어떠한 형태든 저성장에 대응하는 정책이 필요하다는 것이다.

두 번째 문제는 수저계급론에서 볼 수 있는 극심한 불평등이다. 한국 사회는 불평등이 갈수록 공고화되고 구조화되고 있다. 귀족주의가 등장한 것이다. 그런데 귀족주의 이외에도 과도한 능력주의가 여전히 활개를 치고 있다. 금수저의 강고한 귀족주의와 나머지 수저들의 과도한 능력주의가 기이하게 공존하고 결합되어 있는 것이 한국사회의 민낯이라는 것이다.

세 번째 문제는 위기다. 일생동안 극심한 경쟁에 노출되어 항상 위기에 빠져 사는 곳이 한국이다. 갈수록 힘들어지는 시대에 사회나 국가로부터 아무런 도움을 받지 못하면 사회나 국가는 낯선 존재가 되어 버린다. 이 세상은 살아남기 위해 무한경쟁을 벌여야 하는 약육강식의 사냥터가 된다. 이러한 살벌한 경쟁체제에서 사회통합이 약화되는 것은 당연하다.

김호기 교수의 지적은 타당하다. 달리 표현하면 '타인을 희생해서 자신의 이익을 취하는 사회, 미래의 이익을 희생해서 현재의 이익을 취하는 사회'라고 할 수 있다. 저성장, 불평등 구조에서는 자신의 이익을 지키고 늘리기 위해서 타인을 희생시킨다. 단순히 타인의 이익만이 아니다. 타인의 주체성, 존엄성까지 희생시킨다. 타인을 노예화하는 것이다. 심하면 목숨까지 희생시킨다. 희생되는 자는 약자이기 때문에 자신을 지킬 수 없다. 정치적 힘도 약하다.

그리고 저성장, 불평등 구조에서는 눈앞의 이익을 위해서 미래를 희생시킨다. 국가차원에서 보면 과도한 빚을 내고 불필요한 토목사업을 벌여 흥청망청 돈을 쓴다. 부담은 온전히 미래세대에게 넘어간다. 미래세대는 아예 투표권이 없기 때문에 아무런 반항도 하지 못한다.

이러한 경향이 지속되면 한국 사회의 미래는 없다. 당장 젊은 세대들이 취업과 출산을 포기하면서 파업을 하고 있다. 물론 원해서 취업과 출산을 포기하는 것은 아니지만 말이다. 젊은 세대의 파업은 현재 사회시스템이 절대로 지속될 수 없다는 점을 보여준다. 빚더미에 앉아 비정규직으로 사회생활을 시작해야 하는 청년들은 한국 사회에서 어떤 미래도 볼 수 없다. 그러니 파업을 할 수 밖에. 건강하고 안정적인 청년세대가 없다면 노년세대 역시 없고 미래의 대한민국은 있을 수 없다. 그럼에도 청년세대에게 희생만 강요하는 것이 우리의 현실이다.

약탈을 대신할 차별과 배제가 없는 인권사회

핵심문제가 저성장, 불평등, 위기라면 시대정신에는 혁신, 공존, 보호가 포함되어야 한다고 김호기 교수는 주장한다. 신성장 동력을 발굴하고 시민적 대표성을 구현하기 위한 경제와 정치의 혁신, 상대방을 악마화하지 않고 더불어 살아갈 수 있는 다원주의적 공존, 그리고 공동체 구성원 모두가 최소한의 인간다운 삶을 누릴 수 있는 사회적 약자의 보호가 새로운 시대정신이 품어야 할 키워드라고 한다. 나의 표현인 '타인을 희생해서 자신의 이익을 취하는 사회, 미래의 이익을 희생해서 현재의 이익을 취하는 사회'에 대입해 본다면 시대정신은 차별과 배제가 없는 인권사회가 된다. 인간의 존엄성이 보장되는 인권사회가 시대정신이라고 나는 생각한다.

김호기 교수와 약간의 차이는 있다. 김호기 교수는 저성장의 대책으로 혁신을 주장한다. 그러나 나는 성장이 반드시 대안이라고는 보지 않는다. 특히 약탈적 성장은 한계에 도달했다. 기존의 약탈적 성장은 외부에 대한 약탈이었다. 그래서 내부인들은 모두 혜택을 누렸다. 하지만 약탈적 성장이 최고조에 달하면서 외부의 약탈 대상이 없어졌다. 그러자 약탈적 성장은 그 대상을 외부가 아닌 내부의 사람으로 바꾸었다. 최근 극심한 차별과 배제는 바로 내부 약탈의 과정이자 결과다.

극심한 차별과 배제, 무한경쟁의 사회에서는 우선 기회의 평등, 과정의 공정, 결과의 정의가 필요하다. 그리고 약탈적 성장이 아닌 동반성장 전략이 필요하다. 이런 면에서 성장을 반대하지는 않지만 혁신과 성장이 우리 사회 문제 해결의 핵심이라고 보지는 않는다. 그렇다고 혁신을 배제하는 것은 아니다. 특히 정치와 정부의 혁신, 사회공통자본 마련을 위한 혁신은 계속되어야 한다.

20대 총선에서 시민들은 변화를 선택했다. 변화의 뒤편에는 고통이 있다. 그 고통과 변화의 방향을 파악하는 것이 바로 핵심문제와 시대정신의 탐구다. 이번 토론회가 한국 사회의 핵심문제와 시대정신 탐구에 도움이 되기를, 그리고 공론의 장을 여는 계기가 되기를 바란다. 시대정신과 공론의 장이 사라지면 그만큼 미래는 어두워진다.

대법원, 헌법재판소도 폐기한
북한 주적론

헌법과 법률을 해석하는 대한민국 최고법원에게도 북한은 까다로운 존재다. 북한을 반국가단체로 보는 '국가보안법'이 있기 때문이다. 그러나 주적이라고 보지는 않는다. 헌법재판소는 이미 1992년에 북한을 "조국의 평화적 통일을 위한 대화와 협력의 동반자임과 동시에 대남적화노선을 고수하면서 우리자유민주체제의 전복을 획책하고 있는 반국가단체라는 성격도 함께 갖고 있다"고 보았다. 소위 북한의 이중적 지위론이다. 대법원도 "북한은 조국의 평화적 통일을 위한 대화와 협력의 동반자이나 동시에 남·북한 관계의 변화에도 불구하고, 적화통일노선을 고수하면서 우리의 자유민주주의 체제를 전복하고자 획책하는 반국가단체라는 성격도 아울러 가지고 있다"고 보고 있다.

어김없이 다시 등장했다. 역사적으로 중요한 고비마다 등장하는 색깔론이 그것이다. 이번 2017년 대통령선거에서는 북한인권결의안 기권결정 과정 공방으로 나타났다. 2012년 대통령 선거에서는 NLL 회의록이라는 색깔론이 선거를 지배했다. 포장은 다르지만 상대방 세력, 특히 민주세력을 빨갱이라고 부르는 점에서는 같다. 색깔론이 매번 어김없이 등장하는 이유는 간단하다. 색깔론이 일반 시민의 공포를 자극하여 선거의 방향을 좌우하기 때문이다.

그러나 공포를 자극하려고 해도 거짓말을 해서는 안된다. 북한 주적론은 대한민국의 공식입장이 아니다. 대통령을 포함한 공무원들이 이를 따라서는 안된다. 대통령 후보들도 토론과정에서 이를 주장해서는 안되고 나아가 다른 후보에게 강요해서는 안된다. 아무리 북한 주적론을 이용하면 표를 모을 수 있다고 하더라도 국가의 공식입장이 아니므로 이를 이용해서는 안된다. 북한 주적론은 35년 전부터 공식적으로 폐기되었다.

북한은 남한에게 까다로운 존재다. 그리고 남한 역시 북한에게 까다로운 존재다. 남북정상회담을 통하여 평화와 협력을 해야 하는 존재이면서도 또 서로 위협이 되는 적대세력이기 때문이다. 이것은 정치에서 대화와 안보라는 딜레마로 나타난다. 정치를 규범으로 정의하는 법률의 세계에서도 북한은 까다로운 존재다. 헌법은 자유민주적 기본질서를 강조하면서 평화통일을 강조하고 있다. 특히 대통령에게는 조국의 평화적 통일을 위한 성실한 의무를 지우고 있다. 평화통일을 하려면 대화를 해야 한다. 대화없는 평화는 없다. 대화를 하려면 상대를 인정해야 한다. 상대를 인정하는 것은 상대를 적으로 보지 않는다는 것을 말한다. 물론 완전히 신뢰하는 존재는 아니지만 적이라고 단언해서도 안되는 존재인 것이다.

헌법만이 아니다. '남북관계 발전에 관한 법률'은 남북관계를 "국가간의 관계가 아닌 통일을 지향하는 과정에서 잠정적으로 형성되는 특수관계"로 보고 있다. 그리고 "남한과 북한간의 거래는 국가간의 거래가 아닌 민족내부의 거래"로 본다. 그리고 정부에게 "민족경제의 균형적 발전을 통하여 남북경제공동체를 건설하도록 노력"할 것을 요구하고 있다. 그리고 우리 법률 중에는 남북의 상호교류와 협력을 촉진하기 위한 '남북교류협력에 관한 법률'도 있다. 어디를 보아도 북한을 주적으로 규정하지는 않는다.

헌법과 법률을 해석하는 대한민국 최고법원에게도 북한은 까다로운 존재다. 북한을 반국가단체로 보는 '국가보안법'이 있기 때문이다. 그러나 주적이라고 보지는 않는다. 헌법재판소는 이미 1992년에 북한을 "조국의 평화적 통일을 위한 대화와 협력의 동반자임과 동시에 대남적화노선을 고수하면서 우리자유민주체제의 전복을 획책하고 있는 반국가단체라는 성격도 함께 갖고 있다"고 보았다. 소위 북한의 이중적 지위론이다. 대법원도 "북한은 조국의 평화적 통일을 위한 대화와 협력의 동반자이나 동시에 남·북한 관계의 변화에도 불구하고, 적화통일노선을 고수하면서 우리의 자유민주주의 체제를 전복하고자 획책하는 반국가단체라는 성격도 아울러 가지고 있다"고 보고 있다.

북한의 이중적 지위론도 문제는 있다. 대화와 협력의 동반자라는 지위와 반국가단체라는 성격이 서로 충돌하는 경우 무엇이 더 우선적인가 하는 점이 불분명하다. 법이론적으로는 헌법에서 평화통일을 규정하고 있기 때문에 대화와 협력의 동반자라는 지위가 더 우선한다. 현실에서도 북한과의 대화와 협력이 잘되면 반국가단체라는 성격은 약화되기 마련이다. 북한의 이중적 지위론은 논리적으로 치밀한 이론은 아니다. 하지만 최소한 북한이 우리의 주적이 아니라는 점은 확인할 수 있다.

반헌법적인 북한 주적론이 계속 주장되는 현실적인 근거는 남북관계가 불안정하기 때문이다. 구체적으로 북한의 핵과 미사일 때문이다. 이런 이유로 북한의 이중적 지위를 인정하는 것, 북한을 대화와 협력의 동반자로 규정하는 것을 두고 이상이고 현실을 모르는 주장이라고 비난하기도 한다.

하지만 대통령을 비롯한 정치인은 이상을 현실로 만드는 사람들이다. 미래를 현재로 만들고 규범을 현실로 만드는 사람이다. 그래서 대통령 선거는 미래를 결정하는 선거라고 부른다. 미래를 결정하는 대통령 선거에서 북한 주적론을 주장하는 것은 시대착오적이다. 대통령이 보수적인 헌법재판소나 대법원보다 더 보수적이라면 한반도의 미래는 없다.

아편전쟁부터
6.15 남북공동선언까지

아편 폐기는 장관이었다고 한다. 당시 몰수된 아편의 시가는 당시 돈으로 1천500만달러로 추정된다. 현재 가격으로 어느 정도인지 계산도 안된다. 평지에 한 줄에 100상자씩 쌓아 올린다면 50평방미터의 면적에 높이가 100미터에 달한다.

방법은 바다에 면한 수문을 닫고 반대쪽에 도랑으로 물을 인공연못에 끌어들여 대량의 소금을 투입한다, 아편은 넷으로 잘라 연못에 투입하여 반나절 정도 담아 두었다가 그 다음에 소석회 덩어리를 대량으로 투입한다. 이 때 화학변화가 일어나면서 연기를 내며 끓는 것처럼 보인다. 아편을 불태웠다고 오해하는 것은 이때 발생한 연기 때문이다.

제국주의에 의하여 왜곡된 한일관계는 1965년 한일기본조약 체결로 정상화될 수도 있었다. 하지만 졸속협상은 한일관계를 정상화했지만 제국주의 질서를 청산하지는 못했다. 한일양국 모두 제국주의 질서에 포함되어 있었기 때문이다. 불완전한 한일기본조약은 지금도 한일위안부 문제, 과거사 문제 등의 미해결 문제를 남기고 있다.

1987년 6월항쟁, 2000년 남북정상회담과 6.15 남북정상선언은 제국주의 질서로부터 벗어나기 위한 주체적인 노력이었다. 1987년 6월항쟁은 4월 혁명이후 축적된 민주역량이 표현된 역사적 사건이며 2016년 촛불혁명의 원천이다. 2000년 6.15 남북공동선언은 제국주의적 시각이 아니 우리 주체의 관점에서 남북관계를 재설정하려는 시도였다.

역사에서 6월은 새로운 국제질서를 준비하는 세력들의 충돌, 협상, 모색의 시기였다. 한반도는 여러 세력이 충돌하는 지점으로 항상 위기였지만 특히 6월은 위기와 변화의 시기였다. 근대적 의미의 위기가 시작된 것은 1839년의 아편전쟁이었고 지금은 사드 문제로 한반도가 휘청거리고 있다. 국내에서는 외교부, 통일부 장관 임명이 논란 속에 진행 중이다.

아편전쟁 이후 6월에 1871년 신미양요, 1926년 6.10 만세사건, 1950년 6.25 한국전쟁, 1965년 한일기본조약, 1987년 6월항쟁, 2000년 6.15 남북공동선언이 있었다. 모두 한반도의 운명을 좌우한 중요한 사건들이다. 특히, 아편전쟁은 중국·조선·일본 등 동북아시아의 운명을 결정한 사건이다.

아편전쟁에서 6월이 중요한 것은 6월 3일부터 6월 25일까지 1425톤의 아편을 공개적으로 폐기했기 때문이다. 아편 폐기는 장관이었다고 한다. 당시 몰수된 아편의 시가는 당시 돈으로 1천500만달러로 추정된다. 현재 가격으로 어느 정도인지 계산도 안된다. 평지에 한 줄에 100상자씩 쌓아 올린다면 50평방미터의 면적에 높이가 100미터에 달한다.

폐기는 더욱 문제였다. 먼저 생각할 수 있는 것은 소각, 즉 태우는 것이다. 시험 삼아 기름을 부어 태워보니 타고남은 액체가 땅속에 스며들었고 그 흙을 파서 끓여보니 20~30%의 아편이 다시 만들어졌다. 태워도 소용이 없는 것이었다. 그래서 소금과 석회를 이용하여 폐기하기로 했다. 방법은 바다에 면한 수문을 닫고 반대쪽에 도랑으로 물을 인공연못에 끌어들여 대량의 소금을 투입한다, 아편은 넷으로 잘라 연못에 투입하여 반나절 정도 담아 두었다가 그 다음에 소석회 덩어리를 대량으로 투입한다. 이 때 화학변화가 일어나면서 연기를 내며 끓는 것처럼 보인다. 아편을 불태웠다고 오해하는 것은 이때 발생한 연기 때문이다. 이후 썰물 때 바다 쪽의 수문을 열고 아편을 녹인 물을 바다로 남김없이 흘

려보냈다. 아편을 완전히 소멸시킨 것이다.

아편 폐기 소식은 영국에 전해졌다. 영국은 1840년 2월 영국 국민의 생명과 재산의 안전을 위해 청나라 원정을 결정한다. 사실은 아편이라는 금제품과 아편을 거래한 범죄자를 보호하기 위한 것이었지만 말이다. 제국주의적 질서를 중국과 동아시아에 강요하기 위한 전쟁 결정이었다. 의회의 군비지출안은 4월 표결에 부쳐졌다. 찬성 271표, 반대 262표. 아슬아슬한 표차다. 영국에서도 더러운 전쟁, 명분 없는 전쟁에 대한 반대가 강했다. 하지만 전쟁은 시작되었고 1842년 남경조약으로 전쟁은 끝났다.

아편전쟁으로 동북아시아의 질서는 바뀌었다. 제국주의 질서가 동북아를 지배했고 한반도는 제국주의 질서의 시험장이 되었다. 한반도는 일제 식민지로 전락했다. 해방이 찾아왔지만 제국주의 질서는 분단으로 나타났고 지금도 여전히 우리를 지배하고 있다.

한국인들의 제국주의 질서 극복은 동북아시아 질서와 밀접하게 관련되어 있다. 1926년의 6.10 만세사건은 일본제국주의에 대한 반대였고 동북아 제국주의에 대한 반대였다. 해방 이후 제국주의 질서는 해체되지 못하고 냉전으로 이어졌다. 냉전은 비극적인 한국전쟁을 불러왔다. 한국전쟁은 북한의 도발로 시작된 내전이면서도 미소냉전의 결과물이기도 했다.

제국주의에 의하여 왜곡된 한일관계는 1965년 한일기본조약 체결로 정상화될 수도 있었다. 하지만 졸속협상은 한일관계를 정상화했지만 제국주의 질서를 청산하지는 못했다. 한일양국 모두 제국주의 질서에 포함되어 있었기 때문이다. 불완전한 한일기본조약은 지금도 한일위안부 문제, 과거사 문제 등의 미해결 문제를 남기고 있다.

1987년 6월항쟁, 2000년 남북정상회담과 6.15 남북정상선언은 제국주의 질서로부터 벗어나기 위한 주체적인 노력이었다. 1987년 6월항쟁은 4월 혁명이후 축적된 민주역량이 표현된 역사적 사건이며 2016년 촛불혁명의 원천이다. 2000년 6.15 남북공동선언은 제국주의적 시각이 아니 우리 주체의 관점에서 남북관계를 재설정하려는 시도였다. 남북관계를 중심으로 제국주의 국제질서를 재설정하려고 하는 노력이었다. 이 방향은 지금도 유효하다.

　문재인 정부가 들어서서 미국, 일본, 중국, 북한에 당당한 태도를 취하고 있다. 아직 외교부, 통일부 장관은 임명되지 않았지만 외교의 기조는 정해졌다. 국민들은 당당한 외교에 큰 지지를 보내고 있다. 격동의 시기 6월에 문재인 정부의 당당한 외교가 제국주의 질서를 대신하여 평화와 인권에 근거한 새로운 국제질서를 만들기를 희망한다.

* 이 글은 뉴스토마토 2017년 6월 19일자에 실렸습니다.

VI

꼭
알아야 할
법조 과거사

긴급조치 위헌 결정은
어떻게 '살아있는 헌장'이 되었나

첫째, 정치적 반대파 및 국민의 정치적 자유를 보장하라. 둘째, 표현의 자유, 집회·시위의 자유를 광범위하게 인정하라. 셋째, 북한의 위협을 과장하지 말라.

결론적으로 긴급조치를 위헌으로 선언하면서 유신시대로 다시는 돌아가서는 안 된다고 강조하고 있다. 사실, 헌법재판소의 긴급조치 위헌 결정은 민주사회에서 당연히 보장되어야 할 '기본'에 대한 확인일 뿐이다. 정치적 반대파의 활동이나 사상·양심의 자유, 표현의 자유, 집회·시위의 자유는 민주사회의 가장 기본적인 권리이기 때문이다.

박근혜정부가 민주정부로서 기본적인 의무만 지켰어도 헌법재판소의 긴급조치 위헌 결정은 그냥 수많은 결정 중 하나에 그쳤을 것이다. 그러나 박근혜정부가 과거 공안 전성시대로 회귀함에 따라 헌법재판소의 결정은 '살아있는 헌장'이 되었다. 민주사회의 기본원리를 설명하고 실천을 요구하는 강력한 헌장이 되어버린 것이다.

2013년 3월 21일, 박근혜정부가 출범한 지 약 1개월 만에 헌법재판소는 유신시대 긴급조치에 대하여 역사적인 위헌 결정을 내렸다. 박정희 대통령의 딸인 박근혜 대통령이 정부를 출범시키자 유신시대에 대한 평가를 내린 것이다. 마치 유신과 같은 잘못을 다시는 저지르지 말라고 충고하는 것처럼 보인다. 내용을 살펴보면 더욱 그렇다.

"무릇 집권세력의 정책과 도덕성, 혹은 정당성에 대한 정치적인 반대의사 표시는 헌법이 보장하는 정치적 자유의 가장 핵심적인 부분이다. 자신의 정치적 생각을 합법적인 집회와 시위를 통해 설파하거나 서명운동 등을 통해 자신과 의견이 같은 세력을 규합해나가는 것은 국가의 안전에 대한 위협이 아니라 우리 헌법의 근본이념인 '자유민주적 기본질서'의 핵심적인 보장 영역에 속하는 행위다.
'남침이 가능하다고 북한이 오판할 염려'는 한국전쟁 휴전 이후 남북이 적대적으로 대치하고 있는 현실에서 상존하는 위기상황이라 할 것이고, '북한의 남침 가능성의 증대'라는 추상적이고 주관적인 상황인식만으로 긴급조치를 발령할 만한 국가적 위기상황이 존재한다고 보기에는 부족하다. 통일된 국론의 존재는 개인의 자유가 억압된 전체주의 사회에서 주로 상정하는 것이다. 다원화된 민주주의 사회에서는 오히려 표현의 자유를 보장하고 자유로운 토론을 통해 사회적 합의를 도출하는 것이야말로 국민총화를 공고히 하고 국론을 통일하는 진정한 수단이다."

다소 길지만 새로 출범한 정부, 박근혜정부에 대한 충고로 보이므로 인용했다. 한국의 대표적인 법률가들이라 표현이 점잖다. 줄여서 이야기하면 첫째, 정치적 반대파 및 국민의 정치적 자유를 보장하라. 둘째, 표현의 자유, 집회·시위의 자유를 광범위하게 인정하라. 셋째, 북한의 위협을 과장하지 말라. 이 정도로 요약할 수 있겠다. 결론적으로 긴급조치를 위헌으로 선언하면서 유신시대로 다시는 돌아가서는 안 된다고 강조하고 있다. 유신시대를 지탱하는 가장 큰 제도적 장치였던 긴급조치를 위헌으로 선언했으니 당연히 유신 그 자체가 헌법상 용납될 수 없었던 것임을 밝힌 것이다.

사실, 헌법재판소의 긴급조치 위헌 결정은 민주사회에서 당연히 보장되어야 할 '기본'에 대한 확인일 뿐이다. 정치적 반대파의 활동이나 사상·양심의 자유, 표현의 자유, 집회·시위의 자유는 민주사회의 가장 기본적인 권리이기 때문이다. 헌법재판소는 과거 이러한 권리가 침해되었던 시대를 참회하고 반성하고 이를 법적으로 종결짓는 데 강조점을 두었다.

현실은 항상 상상보다 더 혹독한 법일까? 헌법재판소 결정은 박근혜정부에 대한 충고가 되어버렸다. 박근혜정부가 민주정부로서 기본적인 의무만 지켰어도 헌법재판소의 긴급조치 위헌 결정은 수많은 결정 중 하나에 그쳤을 것이다. 그러나 박근혜정부가 과거 공안 전성시대로 회귀함에 따라 헌법재판소의 결정은 '살아있는 헌장'이 되었다. 민주사회의 기본원리를 설명하고 실천을 요구하는 강력한 헌장이 되어버린 것이다. 결정문은 마치 헌법재판소가 지금의 정부를 질타하고 있는 것처럼 보이지 않는가?

박근혜정부 출범 9개월, 대통령선거로 치면 1년이 다 되어가는 지금, 우리 사회는 과거로 가는 급행열차를 타고 있다. 소통과 화합을 통한 새로운 한국의 개척보다는 단절과 분열, 대결구도가 심각해지고 있다. 박근혜정부는 국민들의 위기의식을 이용하려고 대통령선거 때부터 종북 이데올로기를 내세웠다. 지금도 종북 이데올로기로 한국의 정치와 사회를 재편하고 있다. 국정원을 포함한 국가기관의 선거개입, 노무현 대통령 남북정상회담 회의록의 왜곡과 유출, 국정원과 국가기관 선거개입에 대한 은폐 및 수사방해 등의 직접적인 공안통치 외에도 통합진보당에 대한 정당해산심판 청구, 전교조에 대한 법외노조 통보, 전국공무원노동조합 탄압 등 과거 박정희 유신시대 혹은 전두환의 5공화국 시절로 되돌아간 느낌이다.

게다가 야당과의 대화도 단절한 채 일방적으로 국정을 운영하고 있다. 심지어 국가정책을 비판하는 야당 국회의원에 '월북하라'고 말할 지경이 되었다. 상대방을 인정하지 않겠다는 태도다. 자신의 생각과 다르면 비국민, 국민이 아니므로 얼마든지 탄압해도 된다는 생각이다. 유신시대, 군부독재시대와 유사하다. 그러나 이에 대해 헌법재판소는 단호하게 말한다. "집권세력의 정책과 도덕성, 혹은 정당성에 대하여 정치적인 반대의사를 표시하는 것은 헌법이 보장하는 정치적 자유의 가장 핵심적인 부분"이라고 말이다. 긴급조치를 두고 말한 것이지만 긴급조치를 박근혜정부, 새누리당과 바꾸어도 완벽하게 성립한다.

헌법은 국가의 최고 규범이다. 이 최고 규범은 우리에게 사상과 양심의 자유, 표현의 자유, 언론·출판의 자유, 집회·시위의 자유를 보장한다. 그리고 현 집권세력에 대한 비판의 자유도 보장한다. 국론은 단일하지 않고 다양하다고 말한다. 이 땅에 살아가는 사람들이 다양한데 어찌 하나의 의견만 있을 수 있겠는가? 천하의 이치를 어찌 박근혜정부, 새누리당만이 알고 민주당이나 진보당, 전교조는 모를 수 있겠는가?

유신과 긴급조치라는 반헌법적 시대를 연 박정희 대통령 시대는 법적으로 이미 청산되었다. 헌법을 무시하면 오래가지 못하고 반드시 청산의 대상이 됨을 보여주었다. 헌법재판소의 긴급조치 결정문은 이런 의미에서도 과거 사건에 대한 결정이지만 현재 정부에 대한 충고이다. 박근혜정부는 헌법재판소의 결정을 살아있는 충고로 귀 기울여야 할 것이다.

조선인의 벗,
진정한 변호사 후세 다쓰지를 추모하며

후세 다쓰지라는 이름이 우리에게 대중적으로 알려진 것은 그가 2004년 10월 대한민국 정부로부터 건국훈장 애족장을 추서받은 뒤부터다. 일본인으로서는 처음이었다.

'살아야 한다면 민중과 함께, 죽어야 한다면 민중을 위하여.' 이것은 그의 묘비명이다. 그의 삶과 철학을 가장 압축적으로 보여준다. 그는 일본의 양심이었을 뿐 아니라 식민지 조선과 대만의 벗이었다. 일본 민중의 변호사이면서 조선인과 대만인의 변호사였다. 진정한 국제주의자였고 진정한 인본주의자였다.

2월이 되면 독립운동이 떠오른다. 1919년 2월 8일 재일 조선유학생들의 독립 선언이 일본의 중심 도쿄에서 일어났다. 재일 조선유학생들의 독립운동은 역사적인 3.1운동으로 이어져 우리 민족이 독립민족, 독립국가임을 전 세계에 알리는 계기가 되었다. 이 사건에서 핵심적인 역할을 한 '조선청년독립단'의 조선유학생을 변호한 변호사가 있었다. 그 변호사는 다른 변호사와 달리 피고인들이 잘못했으니 선처를 해달라는 식의 변호를 하지 않았다. 그는 법정에서 조선인의 독립운동의 정당성을 주장하고 일본 식민주의를 고발했다. 그런데 그 변호사는 일본인이었다. 그가 바로 조선인들이 자랑스럽게 '조선인의 벗', '우리의 변호사'라고 불렀던 후세 다쓰지이다. 조선의 독립운동을 생각하면, 피압박 민중의 해방을 생각하면, 그리고 변호사로서 어떤 삶을 살아야 하는지를 생각하면 그의 이름이 떠오른다.

후세 다쓰지라는 이름이 우리에게 대중적으로 알려진 것은 그가 2004년 10월 대한민국 정부로부터 건국훈장 애족장을 추서받은 뒤부터다. 일본인으로서는 처음이었다. 1879년 태어난 후세 변호사의 공적사항은 조선청년독립단 사건 변호 외에도 1923년 국내 강연회를 통한 조선인 차별철폐 주장, 1923년 박열의 일본 황태자 암살기도 사건 변론, 1923년 의열단원 김지섭 지사 변론, 1924년 관동대지진 당시 일본의 유언비어 유포 항의 등이 있다. 그 외에도 그는 동양척식주식회사를 상대로 나주지역 농민의 510만평에 이르는 토지반환 소송을 제기하여 조선 농민들의 권리 옹호에도 앞장섰다.

하지만 그의 변호사 활동은 1930년대 들어서면서 중단된다. 일본 정부는 1932년 그를 징계재판에 회부하면서 변호사 자격을 박탈하고 다음해에는 신문지법 위반으로 금고 3개월에 처한다. 이후 1939년 일본 제국주의의 가장 악랄한 법이었던 치안유지법에 의하여 징역 2년을 선고받고 아예 변호사 등록이 말소된다. 치안유지법에 의하여 탄압받는 피압박 민중을 변호하던 변호사가 바로 그 치안유지법에 의하여 탄압을 받게 된 것이다. 치안유지법은 후세 변호사 아들의 생명도 빼앗아 갔다. 그의 아들은 치안유지법 위반으로 조사를 받다가 옥사했다. 일제 패망 후 그는 다시 변호사 활동을 하게 되는데 〈조선건국 헌법초안〉을 저술하고 조선인을 변호하는 등 피압박 조선민중들을 위해 살다가 1953년 9월 13일 유명을 달리했다.

후세 변호사를 보는 우리의 시선은 조선의 독립을 옹호하고 일본 제국주의와 식민주의를 공격한 데에 초점이 있다. 하지만 후세 변호사는 여기에 그치지 않았다. 그는 당시 일본의 식민지였던 대만의 독립운동, 민중운동을 지원했고 일본의 무산계급, 사회적 약자를 위한 변호와 인권옹호 활동에 매진했다. 그는 일본 제국주의에 반대하는 일본 사회주의자들을 변호했고, 수해이재민의 구원활동 등을 통하여 일본 내 약자를 위해 투쟁했다. 판·검사 등용시험에 합격했으면서도 법관이 아니라 변호사의 길을 걸었고 스스로 '민중의 변호사'라 칭했다. 그는 '일본 무산계급의 맹장'으로 소문이 났으며 일본 정부로부터는 '적색변호사, 좌익변호사'로 불렸다.

이처럼 그는 당시 조선인만이 아니라 대만의 민중 등 피압박 식민지 민중과 일본 내 사회적 약자를 위해 변호사직을 상실하면서까지 투쟁을 멈추지 않았다. 그는 한 국가의 틀을 훌쩍 뛰어넘었다. 그가 일본이라는 출신국가를 넘어설 수 있었던 것은 일본인도, 조선인도, 대만인도 모두 인간으로 보았기 때문이다. 자유와 인권, 평등과 평화가 인간에게 가장 중요한 가치라는 점을 깨달았기 때문이다.

조선의 독립운동에 대한 그의 깊은 공감은 바로 세계의 자유와 인권, 평등과 평화가 조선에 집중되어 있다는 인식에서 비롯됐다. 그는 "조선 문제는 결코 조선에만 한정된 문제가 아니다. 조선은 세계평화와 혼란을 좌우하는 문제이다. 전 세계의 문제이며 전 인류의 문제"라고 말할 정도로 식민지 조선의 문제를 정확하게 인식하고 있었다. 안중근 의사가 조선의 독립만이 아니라 동양의 평화를 위하여 이토 히로부미에게 총을 쏜 사실을 연상시킨다. 대사상가의 생각은 어찌 이렇게도 같을까?

'살아야 한다면 민중과 함께, 죽어야 한다면 민중을 위하여.' 이것은 그의 묘비명이다. 그의 삶과 철학을 가장 압축적으로 보여준다. 그는 일본의 양심이었을 뿐 아니라 식민지 조선과 대만의 벗이었다. 일본 민중의 변호사이면서 조선인과 대만인의 변호사였다. 진정한 국제주의자였고 진정한 인본주의자였다.

한국과 북한, 일본, 중국, 대만이 있는 동아시아는 국제정치와 경제에서 이미 중요한 지역이다. 수많은 사람과 물자가 오간다. 세계 경제에서 차지하는 비중은 미국이나 유럽연합에 뒤지지 않는다. 동아시아는 서로 의존하고 서로 영향을 미치면서 발전하고 있다. 그러면서도 긴장은 해결되지 않고 있다. 최근에는 영토분쟁이 더 격화되고 있다. 방공식별구역 설치로 물리적 충돌 가능성까지 거론된다. 뿌리는 과거 동아시아에서 발발했던 전쟁과 식민, 내전과 국가폭력이다. 한 나라 차원에서나 동아시아 전체 차원에서 과거사가 정리되지 않았기 때문이다. 동아시아는 과거에 대해 너무나 다른 기억을 가지고 있다. 안중근 의사 기념관 개관식 때 일본 정부가 보여준 반응은 안중근이라는 불세출의 영웅에 대한 일본과 한국의 기억이 얼마나 다른지를 보여준다. 이처럼 동아시아에는 과거에 대한 공통의 기억이 없다. 특히 동아시아의 미래를 보여줄 공통의 기억이 없다.

동아시아의 미래가치는 자유와 인권, 평등과 평화일 수밖에 없다. 동아시아는 이미 전쟁과 식민, 내전과 국가폭력을 경험했다. 그리고 그 길이 죽음과 공멸의 길이라는 점을 잘 알고 있다. 이것을 대신할 만한 가치는 오로지 인류 공통의 가치인 자유와 인권, 평등과 평화뿐이다. 그렇다면 개별 국가를 넘어 이러한 가치를 제시하고 실천한 동아시아의 대사상가, 대실천가를 찾아 그에 대한 기억을 공유해야 하지 않을까? 이러한 대사상가, 대실천가를 변호사 중에서 찾는다면 그 첫 번째는 당연히 후세 변호사일 것이다. 독립운동을 생각하면서 독립운동에 그치지 않고 동아시아의 자유와 인권, 평등과 평화를 위해 싸웠던 진정한 변호사, 진정한 국제주의자, 후세 변호사를 추모한다.

불법은 사라지지 않는다…
기억해야 할 검찰의 전과(상)

한번 발생한 불법은 절대 없어지지 않는다. 나는 이를 '불법 보존의 법칙'이라 부른다. 자연계의 유명한 법칙인 에너지 보존의 법칙과 같이 한번 발생한 불법은 없어질 수 없다. 의식적으로 새로운 에너지를 투입해야만 없앨 수 있을 뿐이다.

검사는 불법구금과 고문의 의혹이 있으면 이를 수사해야 한다. 경찰이나 국정원의 위법 행위는 자연적으로는 절대 없어지지 않는다. 검사나 다른 국가기관이 나서서 수사하고 단죄해야 없앨 수 있다.

망각은 인간에게 주어진 숙명이다. 아픈 과거를 잊지 않으면 사람은 견디지 못한다. 사랑하는 사람과 이별은 오로지 시간이, 망각이 치유해줄 수 있다. 모든 것을 기억하는 것은 축복이 아니라 저주이다. 그러나 중요한 역사를 잊으면 사람은 사람 구실을 하지 못한다. 같은 잘못, 같은 범죄를 반복하기 때문이다. 우리가 집단의 기억으로 역사를 정리하고 그 역사를 후배와 후손들에게 전하는 이유는 동일한 잘못을 되풀이하지 않기 위해서이다.

지금 이 땅에서 국가권력이 간첩을 조작한 사건이 발생했다. 서울시 공무원 국가보안법 간첩조작·증거조작 사건, 한 인간을 파멸시키기 위하여 검찰과 국정원이 증거를 조작한 사건이다. 우리나라에서 가장 힘이 센 두 조직이 사회적 약자인 탈북자를 상대로 벌인 범죄행각이다. 믿기 힘든, 믿고 싶지 않지만 우리 눈앞의 현실이다.

이러한 일이 벌어지는 데에는 여러 가지 이유가 있다. 감히 증거를 조작해도 아무도 눈치 채지 못하고 처벌받지 않을 것이라는 확신, 간첩일 것 같다면 어떤 이유에서든 처벌하고 박멸해야 한다는 비뚤어진 반공의식, 이번 사건을 잘 처리하면 출세할 것이라는 개인적인 욕심, 사람의 자유와 인권에 대한 무지 등이 복합적으로 작용했다고 볼 수 있다.

이번 사건을 보면서 1960년대와 1980년대까지 이어온 간첩조작 사건, 증거조작 사건을 떠올린 사람은 나만이 아닐 것이다. 검찰이 기소기관으로서 당시에 있었던 간첩조작 사건, 증거조작 사건을 막아내고 증거조작에 뛰어들지 않았더라면 불행한 사태는 없었을 것이다. 아니, 당시엔 그랬다 하더라도 해당 사건에 대해 철저히 반성하고 과거를 청산했다면 이번 사태는 없었을 것이다. 과거로부터 배우지 못하는 행태가 일본의 현 정부와 어쩌면 그렇게 비슷한지 기가 막힌다.

역사는 반복된다고 한다. 그러나 불행한 역사는 반복되어서는 안 된다. 인간의 이성으로 막을 수 있다. 대표적인 증거조작 사례를 보면서 역사의 무게를 느껴보고자 한다.

태영호 선주와 선원들은 1968년 7월 3일경 경기도 옹진군 연평도 근해 해상에서 병치잡이를 하던 중 북한 경비정에 나포, 억류되었다. 그로부터 4개월 후인 10월 31일 그들은 연평도 해상에서 풀려나 남한으로 돌아왔다. 그런데 그들을 기다리고 있었던 것은 경찰과 검찰의 가혹한 수사였다. 이들은 인천경찰서에서 3일, 여수경찰서에서 34일 불법 구금되었다가 순천지청의 수사지휘로 석방되었다. 그런데 다시 부안경찰서에서 30여 일 동안 불법 감금되어 수사를 받았다. 그리고 순천지청으로부터 사건을 이송 받은 정읍지청은 이들을 "반국가단체인 북괴의 지배하에 있는 지역으로 탈출했다"는 혐의로 기소했다. 이들은 모두 징역형과 집행유예를 선고받았다.

정읍지청 담당 검사는 기소하기 전 해군본부에 태영호의 월선 여부를 질의했다. 하지만 그는 해군본부의 회신을 기다리지도 않고 태영호 선주와 선원들을 기소해버렸다. 그리고 11일 후 해군본부의 회신이 도착했다. 내용은 어로저지선 남방 1.5마일 지점에서 어선 1척이 북한 경비정에 의하여 피랍된 사실이 있다는 것이었다. 이로써 태영호는 월선하지 않았다는 사실이 공식 확인되었다. 여기에서 상식적인 사람은 이들 선원들이 마땅히 무죄로 석방되어야 하고 선원들에 대한 불법구금과 가혹행위에 대해서는 국가가 사과와 배상을 해야 한다고 생각할 것이다. 그런데 이 중요한 증거는 기록목록에 기재되지도, 법정에 제출되지도 않았다. 검사는 고의로 이 증거를 무시했다. 비록 새로운 증거를 만든 것은 아니지만 결정적인 증거를 고의적으로 누락함으로써 사건을 조작했다.

이런 일은 인간이라면 해서는 안 된다. 인류의 위대한 모든 스승들이 다 거짓

말하지 말라고 하지 않았던가? 검사의 윤리, 공무원의 윤리, 이런 것까지 갈 필요가 없다. 아무런 죄를 저지르지 않았음을 뻔히 알면서도 처벌하는 것은 양심이 있는 사람이라면 해서는 안 될 일이다. 그런데 실제로 이러한 일이 발생했다. 태영호 선원은 유죄를 선고 받았다. 이후 2008년이 되어서야 태영호 선원들은 재심을 통하여 무죄판결을 받았다.

1969년 3월 28일 주문진에 사는 대덕호 선원 최만춘은 부인과 함께 전북도경에 연행되었다. 구속영장이 없는 불법구금이었다. 구속영장이 발부된 것은 무려 195일이 지난 10월 7일. 그 동안 이들은 잠 안 재우기, 각목 구타 등의 고문, 가혹행위를 당했다. 그 과정에서 7명의 선원이 더 연행되어 불법구금과 가혹행위를 당했다.

이들은 무장간첩의 안내원으로 수사를 받았지만 관련이 없다는 사실이 확인되었다. 하지만 전북도경은 여기서 그치지 않았다. 6년 전에 발생한 납북사실을 확인하고 간첩 혐의로 수사를 시작했다. 이들은 결국 탈출, 잠입, 반국가단체 찬양고무죄, 불고지죄 등으로 최고 징역 10년, 최소 징역 1년과 집행유예를 선고받았다.

불법구금과 고문, 가혹행위는 범죄행위다. 범죄행위로 얻은 증거는 증거로 사용할 수 없다. 상식적인 판단이다. 정의를 집행하는 국가기관이 범죄를 저지르면 수사와 재판의 도덕성은 깨진다. 범죄자는 범죄자를 처벌할 수 없다. 하물며 범죄자가 무고한 사람을 어떻게 처벌할 수 있겠는가?

검사는 경찰의 위법행위를 견제하고 감시해야 한다. 그런데 이 사건에서는 전혀 그러한 기능을 하지 못했다. 심지어 이들 선원들은 전주지검에서 검사도 구타했다고 주장했다. 경찰에서 고문을 당한 사람이 검사에게 도움을 청하지 않았을 리 없다. 검사가 경찰보다 더 믿을 만하다고 생각하기 때문이다. 그런데 검사는 이를 무시했다. 당시 국가보안법, 반공법 위반 사건에서 불법구금과 고문이 있었다는 점은 누구나 아는 공지의 사실이다. 더구나 이 사건에서는 무려 195일간의 불법구금이 있었다.

한번 발생한 불법은 절대 없어지지 않는다. 나는 이를 '불법 보존의 법칙'이라 부른다. 자연계의 유명한 법칙인 에너지 보존의 법칙과 같이 한번 발생한 불법은 없어질 수 없다. 의식적으로 새로운 에너지를 투입해야만 없앨 수 있을 뿐이다.

검사는 불법구금과 고문의 의혹이 있으면 이를 수사해야 한다. 경찰이나 국정원의 위법행위는 자연적으로는 절대 없어지지 않는다. 검사나 다른 국가기관이 나서서 수사하고 단죄해야 없앨 수 있다. 그런데 검사는 이를 숨기고 위법하게 수집한 증거를 바탕으로 기소하고 이들을 처벌해버렸다. 증거가 고문으로 조작되었다는 것을 알면서도 조작한 증거를 이용한 것이다.

불법은 사라지지 않는다…
기억해야 할 검찰의 전과(하)

과연 강기훈 씨가 살아 있는 동안 우리는 이 사건을 마무리할 수 있을까? 그래서 검찰과
법원이 그에게 사과하고 국가가 사죄와 배상을 하는 것을 볼 수 있을까?

애초에 시작되지 말았어야 할 이 사건은 최소한 진실화해위원회의 조사로 끝이 났어야
했다. 당시에 검찰과 법원은 얄팍한 판결문을 이유로 사과를 거부했다. 그리고 사건 발생
23년, 진실화해위원회 확인 이후 8년이 지난 지금 겨우 서울고등법원에서 재심으로 무
죄판결을 받았다. 그런데 검찰은 다시 이를 대법원에 상고했다.

검찰은 지금이라도 밝혀진 진실 앞에 겸손해야 하다. 이미 국과수의 감정결과로 이 사건
의 진상은 밝혀졌다. 왜 국과수가 그렇게 허술하게 일방적이고 의도적으로 감정을 했는
지는 검찰이 더 잘 알 것이다. 검찰에게 필요한 것은 상고가 아니라 밝혀진 진실을 바탕
으로 강기훈 씨에게 사과하고 반성하는 것이다.

우리 시대를 대표하는 아픈 기억 중에 강기훈 유서대필 사건이 있다. 검사와 판사가 가장 부끄러워해야 할 판결 가운데 하나다. 이 사건은 아직도 진행 중이다. 과연 강기훈 씨가 살아 있는 동안 우리는 이 사건을 마무리할 수 있을까? 그래서 검찰과 법원이 그에게 사과하고 국가가 사죄와 배상을 하는 것을 볼 수 있을까?

서울고등법원은 사건이 벌어진지 무려 23년 만에 재심에서 무죄를 선고했다. 1991년 당시 청년이었던 강기훈 씨는 장년이 되었고 병고에 시달리고 있다. 그런데 다시 검찰은 상고를 했다. 사건은 아직 끝나지 않았지만 이 사건은 애초에 시작되지 말았어야 할 사건이었다. 그리고 도저히 유죄 판결을 받을 수 없는 사건이었다.

1991년 정국은 뜨거웠다. 명지대 강경대 학생 치사 사건을 계기로 노태우정권에 항의하는 시위와 분신이 잇따랐다. 이 와중에 김기설 씨가 분신 사망하게 된다. 노태우정권은 대통령 비서실장 및 관계장관이 참여한 가운데 치안관계대책회의를 열었다. 검찰총장은 배후세력 개입 여부를 철저히 조사할 것을 지시했다. 이후 검찰은 수사 끝에 김기설 씨의 유서를 다른 사람이 작성한 것으로 몰아갔고 유서대필자로 강기훈 씨를 지목했다. 검찰은 강기훈 씨를 잠재우지 않고 극심한 수면부족 상태에서 수사를 진행했다. 결정적인 증거는 국립과학수사연구소국과수의 감정결과였다. 국과수는 유서와 강기훈 씨의 필적은 동일하지만 유서와 김기설 씨의 필적은 다르다고 회신했다. 이를 근거로 검찰은 강기훈 씨를 유서 대필로 자살을 방조했다는 혐의로 기소했다. 법원도 유죄를 선고했다.

그런데 이 국과수의 감정이 엉터리였고 조작된 것이었다. 2006년 진실·화해를 위한 과거사정리위원회의 요청으로 국과수는 다시 감정을 실시했다. 2차 감정에서 국과수는 유서와 강기훈 씨의 필적이 다르다고 판단했다. 국과수는 1차 감정에 대해서는 4명이 감정을 해야 하는데 1명만 했고, 초보적인 감정원칙을 무시한 감정이라 설명했다. 스스로 부실한 감정이라고 밝힌 것이다. 국과수의 2차 감정결과는 7군데 사설 감정기관의 결과와 같았다.

검찰은 부실한 감정결과를 가지고도 강기훈 씨를 기소했다. 검찰은 필적 감정을 의뢰하면서 충분한 자료를 제공하지도 않았다. 이례적으로 검사가 직접 감정물을 가지고 와서 의뢰하고 감정이 끝나면 감정서와 자료를 받아간 적도 있었다. 부실한 감정의뢰에 부실한 감정결과였다. 중대한 사건에서 있을 수 없는 일이다. 미리 정해진 각본에 따라 짜 맞춘 수사였기 때문에 가능한 일이었다.

이 사건은 검찰이 사안이 중대하여 직접 수사를 한 사건이다. 증거의 수집과 감정의뢰, 감정결과 분석까지 모두 검찰이 직접 지휘했다. 그런데 너무나 허술하게 진행되었다. 거짓은 항상 공백을 남기는 법이다. 조작의 의욕이 앞섰기 때문에 거짓감정을 유도했든지 아니면 최소한 제대로 검토하지 않고 기소한 것으로 보인다.

애초에 시작되지 말았어야 할 이 사건은 최소한 진실화해위원회의 조사로 끝이 났어야 했다. 당시에 검찰과 법원은 얄팍한 판결문을 이유로 사과를 거부했다. 그리고 사건 발생 23년, 진실화해위원회 확인 이후 8년이 지난 지금 겨우 서울고등법원에서 재심으로 무죄 판결을 받았다. 그런데 검찰은 다시 이를 대법원에 상고했다.

검찰은 지금이라도 밝혀진 진실 앞에 겸손해야 하다. 이미 국과수의 감정결과로 이 사건의 진상은 밝혀졌다. 왜 국과수가 그렇게 허술하게 일방적이고 의도적으로 감정을 했는지는 검찰이 더 잘 알 것이다. 검찰에게 필요한 것은 상고가 아니라 밝혀진 진실을 바탕으로 강기훈 씨에게 사과하고 반성하는 것이다.

1996년 검찰이 국과수의 감정결과를 숨겨 징역형을 선고받도록 한 사건이 발생한다. 이 사건은 간첩 사건이 아니라 연쇄강도강간 사건이었다. 간첩 사건이 아니라는 점에서 일반 시민 누구나 조작에 의하여 범인이 될 수 있다는 점을 보여준 사건이다.

경찰은 사건 발생 후 신속하게 용의자를 체포했다. 그리고 범행 직후 피해자는 경찰에게 범인의 정액과 침이 묻은 것이라면서 자신의 팬티를 증거로 제출했다. 경찰은 팬티에 묻은 정액과 분비물을 감정했는데 용의자와 다른 혈액형임이 밝혀졌다. 이후 경찰은 좀 더 정확한 판별을 위해 국과수에 감정을 의뢰한 상태에서 용의자를 검찰에 송치했다. 검찰은 팬티에 묻은 혈액형이 용의자의 것이 아니라는 점을 알면서도 용의자를 기소했다. 기소 이후 국과수의 감정결과가 도착했다. 국과수의 감정은 팬티에 묻은 정액의 유전자가 피고인의 것이 아니라는 내용이었다.

이것으로 재판은 끝났어야 했다. 그러나 정작 놀라운 일은 지금부터다. 검사는 이를 은폐하고 법정에 이 증거를 제출하지 않았다. 그 결과 1심에서 징역 15년이 선고되었다. 피고인은 항소했다. 항소심 법원은 수사기록 가운데 국과수에 대한 감정신청이 있는 것을 찾아내고 사실조회를 했다. 항소심 법원은 국과수의 회보를 듣고 무죄를 선고했다. 만일 법원이 국과수에 감정을 의뢰한 결과를 보지 못했다면 아무런 죄 없는 자가 억울하게 15년간 징역을 살아야 하는 기막힌 일이 벌어졌을 것이다. 검사는 어려운 사건에서 유죄 판결을 받아냈다고 승진했을 것이다.

이 사건은 특별히 국가안보가 걸린 사건도 아니었고 정권을 지키기 위한 사건도 아니었다. 경찰도 국과수도 증거조작에는 개입하지 않았다. 그럼에도 검사는 무죄의 증거를 숨김으로써 증거를 조작했다. 사건을 통째로 조작하려 한 것이다. 개인의 범죄행위라고 볼 수도 있으나 문제는 이러한 일을 방지할 견제장치가 없다는 점이다.

이번에 벌어진 서울시 공무원 간첩조작 사건도 비근한 과거의 사례를 얼마든지 찾아볼 수 있는 사건이다. 과거의 간첩조작 사건, 증거조작 사건을 검찰이 철저히 반성하고 청산했더라면 이번 사태는 발생하지 않았을 것이다. 역사의 무게를 다시 한 번 느낀다.

서울시 공무원 간첩조작·증거조작 사건에 대한 수사가 현재 진행되고 있다. 수사의 목적은 분명하다. 진상을 밝히고 범죄인을 처벌하고 향후 이와 같은 사태가 재발하지 않도록 하는 것이다. 그런데 수사의 방향이 이상하다. 수사의 대상에 국정원만 있고 검찰 공안부는 없다. 검찰은 수사의 주재자요, 공소 유지자이다. 이번 사건에서도 검찰 공안부는 국정원을 지휘하면서 같이 수사를 해왔고 재판도 같이 진행했다. 증거가 부족하다고 국정원에게 요청했고 국정원은 증거를 조작해서 제공했다. 나아가 검찰 공안부는 검찰의 상층부를 의미하고 이는 곧 검찰 전체를 의미한다. 공안 사건은 모두 검찰총장과 법무부장관에게 보고된다. 그렇다면 증거조작이 단순히 일개 검사의 일탈이 아니라 검찰 전체의 조직적, 계획적인 범죄행위라는 결론이 된다. 그런데도 검찰 공안부는 수사에서 빠져 있다.

또한 간첩조작·증거조작 사건임에도 불구하고 특별법인 국가보안법을 적용하지 않고 일반 증거조작 문제로 끝내려고 한다. 국가보안법은 수사관이 직권을 남용하여 국가보안법 위반죄에 대하여 무고 또는 위증을 하거나 증거를 날조·인멸·은닉한 경우 그것이 간첩죄에 해당하면 간첩죄의 형으로 처벌하게 되어 있다. 간첩은 최고 사형 또는 무기징역까지 선고할 수 있으니 이 사건 증거조작의 법정형은 최고 사형 또는 무기징역이다. 하지만 형법상의 모해증거위조는 최고 징역 10년 이하의 징역형이다.

나는 국가보안법이 폐지되거나 혹은 최소한 개정되어야 한다고 생각한다. 너무나 시대에 뒤떨어져있기 때문이다. 국가보안법상의 처벌이 너무 가혹한 것도 하나의 이유이다. 이번 사건에서도 국가보안법이 적용되지 않았으면 한다. 하지만 국가보안법이 적용되지 않아야 할 곳은 증거를 조작한 국정원이나 검찰이 아니다. 국가보안법으로 인하여 피해를 입은 유우성과 같은 시민들이다. 국가공권력부터 국가보안법을 적용하지 않는 것은 편파적일뿐더러 너무 염치없는 일이다. 법률 이전에 윤리의 문제요, 양심의 문제다.

　이처럼 이번 사건이 이상하게 진행되는 것은 검찰이 수사를 하기 때문이다. 수사과정을 보면 결과는 충분히 예상할 수 있다. 누구도 승복하기 힘든 수사결과가 발표될 가능성이 높다.

　증거조작·간첩조작 사건에서 검찰 공안부의 역할이 명확히 밝혀지지 않는 한 사건의 실체를 규명할 수 없다. 국정원의 반발도 잠재울 수 없다. 같이 수사를 해놓고도 검사라는 이유로 빠져나간다면 누가 승복하겠는가? 진상이 규명되지 않고 범죄인을 단죄하지 않으면 이와 같은 사태는 계속 반복될 것이다.

　증거조작 사건은 검찰에게 수사를 맡길 수 없는 사건이다. 특별검사만이 불편부당하게 제대로 수사할 수 있다. 국정원 등 국가기관의 불법 선거개입 사건과 함께 간첩조작·증거조작 사건에 대해서 특검이 발동되기를 바란다.

민주주의 위기시대,
법원의 역할을 묻는다

우리는 법원의 과거를 잊지 않고 기억해야 한다. 판결 속에 우리의 역사가 있기 때문이다. 그것도 민주주의와 인권에 관한 역사다. 비록 부끄러운 판결이 더 많기는 하지만 우리는 이러한 작업을 거쳐 '기억을 통한 정의'를 바로세울 수 있다.

무고한 자가 간첩으로 조작되고 진보당이 해산위기에 처해 있다. 전교조는 법외노조로 내몰리고 있고 국정원의 정치개입, 선거개입은 여전하다. 국가공권력의 불법행위에 대한 수사는 이루어지지 않는다. 민주주의와 인권이 위기에 처할수록 법원의 역할은 중요해진다. 미래를 설계할 수는 없지만 과거로 돌아가는 것은 막을 수 있기 때문이다. 법원이 민주주의와 인권의 위기시대에 자신의 역할을 자각하기를 바라는 것은 나만이 아니리라.

과거를 되돌아보는 자만이 같은 실수를 되풀이하지 않는다. 민주주의와 인권의 위기시대에 법원도 과거에 대한 성찰을 통하여 자신의 역할을 찾기 바란다. 역사의 과오는 의식적인 노력을 통해서만 청산될 수 있다. 결코 저절로 사라지는 법은 없다.

아무리 생각해도 법원은 미래지향적이지 않다. 정치처럼 새로운 세상을 상상할 수도 없고 이를 실현하기 위한 무기도 없다. 새로운 상상을 하기에는 법률에 의한 제약이 너무 강하다. 법치주의는 급진적이지도 근본적이지도 않다. 미래에 대한 상상은 역시 정치와 시민운동의 몫이다. 법원에게 대중적 지지는 필요 없고 중요하지도 않다. 법원은 다른 분야에서 먼저 시작한 사건을 판결을 통해 처리할 뿐이다. 법원이 가지고 있는 것은 오로지 법률과 양심, 그리고 논리다.

법원은 그래서 과거 기록의 창고이다. 그런데 이 과거의 기록이 미래의 방향을 결정한다. 과거와 현재의 대화를 통하여 미래를 결정하는 역할을 한다. 대법원의 호주제 폐지 판결, 헌법재판소의 행정수도 위헌 판결의 영향은 법원의 역할을 잘 보여준다.

우리는 법원의 과거를 잊지 않고 기억해야 한다. 판결 속에 우리의 역사가 있기 때문이다. 그것도 민주주의와 인권에 관한 역사다. 비록 부끄러운 판결이 더 많기는 하지만 우리는 이러한 작업을 거쳐 '기억을 통한 정의'를 바로세울 수 있다.

근대사법이 도입된 이후 우리는 일본제국주의, 군부독재, 권위주의 체제를 거쳐 왔다. 법원 역시 이러한 시대를 살아왔다. 지금 생각해보면 말도 안 되는 판결이 법의 이름으로 내려졌다. 수많은 사람들이 생명과 자유를 잃었다. 부끄러운 판결들이 너무 많다. 여기에서 의문이 생긴다. 그럼 가장 부끄러운 판결은 과연 무엇일까?

법관들이 가장 부끄럽게 생각하는 판결은 잘 알려진 1974년 인민혁명당인혁당의 긴급조치 위반 사건 판결이다. 이 판결은 사법살인이라고 불리기도 한다. 전시도 계엄도 아닌 상태에서 군법회의를 거쳐 대법원에서 사형 판결을 내렸다. 판결 후 불과 18시간 만에 사형이 집행되었다. 이 사건은 재심을 통하여 무죄 판결을 받았다.

어두운 시대는 인혁당 판결에 못지않은 부끄러운 판결을 양산했다. 그 중 인혁당 사건에 필적할 만한 사건이 '송씨 일가 간첩조작 사건'이다. 지방법원(유죄)→고등법원(유죄)→대법원(무죄취지 파기환송)→고등법원(유죄)→대법원(무죄취지 파기환송)→고등법원(유죄)→대법원(유죄인정 상고기각). 무려 7번의 유죄와 무죄가 오간 재판이다. 불법구금과 고문사실이 법원에서 인정되었음에도 불구하고 유죄 선고가 내려졌고 27년 만에 재심으로 무죄 판결을 받은 사건. 대법원에서 유죄를 받아내기 위하여 국가안전기획부, 검찰, 대법원 등이 합작한 사건. 이 모든 것이 송씨 일가 간첩 조작 사건의 성격을 말한다.

송기복 씨 등 송씨 일가는 1982년 국가보안법 상 간첩죄로 기소되었다. 당시 국가안전기획부 발표에 따르면 "전 북괴 노동당 연락부 부부장 송창섭 외 동인의 처 한경희사망에게 포섭되어 일가친척으로 점조직 식의 간첩단 조직, 서울과 충북을 거점으로 1957년 5월부터 1982년 3월까지 암약해온 고정간첩 사건"이다. 이 사건은 조작된 것이었다. 대법원도 판결문에서 불법구금과 고문사실을 인정했다. 대법원은 "피고인들이 임의동행의 형식으로 영장 없이 연행되어 외부와의 연락이 차단된 채 적게는 75일, 많게는 116일의 장기 불법구속"을 당했고 "불법구속되고 있는 동안 인간으로서는 감내할 수 없는 신체상의 부당한 대우"를 받았다는 주장을 받아들였다. 이런 이유로 대법원은 이들의 자백을 적은 검찰의 피의자 신문조서를 증거로 사용할 수 없다고 보았다. 고등법원의 유죄 판결을 무죄취지로 파기해버렸다.

이 사건에서 결정적인 증거는 피고인들의 자백이었다. 그런데 대법원은 피고인들의 자백이 고문에 의한 것이라는 이유로 무죄취지로 판결했다. 그것도 두 번씩이나. 이 정도면 고등법원에서도 무죄를 선고하는 것이 마땅하고 검찰과 안기부도 포기하는 게 정상이다. 하지만 시대가 문제였다. 전두환군부가 쿠데타로 집권한지 얼마 되지 않았던 때였다. 정권의 정당성은 의심받았고 철권통치가 필요한 시점이었다. 간첩사건이 절실히 필요한 시기였다.

이렇게 되자 검찰과 안기부는 유죄 판결을 받기 위하여 관계기관대책회의를 개최했다. 그 대책 중의 하나는 파기 판결의 주심인 이일규 대법관에 대한 내사와 미행, 대법원장 비서실장을 통한 압력, 판사 접촉을 통한 '협조' 요청, 변호인에 대한 내사와 비위사실 수집 등이었다. 국가기관인 국정원 과거사건 진상규명을 통한 발전위원회국정원 과거사위원회의 조사결과 밝혀진 사실이다.

대법원의 대책은 기가 막히다. 대법원은 "항소심 재공판시 당시의 담당 수사관, 공소 제기한 담당 검사 등을 증인으로 신청, 이를 담당 재판부가 받아들이게 하여 사실관계를 명백히 진술토록 하여 검찰작성 신문조서가 임의성 있다고 판결 후 재상고하면 사건을 특별배당 기각 판결토록 함"이라는 대책을 마련했다.

이후 재판은 대법원 방침대로 진행되었다. 고등법원은 새로운 증인을 불러 자백에 임의성이 있다고 인정하고 유죄를 판결했다. 상고 받은 대법원은 즉시 심리를 열어 상고를 기각하고 유죄를 확정지었다.

대법원은 두 번이나 밝힌 자신의 입장을 바꾸고 민주주의와 인권을 팔아먹었다. 이유는 불법구금과 고문이 있었다 하더라도 자백은 고문과 관계없이 믿을 만하다는 것이었다. 그런데 당시 자백과 고문이 관계없음을 입증하기 위해 나온 증인은 경찰들이었다. 세상에 어떤 경찰이 고문을 했다고 법정에서 증언하겠는가? 이런 사정은 모두 무시되었다.

사건 당시 검사의 행태는 가관이다. 검사는 고문 및 가혹행위, 불법구금을 수사하지 않았다. 오히려 안기부에서 한 자백을 번복하지 말라고 협박했다. 구체적으로 국정원 과거사위원회에서 정리한 내용에 따르면 수사를 받은 송기준은 검사가 구치소로 조사를 왔을 때 입북사실을 부인했다. 그러자 3일 후에 안기부에서 수사했던 4명 중 3명이 구치소로 와 "너 왜 검사 앞에서 부인하느냐. 자백하면 기소유예나 집유로 내보내주려고 상사들과 다 합의가 돼있는데 왜 엉뚱한 소리 하느냐. 다시 가서 조사를 받아야겠다"고 협박했다. 송기준이 수사관에게 안기부에서 한대로 자백하겠다고 하자 검사가 들어왔다. 송기준은 수사관과 검사 앞에서 역시 그대로 자백하겠노라고 말했다. 옆방으로 옮겨 검사가 질문했을 때 송기준은 다시 부인했는데 그러자 검사는 수사관 계장을 불러 "이 사람 또 부인한다. 이야기 좀 잘해주지"라고 했다.

또한 송기복은 상고이유서에서 "검사 수사 도중에 두 번씩이나 수사관이 방문하였고 이러한 심리적인 공포 속에서 안기부의 진술서를 그대로 읽어나가는 조사를 받았다"고 주장했다.

검사는 더 나아가 모든 것은 운명이고 숙명이라고 생각하고 받아들이라고 종용했다. "분단된 조국이 당신의 잘못만은 아니오. 우리 모두가 책임이 있는데 이것은 어쩔 수 없는 사건이니 시인하라", "당신만 혼자 아니라고 부정해도 당신의 친척동생들이 전부 시인했는데 어떻게 홍수 속에서 떠내려가는 무리 중에 혼자만 떠내려가지 않고 서있을 수 있겠는가? 또 혼자만 독야청청할 수 있겠는가"라고 했다는 것이다. 이쯤 되면 검사가 아니라 최소한의 양심을 가진 인간으로 보기도 어려운 지경이다.

이 사건은 2009년 유죄 판결 이후 무려 27년 만에 재심을 통해 무죄 판결을 받았다. 불법구금과 고문으로 얻은 자백은 증거로 사용할 수 없다는 것이 주요 이유이다. 위법하게 수집한 증거는 증거로 사용할 수 없다는 '위법수집 증거배제법칙'이 확립된 지금 이 결론은 당연하게 보인다. 하지만 아직도 형사소송법 교재들은 고문이나 불법구금으로 자백해야만 증거로 사용할 수 없다는 인과관계 필요설이 판례의 입장이라고 설명한다. 민주주의와 인권에 둔감한 서글픈 현실이다.

이러한 역사 위에 대법원과 대한민국이 서있다. 지극히 위태롭고 불안한 민주주의다. 더구나 지금은 민주주의와 인권의 위기시대이다. 무고한 자가 간첩으로 조작되고 진보당이 해산위기에 처해 있다. 전교조는 법외노조로 내몰리고 있고 국정원의 정치개입, 선거개입은 여전하다. 국가공권력의 불법행위에 대한 수사는 이루어지지 않는다.

민주주의와 인권이 위기에 처할수록 법원의 역할은 중요해진다. 미래를 설계할 수는 없지만 과거로 돌아가는 것은 막을 수 있기 때문이다. 하지만 송씨 일가 판결에서 보듯 법원은 정치에 민감하게 반응한다. 어떤 경우에는 알아서 복종한다. 법원이 민주주의와 인권의 위기시대에 자신의 역할을 자각하기를 바라는 것은 나만이 아니리라.

과거를 되돌아보는 자만이 같은 실수를 되풀이하지 않는다. 민주주의와 인권의 위기시대에 법원도 과거에 대한 성찰을 통하여 자신의 역할을 찾기 바란다. 역사의 과오는 의식적인 노력을 통해서만 청산될 수 있다. 결코 저절로 사라지는 법은 없다.

종군위안부 문제,
왜 가해자는 진실을 말하지 않는가

종군위안부 동원을 둘러싼 논쟁은 관점의 차이를 잘 보여준다. 종군위안부를 동원하는 국가의 입장과 동원을 당하는 시민의 입장 차이다. 국가는 강제로 동원하지 않았다면 충분하다는 입장이다. 그러나 당하는 시민은 그렇지 않다. 원하지 않지만 어쩔 수 없이 응할 수밖에 없는 경우가 대부분이다. 체계적이고 조직적인 대규모 동원은 억압이 없으면 불가능하다.

국가, 가해자의 관점은 극단적인 경우 과거를 망각하고 피해자에게 2차 피해를 강요한다. 비슷한 사태의 재발도 막지 못한다. 피해자들은 사회적 소수로 전락하고 진상은 밝혀지지 않으며 아무도 원상회복을 말하지 않는다. 슬프고도 안타깝지만 지금 세월호 유족들에게 벌어지는 현상도 이와 유사하다.

일본 아베 수상이나 일본 우익들의 종군위안부 관련 발언은 가해자인 국가의 관점에서 비롯된다. 이들이 시민, 식민지, 여성, 소년·소녀라는 피지배자의 관점을 이해하지 않는 한 일본은 똑같은 변명을 계속할 것이다.

일본은 줄곧 종군위안부 문제 해결에 소극적이었다. 그 핵심은 '종군위안부를 강제로 동원하지 않았다'는 것이다. 최근 이러한 일본의 인식이 또다시 드러났다. 지난 9월 14일 아베 총리는 아사히신문의 기사 취소 사건을 거론하며 "일본군이 유괴범처럼 집에 들어가 소녀들을 납치해 위안부로 삼았다는 기사를 본다면 누구라도 화가 날 것이다. 이것이 잘못된 팩트라는 것을 아사히신문 스스로 더 노력해 (세계에) 전달할 필요가 있다"고 말했다. 소녀들이 군인에 의하여 납치된 게 아니라 자발적으로 동행했다는 것이다. 종군위안부 동원은 전쟁범죄가 아니라는 인식이다.

발단은 아사히신문의 종군위안부 관련 특집기사 취소 사건이었다. 아사히신문은 1982년 8월 이후 여러 차례 보도했던 요시다 세이지吉田淸治의 발언을 최근 취소했다. 요시다는 제주도에서 200여 명의 젊은 조선여성을 종군위안부로 강제 동원했다는 등의 발언을 했다고 한다. 보도 이후 발언의 증거를 찾지 못해 기사를 취소한 것이다. 이를 빌미로 일부 정치인들은 종군위안부 동원과정에 정부와 군의 개입과 강제성이 있었다고 인정한 1993년 고노 담화의 수정을 주장하고 나섰다.

고노 담화는 일본 정부가 1년8개월 동안 일본이 점령한 전 지역을 대상으로 조사한 이후 발표되었다. 한 명의 기억, 한 곳의 위안소, 한 국가의 조사만을 기초로 한 것이 아니다. 고노 담화는 광범위하고 충분한 조사 끝에 "위안부 모집은 군의 요청을 받은 업자가 주로 맡았으나, 그 경우에도 감언, 강압에 의하는 등 본인들의 의사에 반하여 모집된 사례가 많이 있으며 더욱이 관헌 등이 직접 이에 가담하였다는 것이 명확하게 되었다. 또한, 위안소 생활은 강제적인 상태 하에서의 참혹한 것이었다"고 인정하고 있다. 고노 담화는 아사히신문의 기사로 좌우될 만한 내용이 아니다.

문제는 더 깊은 곳에 있다. 일부 일본인들은 동원의 강제성을 불법의 핵심이라고 생각하고 있다. 종군위안부 모집과정에서 강제 납치하지 않고 소녀들이 순순히 따라나섰다면 불법성은 인정되지 않는 것인가?

이는 우리의 과거 군부독재시절 임의동행 논쟁을 떠올리게 한다. 군부독재시절에는 거리에서 경찰관이 검문을 하면서 시민들에게 경찰서로 동행할 것을 요구하는 사례가 많았다. 나도 몇 번 당했다. 이를 기억하는 사람은 그것이 요구가 아니라 강제였음을 알겠지만, 일단 '요구'라고 하자. 이때 시민이 이에 응하여 경찰서로 가면 합법적인 임의동행인가, 아니면 불법적인 강제연행인가? 이것이 임의동행 논쟁이었다. 시민의 자발성을 중시하면 합법적인 수사가 된다. 경찰의 압박을 중시하면 불법적인 연행이 된다.

임의동행 논쟁은 불법적인 연행인 것으로 끝이 났다. 우리 대법원은 아무리 외관상 자발적으로 동행했다 하더라도 불법적인 연행이라고 본다. 확립된 대법원 판례이다. 국가공권력의 특수성을 반영한 것이다. 국가공권력을 마주한 개인은 심리적으로 위축되기 마련이다. 국가는 엄청나게 힘이 세고 항상 옳다는 인식은 개인을 심리적으로 무장 해제시킨다. 국가와 개인의 압도적인 힘의 차이, 이것이 이 문제의 핵심이다.

우리 대법원은 예외적으로 ①수사관이 동행에 앞서 피의자에게 동행을 거부할 수 있음을 알려 주었거나 ②동행한 피의자가 언제든지 자유로이 동행과정에서 이탈 또는 동행장소로부터 퇴거할 수 있었음이 인정되는 등 ③오로지 피의자의 자발적인 의사에 의하여 수사관서 등으로 동행이 이루어졌음이 ④객관적인 사정에 의하여 명백하게 입증된 경우에만 임의성, 자발성이 인정된다고 본다.

대법원의 논리를 종군위안부 동원과정에 대입해보자. 종군위안부 동원과정이 합법적이려면 먼저 동원에 앞서 소녀나 그 가족들에게 동원을 거부할 수 있음을 알려주어야 한다. 그리고 소녀가 언제든지 위안소에서 벗어날 수 있어야 한다. 동원과 체류가 소녀나 가족의 자발적인 의사에 의하여 이루어졌어야 한다. 이 모든 과정은 객관적인 사정에 의하여 명백히 입증되어야 한다.

그러나 이러한 사정은 존재하지 않았고 존재할 수도 없었다. 일본은 지배자인 제국이었고 조선은 피지배자인 식민지였다. 남성은 지배자였고 여성은 피지배자였다. 어른은 지배자였고 소년·소녀들은 피지배자였다. 이중삼중의 억압과 차별이 어린 소녀였던 종군위안부에게 집중되었다. 이런 상태에서는 아무리 자발적으로 종군위안부에 응했다 하더라도 불법성이 없어지지 않는다. 우연히 한두 개의 예외는 있을 수 있다. 그러나 체계적이고 조직적인 대규모 동원은 억압이 없으면 불가능하다. 한두 명의 기억으로 구조적인 문제를 대체할 수는 없다.

종군위안부 동원을 둘러싼 논쟁은 관점의 차이를 잘 보여준다. 종군위안부를 동원하는 국가의 입장과 동원을 당하는 시민의 입장 차이다. 국가는 강제로 동원하지 않았다면 충분하다는 입장이다. 그러나 당하는 시민은 그렇지 않다. 원하지 않지만 어쩔 수 없이 응할 수밖에 없는 경우가 대부분이다. 국가와 시민의 완전평등, 제국과 식민지의 완전평등, 남성과 여성의 완전평등, 어른과 소년·소녀의 완전평등은 지금까지 존재해본 적이 없다. 앞으로도 당분간은 아마 없을 것이다.

이러한 관점의 차이는 가해자와 피해자의 만남을 가로막고 왜곡한다. 국가, 가해자의 관점은 극단적인 경우 과거를 망각하고 피해자에게 2차 피해를 강요한다. 비슷한 사태의 재발도 막지 못한다. 피해자들은 사회적 소수로 전락하고 진상은 밝혀지지 않으며 아무도 원상회복을 말하지 않는다. 슬프고도 안타깝지만 지금 세월호 유족들에게 벌어지는 현상도 이와 유사하다.

국가의 관점과 시민의 관점은 하나가 되기 어렵다. 그러나 일방적이어서는 안

된다. 최소한 긴장관계여야 한다. 국가가 시민의 눈치를 보아야 하고 시민은 국가를 자신의 권리로 통제할 수 있어야 한다. 국가공권력의 남용을 막을 수 있는 궁극적인 장치는 시민의 권리이다. 여기서 시민은 개인일 수도, 조직일 수도 있다. 조직이 더 바람직하지만 한 개인이 더 큰 힘을 발휘한 사례도 많이 있다.

국가의 관점과 시민의 관점은 하나가 되기 어렵지만 중간지점은 찾을 수 있다. 그 절충점은 인권이다. 인권은 구체적이다. 단 한명의 인권이라도 귀중하게 여긴다. 국가는 사람을 서류 속의 숫자가 아니라 살아있는 사람으로 대접해야 한다. 인권은 권리다. 국가가 베푸는 은혜가 아닌, 시민이 가지고 있는 기본 권리이다. 시민이 국가에 대하여 당당하게 요구하고 강제할 수도 있는 권리이다. 그래야 국가가 자제해서 시민의 자유와 권리가 보장되는 것이 아니라, 시민의 통제로 국가가 시민의 자유와 권리를 보장하는 시스템이 된다.

일본 아베 수상이나 일본 우익들의 종군위안부 관련 발언은 가해자인 국가의 관점에서 비롯된다. 이들이 시민, 식민지, 여성, 소년·소녀라는 피지배자의 관점을 이해하지 않는 한 일본은 똑같은 변명을 계속할 것이다.

국제적으로 이미 인권이 주요 가치가 되었고 소수자, 피해자의 관점이 인권의 주류를 점하고 있는 현실에서 일본은 더욱더 멀어지고 있다. 종군위안부라는 이중삼중의 피해자 인권을 해결하지 않는 한 일본은 세계 인권의 수준이 높아지는 현실을 이해할 수 없을 것이다. 세계 인권에서 멀어지는 일본이 안타깝지만 이럴수록 보편적인 인권의 문제로 종군위안부 문제에 접근해야 한다. 국가를 뛰어넘는 미래의 공동체가 기반으로 해야 하는 가치 중 인권이야말로 가장 핵심적인 가치이기 때문이다.

재일조선인이자 일본 변호사

김경득이 보여준

'인간의 길'

차별이 철폐되지 않는 한 차별받는 자는 노예로 살 수밖에 없다. 차별받는 자의 인간성과 존엄성 회복은 차별철폐로부터 시작한다. 이를 김경득 변호사는 "인간으로서 차별받지 않는 그 자체는 본래 인간으로서 기본적인 출발점"이라고 표현한 바 있다.

김경득 변호사는 재일조선인으로 태어났다. 그리고 일본 사법시험에 합격하여 귀화하지 않고 일본 변호사 자격증을 취득했다. 스스로 일본 사회의 차별과 족쇄를 끊었으며 변호사로서 재일동포 문제에 적극 나섰다. 그의 생각과 삶에서 차별철폐와 인권, 민주주의와 평화는 하나였다.

1948년 12월 10일은 세계인권선언이 발표된 날이다. 세계인권선언은 인권과 민주주의 역사상 가장 중요한 문건으로 평가된다. 이날은 전 세계에서 세계인권 선언일로 기념되고 있다. 아프리카계 미국인 민권운동의 계기가 된 몽고메리 버스 보이콧 사건이 발생한 것은 1955년 12월 1일이다. 그날 로자 파크스라는 흑인여성이 버스 안에서 백인에게 자리를 양보하지 않았다는 이유로 체포되었다. 버스 좌석까지 차별하는 사회에 저항한 순간이었다. 이날을 계기로 아프리카계 미국인들의 민권운동이 시작된다. 인권 역사상 중요한 전환점이다.

인권과 화해, 민주주의의 화신이었던 넬슨 만델라 대통령이 사거한 때도 12월 이다. 2013년 12월 5일 타계했으니 벌써 1년이 지났다. 12월에 인권과 관련하여 기념해야 하는 인물이 또 있다. 김경득 재일변호사이다. 2005년 12월 28일은 그가 향년 56세로 세상을 떠난 날이다. 재일조선인 차별 철폐를 위해 일본 법정 에서 싸운 김경득 변호사. 재일동포를 변호한 그는 일본인이 아닌 한국인으로 싸웠다. 그는 일본 변호사 자격증을 가지고 있었지만 국적은 한국이었다. 김경 득 변호사가 있어 재일동포들은 처음으로 동포 변호사로부터 변호를 받게 됐다.

김경득 변호사는 재일조선인으로 태어났다. 그리고 일본 사법시험에 합격하여 귀화하지 않고 일본 변호사 자격증을 취득했다. 스스로 일본 사회의 차별과 족 쇄를 끊었으며 변호사로서 재일동포 문제에 적극 나섰다.

사법연수소우리의 사법연수원에 해당 입소 이후 그는 한국인과 일본인 모두에게 인권 과 민주주의의 가치를 보여주었다. 그가 사거한 후인 2007년 1월 대한민국은 그 에게 국민훈장 무궁화장을 추증했다. 무궁화장은 정치, 경제, 사회, 교육, 학술 분야에 공적을 세워 국민의 복지 향상과 국가 발전에 기여한 공적이 뚜렷한 자 에게 수여하는, 국민훈장 중 가장 높은 급의 훈장이다.

1949년 일본에서 태어난 김경득 변호사는 사법시험에 합격하고 일본의 사법연수소에 입소하면서 법률가의 경력을 시작한다. 이때 그는 한국인 자격으로 사법연수소 입소를 신청했다. 김경득 변호사 이전까지 재일동포와 외국인은 모두 일본인으로 귀화한 후 입소했다. 공무원인 판·검사가 아닌 변호사에게 국적이 중요하지 않다는 것은 지금은 상식에 가깝다. 그러나 당시는 1976년이었다. 일본 사법연수소는 김경득 변호사의 입소를 거부했다. 그는 이러한 저항을 예상하고 있었다. 애초에 재일동포에 대한 차별을 시정하기 위하여 변호사가 되려 했기 때문이다. 다음은 당시 그가 작성했던 사법연수생 임용 청원서의 일부이다.

"민주주의란 개인의 인간으로서의 권리와 자유, 개인의 존엄이 최대한도로 존중받는 사회체제의 실현을 목표로 하는 것입니다. 가치관은 다양하며 개개인은 이질적이므로 소수자의 권리존중이 민주주의 사회의 실현을 위해서는 불가결한 것입니다. 그런데 오늘날 일본 사회에서는 재일한인의 민족적 특성, 소수자로서의 권리가 반드시 존중받고 있지 못한 상황입니다. 재일한인 개개인은 일본 사회의 뿌리 깊은 차별과 편견 때문에 인간으로서의 기본적 권리나 개인의 존엄을 위협받고 있습니다."

김경득의 사법연수생 임용은 개인의 문제이면서 재일한인의 문제였고, 인권의 문제였으며 민주주의의 문제였다. 이때 일본 최고재판소우리의 대법원에 해당의 반응이 재미있다. 초기에 일본 최고재판소는 김경득에게 귀화를 요구했다. 지금까지 사법연수원 입소자들이 모두 귀화했다는 것, 사법연수소 규정에 일본 국적을 가진 자만이 입소할 수 있도록 되어 있다는 것이 이유였다. 여기에서 김경득이 양보했다면 일본 최고재판소도 안심했을 것이다. 그러나 김경득은 양보할 생각이 없었다. 김경득에게 귀화는 자신의 존재의의, 정체성을 잃어버리는 것이었다. 재일동포를 위해 변호사를 꿈꾼 그의 목적을 상실하는 것이었다. 일부 양심적인 일본인들의 지지도 있었다. 사건은 점점 본격적인 투쟁이 될 듯했다.

이렇게 되자 일본 최고재판소가 태도를 바꾸어 귀화 없이 사법연수소 입소를 결정한다. 연수소 규정을 개정해 일본 국적이 없더라도 최고재판소가 인정하는 자는 입소할 수 있도록 한 것이다. 최초의 한국 국적 일본 변호사가 탄생하는 순간이었다. 김경득 변호사의 투쟁이 없었다면 일본 최고재판소가 규정을 개정하면서까지 사법연수소 입소를 결정하지는 않았을 것이다. 처음 접한 공공연한 투쟁에 당혹스러워하는 최고재판소의 모습이 조금 우습기도 하다. 그래도 솔직히 차별을 시인하고 국적에 관계없이 사법연수소 입소를 결정한 최고재판소의 결정은 높이 평가해야 할 것이다. 당시가 1976년인 것을 감안하면 더욱 그렇다. 일본의 인권의식이 우리보다 높았다는 점을 인정하지 않을 수 없다.

사법연수소를 마치고 재일변호사가 된 김경득은 재일동포를 위한 변호활동에 본격 나선다. 1979년 사할린동포 귀환 청구소송, 1982년 국민연금 소송, 1985년 지문날인 거부소송, 1992년 원호보상 청구소송, 1994년 지방공무원 임용차별 취소소송 등이 대표적인 사례들이다. 이 모든 소송은 재일동포 차별철폐를 위한 소송이었다. 차별은 사람의 존엄성과 인간성을 말살시킨다. 차별하는 자는 차별받는 자를 인간으로 취급하지 않는다. 사람의 존엄성을 인정하지 않는다. 차별받는 자 스스로도 자신의 존엄성, 인간성을 부인한다. 자신을 비루하다고 느끼고 자기 자신이 아닌, 차별하는 자와 같이 되고 싶어 한다. 차별이 철폐되지 않는 한 차별받는 자는 노예로 살 수밖에 없다. 차별받는 자의 인간성과 존엄성 회복은 차별철폐로부터 시작한다. 이를 김경득 변호사는 "인간으로서 차별받지 않는 그 자체는 본래 인간으로서 기본적인 출발점"이라고 표현한 바 있다. 그는 지문날인 거부자 재판에서 다음과 같이 말하기도 했다.

"일본에 거주하는 외국인으로 부모가 지어준 이름을 사용하지 못하는 자가 있는가. 태어난 것을 원망하며 부모의 가슴을 두드리는 자식이 있는가. 그가 바로 한국인이다."

차별철폐는 인간의 존엄성을 회복하는 운동이다. 당연히 인권의 일부이다. 인권은 민주주의와 평화가 보장될 때 가장 잘 존중된다. 김경득 변호사의 생각도 차별철폐와 함께 민주주의와 평화 보장으로까지 발전한다.

그는 암으로 세상을 떠나기 전 유언으로 다음과 같이 강조했다.

"일본 헌법의 평화주의는 식민지 지배, 침략에 대한 반성의 결과로 생겨났다. 재일교포의 존재는 식민지 지배에 의한 것이다. 내셔널리즘을 극복하기 위해서는 평화가 무엇보다 중요하다. 재일교포야말로 평화헌법의 체현자이다."

아울러 재일교포는 한국과 일본, 북한과 일본의 다리이고 일본의 평화헌법을 동아시아에 넓혀갈 사명을 지녔다고 말했다. 김경득 변호사의 생각과 삶에서 차별철폐와 인권, 민주주의와 평화는 하나였다. 재일변호사였던 그는 일본 사회의 소수파이자 사회적 약자였다. 그래서 사회적 차별에 대하여 날카롭게 인식할 수 있었다. 차별철폐 투쟁과정에서 인권과 민주주의, 평화의 중요성, 그리고 이 모든 가치들이 하나임을 인식했다.

인권과 민주주의, 평화의 가치가 절실한 지금 김경득 변호사에 대한 기억이 새롭다. 미래에 차별이 철폐되고 인권과 민주주의, 평화가 지금보다 발전한다면 한국, 일본, 중국, 북한을 비롯한 동아시아 차원에서 그를 기억할 것이다.

정의가 희망인 이유

초판 1쇄   2018년 4월 12일

지은이   김인회
발행인   이재교
제작   신사고하이테크(주)

펴낸곳   굿플러스커뮤니케이션즈(주)
출판등록   2013년 5월 7일 제2013-000136호
주소   서울특별시 마포구 동교로17길 51(서교동) 4층
대표전화   02-6080-9858
팩스   0505-115-5245
이메일   goodplusbook@gmail.com
홈페이지   www.goodpl.net
페이스북   www.facebook.com/pages/goodplusbook

ISBN 979-11-85818-34-4 (03300)

「이 도서의 국립중앙도서관 출판시도서목록(CIP)은
서지정보유통지원시스템 홈페이지(http://seoji.nl.go.kr)와
국가자료공동목록시스템(http://www.nl.go.kr/kolisnet)에서 이용하실 수 있습니다.
(CIP제어번호 CIP2018010520)」